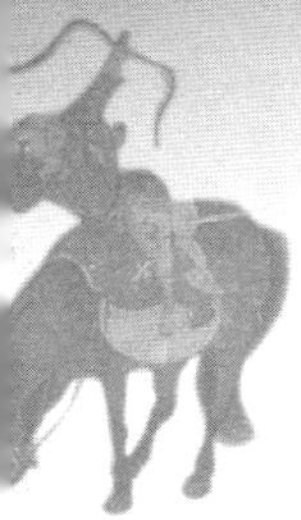

忽必烈和他的大臣们

郝家林　著

SPM
南方出版传媒
广东经济出版社
·广州·

图书在版编目（CIP）数据

忽必烈和他的大臣们 / 郝家林著 . —广州：广东经济出版社，2021.6

ISBN 978-7-5454-7740-5

Ⅰ. ①忽… Ⅱ. ①郝… Ⅲ. ①忽必烈（1215-1294）—人物研究②蒙古族—民族历史—中国—元代 Ⅳ. ① K827=47 ② K281.2

中国版本图书馆 CIP 数据核字（2021）第 075204 号

责任编辑：周　炜
责任技编：陆俊帆
封面设计：厚海文化

忽必烈和他的大臣们
HUBILIE HE TA DE DACHENMEN

出版人	李　鹏
出　版 发　行	广东经济出版社（广州市环市东路水荫路 11 号 11～12 楼）
经　销	全国新华书店
印　刷	北京众意鑫成科技有限公司 （北京市怀柔厂区琉璃庙镇河北村 78 号 -3）
开　本	880 毫米 ×1230 毫米　1/32
印　张	10.75
字　数	266 千字
版　次	2021 年 6 月第 1 版
印　次	2021 年 6 月第 1 次
书　号	ISBN 978-7-5454-7740-5
定　价	72.80 元

图书营销中心地址：北京市东城区夕照寺街 14 号富瑞苑大厦 201
电话：（010）67138865　　邮政编码：100061
如发现印装质量问题，影响阅读，请与本社联系
广东经济出版社常年法律顾问：胡志海律师

序

高考时，他因爱好考入历史专业，学成后又辗转回到大学当教授。因长年潜心治学并笔耕不辍，多年前就在历史研究与文学创作方面颇有斩获，尤其在元史研究方面更是独具心得。

他曾于二十年前著《忽必烈的帝国》，又于十年前与黄苗子老先生合著出版《倪瓒年谱》，现在我们手中的《忽必烈和他的大臣们》是《忽必烈的帝国》的修订版。对于一个非文科的读者来说，我感觉这一版较之前版读起来更加轻松畅快。

作者充分发挥在史料引证、人物刻画、梳理故事脉络和文字驾驭等方面的深厚功力，用纪实文学语言全景式再现忽必烈一朝的风云变幻。不仅写忽必烈，也写他的臣僚；不仅写蒙元贵族内部矛盾，也写元朝与南宋、元朝与周边国家的多元关系；不仅写蒙古人与汉人的关系，也写色目人与汉人的关系；不仅有宏大的历史叙事，也有精致的细节描写。跌宕起伏的历史故事和纷至沓来的各色人物被刻画得鲜活灵动，使读者对遥远生疏的元朝有了近距离的了解。

我们知道元朝是一个极为重要的朝代，它对后来中国历史长河的走向产生了重大影响。深入品读忽必烈王朝的兴衰往事，对我们认知历史、关切当下和期盼未来都大有裨益。

我与作者成为好友已有五十多年，彼此有着“刻骨铭心”的了解。他从小喜读历史，而且写文章、讲故事、弹钢琴，样样都在不经意间显露出过人天资。本书由岳南、张帆二位先生推荐，我相信如果你喜欢阅读既严肃又好看的历史书籍，那么本书将给你带来良好的阅读体验。

刘德辉

2020 年 9 月

说明

本书原名《忽必烈的帝国》初版于2000年，时隔二十多年再版，书的结构、内容主体没有变化，与初版相比，这次出版除书名变动外，还在以下方面做了变动：

1. 称谓：如第一章“效行汉法，开平王爷称帝”，改为“效行汉法，开平大王称汗”。

2. 文字和段落：为了阅读方便，增强可读性，对一些字词做了调整，使文字尽量白话通俗，有些地方的段落做了重新划分。

3. 内容增删：个别地方增加了一些（不多的）解释性文字，帮助读者更好地理解内容，如诏书后面附的“大意”；删去的内容主要是一些专业性内容，如政府机构内部官员配置及品级，地方行政区划建制，以及一些对本书内容叙述影响不大的人名等。

郝家林

2020年8月

初版序

元朝是中国历史上存在时间较短但又极富特色的一个王朝，它是由少数民族建立的统一的封建大帝国。在元朝，不同民族的语言文化、文学艺术、生活方式、风俗习惯等获得空前的交流与融合。

元世祖忽必烈是元帝国的创立者，是中原第一位蒙古族皇帝。他一生至少完成了两件大事：统一中国，结束了数百年多个政权并立的局面；将云南、西藏等少数民族地区划入国家版图。可以说忽必烈是中国历史上统治疆域最广阔的一位帝王。另外，元初确立的行省制对后来的行政区划建置影响深远。

忽必烈一朝的风云变幻充满了神秘色彩和无穷魅力：波澜壮阔的统一战争，惊心动魄的宫廷较量，文臣的宏图大略与沽名钓誉，武将的赤胆忠心与尴尬无奈，悲壮的死，缠绵的爱，机智与愚蠢，忠诚与出卖，各色人物的生生死死，诉说着时代变迁与个人命运之间的历史宿命。

本书采用纪实手法论述忽必烈一朝的政治和军事斗争，以时间作为纵线，以事件和人物作为横线，按照事件本来的发展进程展开情节化叙述，有具体描写，也有宏观把握，既看重事件发展的独立线索，又注重相关事件彼此间的联系。作者在使用这一方法时，态度是严肃的。

章目安排以时间先后而定，但局部跨越不可避免。行文力求简朴、通畅，但直接引文又是必要的。除少数几份重要诏书及诗词外，书内引文一般都经过不同程度的白话化或简化。

最后要说，中国历史悠久，我们所了解的历史是媒介上的历史。世界是相对的，历史亦然，因此我们应当用理智的眼光去阅读历史。

郝家林

1999年8月于北京

目 录

引言

草原上的“黄金家族”

居住在草原上的人们懂得珍惜梦想，因为漂泊不定的游牧生活虽然无拘无束，却充满了孤独与艰辛。

草原生活培养出了性格坚强的人。一位部落首领赞美蒙古族男子：“人曾说达达每刚硬，眼上刺呵不转睛，腮上刺呵不躲避。”[①]草原上出生的铁木真，就是这样一位性格刚硬的蒙古男子。作为乞颜氏贵族联盟首领，他先后征服了草原上的其他部落，终于在13世纪初完成了统一漠北草原的事业。

丙寅年（1206年）春天，四十五岁的铁木真召集族属大臣，在斡难河（鄂嫩河）源头不儿罕山[②]地区召开忽里台（大聚会），在大会上铁木真即大汗位。一个叫阔阔出的人对铁木真说：“上天旨意，你的称号应为成吉思汗。”[③]从此成吉思汗成为历史上一个响亮的名字。

铁木真建立的国家称“也客·蒙古·兀鲁思”，意思是大蒙古汗国。

---

① 《元朝秘史》卷八。

② 不儿罕山在今蒙古国乌兰巴托以东。

③ 拉施都丁：《史集》，俄译本第1卷。据拉施都丁解释，“成”是蒙语“坚强、有力”的意思，“成吉思”是“成”的多数，喻王中王。

他率领他的兄弟及子孙们继续东征西战，策马纵横在欧亚大陆，蒙古的疆域随着铁木真铁骑的奔驰而急速膨胀。那是一支让世界为之震惊的骑兵队伍，他们无坚不摧，无往不胜，铁木真是他们无比崇高的统帅。

蒙古汗国的政治基础，体现为一个主要涉及财富分配的契约："太祖皇帝初建国时，哥哥弟弟每商量定：取天下了呵，各分土地，共享富贵。"[①] 太祖皇帝就是成吉思汗。根据这一原则，成吉思汗将掳掠来的土地和军民人口分封给自己的亲族、将领。

他有四个嫡子，都是长妻孛儿帖所生：术赤、察合台、窝阔台、拖雷。老大术赤封地钦察汗国，在也儿的石河（额尔齐斯河）以西、大盐池（咸海）以北地区；老二察合台汗国在阿力麻里西南地区（今新疆霍城西北）；老三窝阔台汗国在海押立地区（巴尔喀什湖东，阿力麻里西北）；遵照"幼子守产"的旧俗，老四拖雷留守蒙古本土（拖雷长子蒙哥继汗位后，命三弟旭烈兀西征波斯，旭烈兀在阿母河以南建伊利汗国，今阿富汗地区）。四兄弟的后代分别继承了他们的封地。[②] 后来忽必烈建立元朝，诸汗国名义上归属元朝，实际上却是独立的。

成吉思汗几个弟弟的封地在蒙古草原的东北部。

东、西两道诸王是成吉思汗"黄金家族"的主要成员，他们不仅拥有巨额财富，而且拥有无上的权力与荣耀。正是这个家族在 13 世纪的世界舞台上，上演了一幕幕极为雄伟壮观同时也极为悲惨壮烈的历史戏剧。

成吉思汗即位后，还将全蒙古百姓分为九十五个千户，授予他的贵戚和开国功臣，任命他们为世袭的千户那颜。千户制度及那颜阶层是蒙

---

① 《元典章》卷九，《吏部》三，《改正投下达鲁花赤》。

② 各封地随年代变迁多有变更，如窝阔台汗国后来并入察合台汗国。参见《中国历史地图集》第 7 册。

古制度的象征，“千户制度是蒙古国家统治体制中最重要的一环。千户作为统一的基本军事单位和地方行政单位，取代了旧时代的部落或氏族结构”,“那颜阶级是成吉思汗‘黄金家族’统治蒙古人民的支柱”。[①]蒙古内部已不复存在原先那种平等的血亲关系和经济关系，取而代之的是一个具有严格内部等级差别以及严密权力结构的政治共同体。

成吉思汗十年（1215 年），有两件事值得一提。五月，蒙古军队攻克金朝首府中都（今北京），金宣宗已在一年前迁都汴京（今河南开封）。消息传到中亚的花剌（音蜡）子模，引起国王的不安，他担心新兴的蒙古将成为自己远征东方的强大敌人，为了探查蒙古军实力，他派出一个使团东访蒙古。使团约年底抵达中都，受到成吉思汗的接见。出于礼节和贸易的考虑，成吉思汗也派出一个使团和商队回访花剌子模。不幸的是，蒙古使团和商队在花剌子模的边城遭到屠杀。这一事件激怒了成吉思汗，引发出蒙古历史上著名的西征。另一件事，这一年拖雷的第二个嫡子出生了，他的名字叫忽必烈。

成吉思汗二十二年（1227 年）七月，蒙古骑兵无比崇高的统帅在征服西夏的归途中病死。他死后，幼子拖雷监国。

成吉思汗生前曾就自己的继承人问题征询过儿子们的意见，那次谈话险些引起老二察合台与老大术赤的争斗。父亲首先征询长子的意见，让察合台大为恼火，他不愿意服从长兄，不顾情面地揭出：“他是蔑儿乞种带来的！”面对僵局，父亲觉得三儿子窝阔台“有宽弘之量、忠恕之心”，便决定让他作为汗位继承人。

后来术赤在父亲之前就去世了。

两年后（1229 年）的秋天，四弟拖雷召集宗王们在怯绿连河（克鲁

---

① 韩儒林：《元朝史》，人民出版社，1986 年，上册，页 85、87。

伦河）上游成吉思汗的大斡耳朵曲雕阿兰[①]，举行忽里台，共同推举新汗。

在秋天的大会上，老三窝阔台表现出谦让的态度，他提出依照蒙古旧俗，应该由幼子继承父业。表面上看这是一种居高临下的赠让，实际上在这种态度背后隐藏着窝阔台深深的忧虑。虽然他是成吉思汗生前指定的继承人，但是宗王、大臣对此是否心悦诚服，他没有把握，他提出这个理由，多少带有试探他们的意思。更重要的是，四弟拖雷拥有父亲十二万九千人军队中的十万一千人，且全部是蒙古精锐部队，而自己拥有的军队数目仅四千人，双方实力相差悬殊。因此拖雷的态度如何，支持还是反对，是关系到他能否继承汗位的关键因素。关于这一点，窝阔台心里自然明白。

果然，大会进行得并不顺利，拖雷没有明确表态拥立窝阔台，四兄弟中最小的他似乎也在觊觎汗位。

在参加大会的人当中，两头都能说上话的要算"巫师"耶律楚材。他提醒拖雷:"此宗社大计，应该早定。"拖雷没有正面答复，反问道:"事情没有结果，可否另选他日？"耶律楚材故作神秘地回答："过了今日就没有吉日了。"[②]拖雷这才同意拥立新汗。

但是事情并未就此完结，还有一个人需要说服，耶律楚材又找到老二察合台，继续施展他的劝服术。他对察合台说："大王虽是兄长，但处于臣位，应当拜臣礼。如果大王拜礼，别人就不敢不拜。"[③]"巫师"的话再次奏效，察合台答应了他的请求。于是预示着大会即将结束的场面出现了，察合台率领宗王亲族拜倒在弟弟窝阔台帐下。秋天的大会在耶律楚材的穿梭游说下终于有了结果。

---

① 曲雕阿兰在不儿罕山东南。斡耳朵：蒙古帝后的宫帐。成吉思汗建四大斡耳朵，分别由他的四个妻子管领，各斡耳朵有自己的财产，并有宿卫守护。

②③ 《元史・耶律楚材传》。

在成吉思汗的四个嫡子当中，最引人注目的是拖雷。后人提起他总是心怀好感，他被形容为英俊、勇猛、忠义的化身，人们把众多优良品质赋予了他。小说家们乐于渲染他深沉的性格和永远让人琢磨不透的内心世界，历史学家则对他的神秘死亡发生了浓厚兴趣，希望有一天能够解开这段千古之谜。当然，人们说到他时也没有忘记家族传统带给他的好处，这种传统使他不费吹灰之力就获得了兄长们可望而不可即的巨大利益。他拥有比别人多得多的军队，可以永远留在蒙古老家，不必长途跋涉到遥远的异国他乡去建立自己的汗国。他的确比别人幸运，因为他是家中最小的。他有资格与众不同，他也确确实实与众不同。

窝阔台汗二年（1230 年）秋，拖雷随窝阔台南下伐金。三年（1231 年）夏天，窝阔台在官山九十九泉（今内蒙古卓资北灰腾梁）召集诸王将领，商议攻金策略。拖雷建议兵分三路：窝阔台汗率中路军由洛阳起兵，斡赤斤率左路军由济南起兵，拖雷自领右路军由宝鸡南下，形成对金兵的包抄之势。三军约定四年（1232 年）正月会师汴京。

右路军从宝鸡出发，攻破大散关，进入汉中；又渡过汉水，抵达邓州（今河南邓州市）。不满四万兵力的右路军遇到由完颜合达、移剌蒲阿率领的二十万金兵，拖雷避开金兵主力，率轻骑兵“散漫而北”，做出攻打汴京的样子。金兵发现右路军去向后，立即尾随追赶，准备增援汴京。一路上蒙古轻骑兵不断骚扰敌人，搞得敌人又惊恐又疲惫。

西征花剌子模时，拖雷随父亲出征，这次他又随兄长出征。他是军事将领，不是三军统帅，但是拖雷总能凭借手中的指挥权策划出精彩、实用的战略战术。

窝阔台汗四年初春，金兵行至三峰山（今河南禹县境内），拖雷派精锐部队进行阻击。天下起大雨雪，数日不停，金兵被冻得面无人色，饥饿难耐，二十万大军“被甲胄僵立雪中，枪槊结冻如椽，军士有不食至三日者”[①]。这时部分中路军赶到，与右路军会合，将金兵四外包围。蒙古兵烤起了牛羊肉，轮换着休息。拖雷见时机已到，下令出击，将领们提醒是否等大汗到后再发起进攻，拖雷不听，抓住时机大举猛攻。金兵溃不成军，数十里内，血流被道，声如崩山。

这就是著名的三峰山战役，金兵主力在这次战役中被消灭了，金朝国势十去八九。

窝阔台留下大将速不台攻打汴京，他和拖雷策马北还。

夏天，窝阔台在归途中染病，拖雷祈祷天地，愿替兄长去死。《元朝秘史》有一段记述透露了拖雷悲壮而神秘的死亡：“‘洪福的父亲将咱兄弟内选着，教你做了皇帝。令我在哥哥跟前行，忘了的提说，睡着时唤醒。如今若失了皇帝哥哥呵，我谁行提说着、唤醒着，多达达百姓，教谁管着，且快金人之意。如今我代哥哥，有的罪孽都是我造来。我又生得好，可以事神。师巫你咒说着。’师巫取水咒说了。拖雷饮毕，略坐间，觉醉，说：‘比及我醒时，将我孤儿寡妇抬举教成立着，皇帝哥知着。’说罢出去，遂死了。其缘故是那般。”[②]

根据这段记述，巫师的水是导致拖雷死亡的直接原因，于是人们怀疑拖雷是被杀。水固然可疑，但据此来判定巫师是在窝阔台授意下秘杀了拖雷，尚不足证。兄弟二人确有矛盾，三年前的选汗大会证明了这一点。特别是窝阔台，他妒忌同时又惧怕拖雷手中的实力，客观上后者确实构成他行使权力的最大障碍。可若说窝阔台秘令杀弟，还需要具体的、充分的材料加以证明。看来，拖雷之死只能是一个谜。

分析拖雷临终前说的话，他舍生取义，除兄弟间的恩怨外，还有另

---

① 《元史·睿宗传》,《金史·移剌蒲阿传》。参见达林太:《蒙古兵学研究》，军事科学出版社，1990 年，页 178。

② 《元朝秘史》卷十四。

一层深虑，既蒙金关系。窝阔台汗四年是蒙金战争的关键年份，三峰山一役，金朝主力损失殆尽，朝廷朝不保夕，此时若蒙古大汗骤然死去，势必影响蒙军作战进程，也会给金朝带来喘息之机，后果难以预料。拖雷代兄求死，显然是不愿看到蒙古内部出现重大变故，延误灭金大计，仅此而言，拖雷可谓忠孝两全。两年后，金朝灭亡。话说回来，假如拖雷果真死于兄长之手，那么历史给予了他巨大补偿，四十年后元朝的缔造者正是他的后代们，他们统治了元朝将近一百年。

拖雷死后，窝阔台从拖雷的军队中划走三千户，授给自己的二儿子阔端。此事引起一些宗王、大臣的不满，一位叔叔[①]和几位大臣找到拖雷的妻子唆鲁禾帖尼，请她向窝阔台提出质询。而唆鲁禾帖尼认为，大汗之命理应服从，自己率领的将士足够了，对这件事不必计较。显然，这是一种妥协，这位精明远虑的女人情愿以付出必要的代价避免双方矛盾恶化。但无论她怎样做，窝阔台此举已然昭示出拖雷系与窝阔台系之间的冲突日趋公开化。

窝阔台汗十三年（1241 年），窝阔台驾崩，皇后（脱列哥那）摄政达五年。

窝阔台生前曾指定孙子失烈门（窝阔台第三子阔出之子）为继承人，但皇后坚持让自己的儿子、窝阔台长子贵由继位。诸王大臣又风风火火赶到和林附近的夏营地七十岭召开忽里台。由于受到皇后笼络，包括拖雷一家在内的宗王共同推举贵由为汗。

这是一边倒的大会，与会各派未发生严重分歧。但是，一个重要人物没有到场——老大术赤的长子拔都。他素与贵由不和，这次借口有病拒绝赴会。

---

① 失吉忽秃忽，成吉思汗的母亲月伦的养子，成吉思汗的幼弟，但无血亲关系。

消极抵制的后果是危险的，双方为此都付出了代价。

然而事情的发展却隐含着某种微妙的、甚至带有一点喜剧色彩的结果，因为后面发生的事情恰恰为第三方提供了一个难得的机遇。事物经常有着双重乃至多重意义，一件事如果对一方不利，就可能对另一方有利；如果对于双方同样不利，那它就会给额外一方带来获取利益的可能性。纯粹的悲剧正如纯粹的喜剧是不存在的。在政治角斗场上，赢家不一定是角斗双方的某一方，而是善于巧妙地利用双方角斗来为自己争得赢家的第三者。

贵由汗三年（1248 年），贵由急调军队离开和林西行，他声称此行目的是因为叶迷立（今新疆额敏河附近）的气候适宜他的病体。这一仓促的军事调动引起拖雷妻子唆鲁禾帖尼的警觉，当她察觉到大汗的真实意图后，果断地做出了一个不久便给她带来巨大回报的决定。她派人秘密赶赴西方，提醒术赤长子拔都留心大汗的军队。

三月，贵由汗驻扎在横相乙儿（今新疆青河县南），不久突然驾崩。贵由之死有两种说法：他被拔都派去的刺客毒死；贵由与拔都的弟弟昔班酒后殴斗，互将对方打死。①

拔都按照惯例请贵由的皇后（斡兀立海迷失）摄政，同时邀请各道宗王到他的封地举行忽里台，商议选举新汗。老二察合台和老三窝阔台的后王拒绝赴会，贵由的皇后也只派代表八剌出席。老四拖雷的遗孀唆鲁禾帖尼看准时机，命长子蒙哥率领弟弟们赶赴大会。

会上，拔都提议让拖雷长子蒙哥继承汗位，遭到皇后代表八剌的反对，八剌提出窝阔台汗生前曾指定孙子失烈门为继承人，今天失烈门尚在，不能另立他人。蒙哥的异母幼弟穆哥站出来反驳说，窝阔台汗指定

---

① 《威廉·卢布鲁克东游记》，柔克义译本，页 163。

失烈门为继承人，可你们却推举了贵由，是你们先违背了大汗遗旨。穆哥的话有理有据，八剌无言以对。大将兀良合台表示支持拔都，于是拔都“即申令于众，众悉应之，议遂定”①。大会推举蒙哥为新汗。

严格地讲，这次大会在选址上有违传统，这也就成为别人反对的理由。察合台和窝阔台两系的人以大会不在蒙古本土举行为由，拒绝承认大会的决议。于是拔都先派弟弟别儿哥护送蒙哥东返，然后召集诸王重新召开忽里台。

拖延了三年之后，1251 年 6 月大会在曲雕阿兰举行。这次也仅仅是走一个过场，反对派的实力根本无法同术赤系和拖雷系相抗衡，拖雷妻子唆鲁禾帖尼手中近十万大军是她和儿子们理直气壮的资本，反对派不过寻求点面子而已。大会再次肯定了拔都的提议，蒙古进入了蒙哥汗的时代。

最后，值得一提的是唆鲁禾帖尼。关于她，《元朝史》作者有这样一段评述：“拖雷之妻唆鲁禾帖尼在蒙古史上被誉为超过月伦的贤母，她善于笼络部众，培育诸子的势力，并利用拔都与贵由的矛盾争取了术赤系诸王的支持。政变发生时，窝阔台系竟失了任何反抗的能力，很快就被击败了。”②

拖雷长子蒙哥上台后，大规模清洗窝阔台系的人，他将失烈门（窝阔台孙）、脑忽（贵由子）发配汉地充军，将贵由汗的皇后（斡兀立海迷失）投入河中淹死。“黄金家族”内部公开而彻底地分裂了，彼此间的争斗与迫害愈演愈烈。

最高权力由窝阔台系转向拖雷系是蒙古历史上带有转折意义的事件，

---

① 《元史・宪宗纪》。

② 韩儒林：《元朝史》上册，页 201。

元朝的创立者及其诸帝都是拖雷的后代。虽然东、西两道诸王与拖雷后人之间的军事对抗在很长一段时间内没有停息，但争夺最高权力的斗争自然在拖雷系内部展开了，并且，这一斗争的复杂性与残酷性绝非读者已经看到的所能相比。

第一章

效行汉法，开平大王称汗

庚申年（1260年）春天，是选择道路的关键时刻，一方坚持蒙古旧俗，另一方附会汉法，继承中原传统政制。在汉族儒臣鼓动下，忽必烈毅然做出了抉择。

忽必烈是在父兄们东征西战的马背生涯中长大的，父亲拖雷死时他十八岁。这位王孙长大以后，与“黄金家族”其他成员相比，有一点明显不同：他的注意力不单单只在军事征伐上，更关心被征服的土地和人民如何治理、由谁来治理。在这方面对他具有启蒙作用的是两位汉族佛教徒海云（宋印简）和子聪（刘秉忠）。

海云，山西岚谷人，住持燕京大庆寿寺。[①] 忽必烈二十八岁那年，召海云赴漠北，向他请教佛法、养生、治天下之道。海云告诉忽必烈说：“我释迦氏之法，恐大王不能实行，还是应当访求中原大贤硕儒，向他们

① 成吉思汗十四年（1219年），成吉思汗手下“四杰”之一、太师国王木华黎率军攻取山西岚谷，海云及师父中观被俘。木华黎将此事报告成吉思汗，成吉思汗命木华黎厚待二人。“尔使人来说底老长老、小长老，实是告天的人，好与衣粮养活者，教做头儿，多收拾那般人，在意告天。不拣阿谁休欺负，交达里罕里行者。”后来海云历事太祖、太宗、定宗、宪宗四朝，被尊为“天下禅宗之首”。——韩儒林：《元朝史》上册，页247。

请教古今治乱兴亡之事。”[1]意思是说，治国安邦佛教不行，得请儒家。

海云赴漠北途中，路过西京（今山西大同），听说当地南堂寺有一位年轻和尚博学多才，便邀他一同北上，这位年轻和尚就是子聪。

子聪，邢州（今河北邢台）人，生于金宣宗贞祐四年（1216 年），祖上原居瑞州（今江西高安县）刘李村，是当地望族。金朝初年，曾祖父任邢州节度副使，全家迁到河北。父亲在木华黎攻取邢州（成吉思汗十五年，1220 年）后，历任都元帅府副都统、都统，改署州录事。子聪八岁入学，十三岁时以父亲是州录事进元帅府作质子，[2]元帅让属下教子聪诗文字画，奠定了他早年的文化基础。十七岁任邢台节度使府令史，当了一名刀笔小吏。二十一岁那年，母亲亡故，子聪料理完丧事，回到衙门继续当他的小吏，挣得的钱粮可以补充家用。

子聪的人生志向不在案牍之上，不满意整日埋头于琐碎的公文，可又不知道自己今后能够做些什么，这种状况给他带来苦闷，使他对自己从事的职业产生了厌恶。据说一天因公务不顺，他把笔一扔，叹道：“我家累世衣冠，难道埋没为刀笔吏乎！大丈夫怀才不遇，当隐居以求志耳。”[3]这一感叹从此结束了他早年的世俗生活。

离开官府，子聪断绝尘世，隐居武安山，与山中全真道士住在一起。一位名叫虚照的老禅师听说子聪，派徒弟将子聪招进寺来做了僧人，并让他掌管书记一职（后来子聪任职忽必烈朝廷，同僚们仍习惯地称他聪书记）。这年秋天，遇上蝗灾，当地居民没有粮食吃，老禅师应妹婿邀请前往西京（今山西大同），让子聪陪同做伴。在西京住了整整一年，一年后老禅师返回邢台，子聪留在当地南堂寺，为寺中僧人讲习天文、阴阳

---

① 蔡美彪主编：《中国通史》第 7 册，人民出版社，1983 年，页 71。
② 按蒙古惯例，为官者要送一子入官府作为质子。朝廷设有质子营。
③ 《元史・刘秉忠传》。

等书。

忽必烈召海云赴漠北，海云在南堂寺遇到子聪（时间大约在 1242 至 1243 年，子聪二十七八岁时），希望他一同北上觐见蒙古王孙。起初子聪没有答应，海云一再坚持，他这才同意。子聪精于《易》《皇极经世书》，至于天文、地理、律历、占卜之类无一不通。到忽必烈潜邸后，他以博学和口才深得这位王孙的赏识。海云南返，子聪被留在漠北，他一生的成败荣辱便在这苍茫大漠开始了。

开平王府

子聪三十一岁那年冬天，父亲亡故的消息传来。忽必烈把子聪召到住所，对他温言劝慰，又赐给他百两黄金作为安葬费，派人送到邢州。子聪回到故乡，将祖父母和父母同葬在邢台贾村，前后在家中逗留了十八个月，直到忽必烈派人召唤，他才离开故乡返回和林（蒙古都城，今蒙古共和国哈尔和林）。①

已酉年（1249 年）春天，子聪回到和林。第二年夏天，他上书忽必烈，系统阐述了自己关于治国安邦的想法。书写得很长，从内容上看不过是儒家礼俗，包括尊孔、立官、安民养士及帝王修养等。对于中原帝王而言，这些不过是常识，但对于不了解汉家政治的蒙古贵族来说，这些常识听起来却极为有用，即使一时不能实行，也可大开眼界，从中窥见到中原教化的复杂精深。子聪向忽必烈展现了这种教化的浅表意思和一般理念，就足以让这位蒙古贵族感到喜悦和鼓舞了。

子聪谈起他听过的一句话，“以马上取天下，不可以马上治”。意思

① 据张文谦撰《行状》，见《藏春诗集》第六卷，明刻本。

是说，靠武力夺取天下，不能靠武力治理天下，治理天下要靠文治，要靠中原千百年积累下来的统治经验。子聪举出武王和周公的例子，比照蒙哥和忽必烈，建议忽必烈“思周公故事而行之，在乎今日。千载一时，不可失也”。

子聪上书之际，正值蒙古诸王筹备召开第二次大会，确定蒙哥为汗。因此子聪在书末提出：“立朝省以统百官，分有司以御众事，京府州郡亲民之职无不备，纪纲正于上，法度行于下，天下不劳而治也。今新君即位之后，可立朝省，作为政本。其余百官，不在员多，唯在得人才耳。”[①]制定律法、设置机构、选拔人才，这完全是中原汉族的一套政治，无法知道忽必烈在多大程度上理解了子聪所讲的一切，但他是满意的。子聪为他描述了一幅他见所未见、闻所未闻的图景，这幅图景要比他的先辈们的荒莽大漠、金戈铁马更加广阔精美，更加深邃奇妙。

蒙古人接触汉文化从宗教入门，丘处机、海云是他们最早信服的人物。从这些人身上汲取的汉文化养料，最初多是个人安身立命之说，对于道教、佛教两家的修身、养生等一般道理，他们最感兴趣。可作为一个游牧民族，面对汉文明，蒙古人只能采取一种实用态度，他们虽然欣赏佛、道修养之说，但更喜爱汉人工匠锻造的精美器物，对于汉文化中物化了的实物的兴趣，远远超过对于玄妙哲理的兴趣，一旦接触到汉文化的玄深之处，除少数人如忽必烈、真金、图帖睦尔（元文宗），大多数蒙元贵族都会感到困惑不解。他们不得不与汉文化保持一定距离，同时将目光更多地投向直观而具有浓厚神秘色彩的藏传佛教。

他们奉藏僧八思巴为帝师，请他创制蒙古新字，作为官方语言通行，

---

① 《元史·刘秉忠传》。

从而在蒙古族文化中渗进了藏文化元素。八思巴字的通行，[①]不仅解决了蒙古官员因普遍不识汉字而在执行军务时遇到的诸多麻烦，而且也维系了蒙古民族语言文化传统，人们使用一种语言所形成的特殊思维方式，也就保持了下来。蒙古官吏不必识汉字，也可履行职责，这在客观上就为维持蒙古人与汉文化之间的距离提供了可能。因此，蒙元统治中原上百年，他们在文化和心理方面始终没能征服汉民族。

尽管如此，汉文化特别是儒家政治伦理对蒙元帝王的影响仍然是深刻的。有元一代，历朝帝王对汉文化应持何种态度，在制定施政纲领时如何处理蒙俗与汉法的关系，始终是蒙元贵族内部斗争的焦点。忽必烈一朝，效行汉法，以汉法治汉地，这使他与保守派宗王之间的矛盾日益深刻，甚至导致残酷的战争。但他赢得了众多汉人的强有力支持，他们帮助他完成了统一大业，奠定了百年大元的政治基础。在这方面，可以说恰是海云、子聪以及那批汉族臣僚，为他指引出一条通向中原帝王宝座的智慧之路。对于子聪说的话，忽必烈不仅满意，而且十分信服，子聪提出立省设官，蒙哥时期未能实行，忽必烈上台后立即照此办理，以此推行汉法。

子聪上书的第二年，拖雷长子蒙哥继位，子聪跟随蒙哥汗的二弟忽必烈灭大理，征南宋，不断向大王讲述儒家施仁政的道理，劝大王不要滥杀无辜。又受命营建开平城（后改称上都，今内蒙古正蓝旗），作为府邸。忽必烈称汗后，子聪再次受命规划建造大都城（今北京市），朝中礼仪法度也大多出自子聪之手。至元元年（1264年），忽必烈批准翰林学士承旨王鹗的奏请，让子聪还俗，拜光禄大夫，位太保，参领中书省事，子聪改名刘秉忠。至元七年（1270年），忽必烈又把老臣窦默的次女许配

---

① 八思巴字始自至元六年（1269年）。

给子聪，并赐弟奉先坊。至元十一年（1274年）秋，子聪在上都他的南屏精舍“端坐而薨”，终年五十九岁。

冬天，礼部侍郎赵秉温护送灵柩回大都，葬于城西南的崇福原。子聪位极人臣，却斋居蔬食，终日澹然，自号藏春散人。他身边无后，留给人们的只有文集十卷。子聪死后，忽必烈曾对群臣讲：“秉忠事朕三十余年，小心慎密，不避艰险，言无隐情，其阴阳术数之精，占事知来，若合符契，唯朕知之，他人不得闻也。”① 看来子聪和忽必烈之间经常“密谈”。

子聪多年处于国家政治生活中心，难免受到政治旋流的裹挟和冲击，但海云在南堂寺遇到的这位和尚，后来无疑成了忽必烈王朝中资历最深的阁僚。

蒙哥汗即位，做出两项重大军事部署。他命二弟忽必烈统领漠南汉地事务，同时南下征灭大理国（今云南大理），为进攻南宋做战略准备；又命三弟旭烈兀西征波斯。

征大理一军共十万人，由当年拥戴蒙哥称汗的兀良合台指挥军事，儿子阿术随从，文臣有姚枢、子聪、张文谦等，武将除蒙古、色目将领外，有汉人董文炳兄弟。蒙哥汗二年（1252年）秋天，大军出发。② 蒙哥汗三年（1253年）夏，大军驻六盘山休整。初冬，忽必烈和兀良合台借道吐蕃东部（今四川甘孜藏族自治州）进入大理。③

---

① 《元史·刘秉忠传》。

② 旭烈兀西征军主力出发时间是在宪宗蒙哥三年（1253年）秋。

③ 关于这段经过，姚燧记道：“受诏征云南，……经吐蕃曼陀，涉大泸水，入不毛瘴喘沮泽之乡，深林盲壑，绝崖狭蹊，马相縻以颠死，万里而至大理。”——《贺仁杰神道碑》，见《牧庵集》卷十七。

抵抗是顽强的，杀戮是残忍的，顽强的抵抗没能阻挡住蒙古军疯狂的攻势，数月之内战事便大体平息了。蒙哥汗四年（1254 年）春季，忽必烈留下兀良合台率一部分军队镇守大理，自己带余下部队踏上北归的路途。[①]

自从管理漠南汉地之后，忽必烈面对的是中原一片烂摊子，土地荒芜，人口流散。子聪从故乡回到和林，向忽必烈说起邢州（今河北邢台）的情况，他告诉忽必烈，邢州过去有居民一万多户，由于连年战乱，现在只剩下几百户，凋零破败，一天不如一天。忽必烈对此十分重视，于蒙哥汗元年（1251 年）在邢州设立安抚司，派官吏去治理。这以后，邢州局面大有改观，忽必烈也很高兴。从治邢开始，忽必烈着手大规模治理中原地区，蒙哥汗二年在汴京设经略司，三年在京兆（今陕西西安）立交钞提举司，印发纸钞，同时在河南、陕西实行屯田，以充军饷。为了更有效地控制中原，忽必烈将自己的藩邸南移到桓州一带，在金莲川开设幕府，召贤纳士。蒙哥汗四年秋天，他从云南回到桓州。

蒙哥汗六年（1256 年）春，忽必烈命子聪在桓州选地建宫室。经过勘察，子聪选中了桓州东面、滦河上游北岸一块地，用三年时间建起了开平城。开平不仅是忽必烈的府邸，也是他早年的根据地。他在这里积蓄力量，清理心智，计划着一生的事业，就像一只苍鹰在羽毛逐渐丰满的时候，不停地训练飞行能力，时刻准备离开巢穴飞向天空。他就像这只苍鹰，俯瞰着中原大地，那里有财富、权力和荣耀，有他的梦想。

开平城破土动工之际，忽必烈身边已经聚集起各派势力，他们构成一个利益集团，彼此独立又结为一体，这个集团深刻影响了元初政治体制。

---

① 据有关史书记载，由于疾病及当地军民的抵抗，十万蒙古大军生还者不到两万。

在这些人当中，除子聪外，还有王鹗、郝经、赵璧、廉希宪、窦默、姚枢、许衡、张文谦、张易、商挺等人。这些人大多数是汉人，具有规范的儒家修养，深谙文韬武略，有的人既能讲经论道，也能领兵打仗。他们聚集在蒙古大王身边，向他灌输孔孟学说，为他讲解《孟子》《尚书》《孝经》及程朱理学，他们在用一条无形链锁竭力要把他拉向汉文化领域，可他对孔孟之道是否能够一下子全盘接受呢？

然而，忽必烈正是通过他们窥见到了一种体系完备的文明，这种文明给他指明了个人心性得以超脱的方式，也为他提供了整理天下的大政方略，无论是玄妙的哲学还是实用的谋略，对他都具有强烈吸引力。忽必烈不能不意识到，除非借助这种文明，否则单凭凶猛的蒙古骑兵，即使赢得天下，也难以治好天下，因为自己的祖先没有那么久远的过去，自己的民族也还没有强盛到那种程度，可以为他的子孙准备好他们需要的一切。

在忽必烈身边还有一批为他出生入死的汉人武将：顺天（今河北保定）张柔、真定（今河北正定）史天泽、东平（今山东东平）严氏、济南（今山东济南）张氏。这些人本是地方土豪，金朝亡后依附蒙古，统辖各自境内军民政务。他们一般都拥有数万兵丁，结寨自保，一旦朝廷有军事行动，则随官军出征。他们的地位也很稳固，如果不是触犯朝廷，那么父死子继，兄终弟及。重要的是，他们负责征收地方赋税，掌握着地方经济大权，这就使他们成为独霸一方的世侯。

在中统、至元年间的历次战事中，他们金戈铁马，出生入死，为蒙廷立下赫赫战功。史传忽必烈“尤善抚下”，大概不假，要不这些文臣武将就不会追随他赴汤蹈火，几十年不改初衷。当然，这仅是就一般意义而言，尚未涉及他们与蒙廷更深层次的利害关系，但仅就这一般意义来说，已经能够得出一个结论：与其说蒙古人打败了汉人，不如说汉人中的一部分借助蒙古人的力量征服了本民族的另一部分。

经过几年治理，中原面貌有了改观，增加的户口可以补充兵源，增收的粮食又可以补给军需，忽必烈的实力大大加强，这只苍鹰的羽毛已经丰满了起来。

蒙哥汗七年（1257 年），忽必烈奉大汗之命在驻地主持了第二次佛、道两家大辩论。① 佛教一方出席的有福裕、那摩、八思巴、子聪等三百余人，道教一方出席的是以全真教头领张志敬为首的二百余人，另外出席作证的官员有廉希宪、张文谦、窦默、姚枢等二百多名儒士。大会事先约定了对失败一方的处罚办法。

可以想象，数百人参加的辩论其场面该是何等壮观，那些出家人为了争夺在朝廷中的地位和田产，冒着被处罚的危险，唇枪舌剑。或许张志敬事先没有料到，失败的一方竟是道教，结果按约定，十七名参加辩论的道士被削发为僧。忽必烈下令焚毁四十五部道经，将二百多处道观改为佛寺。②

忽必烈年轻时期，蒙古统治者对中原汉人宗教既重视又加以利用，成吉思汗对丘处机、海云的友好态度便是例子。忽必烈成年后，他以恭敬和兼容的姿态礼待各家教派，不仅收罗了一批汉人儒生，还接受八思巴为自己一家传授灌顶，据马可·波罗记述，忽必烈对西方基督教也颇有兴趣。

纵观有元一代，世界各大宗教如基督教、伊斯兰教、佛教，均在中国获得了令人惊讶的发展。至于中国本土的儒、道、释三家，境遇却略

---

① 第一次辩论是由蒙哥汗召集，于蒙哥汗五年（1255 年）在和林举行，结果佛胜道败。两家之争表面上是教理之争，实际上是争宠于蒙古朝廷，保护各自的宗教、政治、经济利益。——参见《至元辩伪录》卷三。

② 参见叶新民：《元上都研究》，内蒙古大学出版社，1998 年，页 176—177。

有不同，藏传佛教势盛，中土佛教处境亦可，道教比上不足比下有余，唯独儒家前后有如天上地下。忽必烈早期重儒，儒生在朝中左右大局，李璮（音坛）之乱后，儒生地位下降，似乎未再崛起。南宋诗人郑所南曾说“鞑法：一官二吏三僧四道……九儒十丐”，儒生在各人等中仅强于乞丐。南宋宫廷琴师汪元量写过一首《自笑》诗：“释氏掀天官府，道家随世功名。俗子执鞭亦贵，书生无用分明。”可谓生动透彻。

二弟忽必烈势力在中原一带的增长，引起大汗蒙哥的猜疑。就在忽必烈主持僧道大辩论的同一年，蒙哥委任亲信阿兰答儿为陕西省左丞相、刘太平为参知政事，派他们到京兆理算钱谷。二人在京兆设钩考局，查核忽必烈封地内的赋税。在查核过程中，他们罗列了当地官员一百多条罪状，杀死二十多人，扬言除史天泽等少数人外，其余官员一律处死。身处恐怖环境中的官吏们人人心惊胆战，当时陕西宣抚司的几位头面人物有廉希宪、商挺、赵良弼等人，幸得他们从中周旋维持，宣抚司才平安无事。

这一行动触怒了忽必烈，得到从陕西报来的消息后，他可能考虑过要用某种方式回以颜色，证明自己不是软弱可欺。老臣姚枢劝他采取退一步策略，先缓和兄弟间的紧张关系，再做长远打算。姚枢建议，不如将王府亲眷全部送到和林，做出久居的样子，这样就会消除大汗的疑虑。忽必烈采纳了姚枢的建议，亲自将家眷送到和林。兄弟二人见面后，相对泣下，蒙哥没有让忽必烈做出表白，下令撤掉了钩考局。①

---

① 《元史·赵良弼传》《元史·姚枢传》。

钓鱼城噩耗

蒙哥汗八年（1258年）春，蒙哥下令伐宋。大汗让四弟阿里不哥留守和林，自己同异母九弟穆哥、万户史天泽率西路军过六盘山攻取川蜀，宗王塔察儿率东路军打荆襄，已在云南的兀良合台、阿术父子起兵北上，形成对南宋长江中游的夹击之势。大汗命令二弟忽必烈留驻地不动。

这是一种很微妙的安排，据说蒙哥不让忽必烈率军出征，表面上考虑他征完大理，又患痛风，让他在家休养，真实原因则是蒙哥想同忽必烈争夺中原控制权。[①] 得到命令后，侍臣燕真提醒忽必烈：大汗素有疑志，如今远涉危难之地，殿下身为皇弟，却独处安全，这怎么行呢？[②] 而忽必烈即使明白这种安排背后的真实动机，可没有大汗的命令他也不敢轻举妄动。

幸好大汗的部署不久就出现了问题，宗王塔察儿在南伐期间，热衷于抢掠财富，纵情享乐，久无战功，惹得蒙哥气怒，撤掉塔察儿，命忽必烈统率东路军攻打鄂州（今湖北武昌），并召益都（今山东益都县）行省李璮派兵从征，李璮以“益都是南北要冲，兵不可撤”为借口，拒绝派兵；蒙哥又命兀良合台驱军打潭州（今湖南长沙），然后与东路军会合。大汗约定，西路军取得川蜀后，挥师东进，与东路军、云南军三军会师，再沿江东下直捣临安（南宋首府，今杭州市）。

这是一个庞大而且劳师费财的作战计划，蒙古人倾巢出动，数路大军似数把锋利的尖刀从不同方向插入宋朝国土。如果按蒙哥汗的设想，三军会师后直捣临安，那么南宋朝廷覆亡的时间只会在13世纪60年代，

---

① 拉施都丁：《成吉思汗的继承者》，波义耳英译本，页225；陈得芝：《论忽必烈与蒙哥的一次斗争》，《元史论丛》第1辑；韩儒林：《元朝史》上册，页180。

② 《元史·不忽木传》。

不会延续到70年代，因为这个计划使人感到，这是蒙古人决心灭亡宋朝的一场决定性战争。然而，一个突发事件意外地中止了计划的实施，紧接着引发出一场蒙古汗位之争。灭宋计划被搁置了下来，临安政府赢得了喘息时间。

春天的计划在实施的初期阶段进展得相当顺利，三路大军沿途风卷残云，势不可当，宋军面对北方骑兵的疯狂呐喊和马蹄扬起的阵阵尘沙丢城弃寨，无力自保。可十六个月后，北方骑兵遇到了他们自起兵以来从未遇到过的强大阻力。

蒙古军素以马上称雄，辽阔无尽的大草原是他们崛起的地方，是他们攻伐的最主要、最熟悉的战场，寒冷的气候对他们不构成严重威胁，绿色草原又是马匹食之不尽的天然粮仓。他们喜欢在旷野上策马奔驰，把追赶上敌人并杀死他们当作人生乐事，蒙古骑兵的凶残及坚韧是世界上任何一支军队都无法与之较量的。可是，一旦进入长江以南地区，浮现在他们眼前的却是另一番景象：巍峨陡峭的丛山密林、连绵起伏的丘陵沼泽、纵横交错的河流港汊还有酷热湿闷的天气，一切都让他们感到极不适应。更令他们难以忍受的是长时间在同一地点攻城拔寨，那简直就是一种煎熬。蒙古骑兵不得不采用与他们的传统经验完全不同的方式作战，而这种方式恰恰是他们的敌人最拿手的战法。

跟随忽必烈一同南下的谋臣郝经对此看得十分清楚，当时他的心情大概不会太好。郝经了解宋军，也了解蒙古人，深知蒙古骑兵的长处和短处，以及他们的作战方式，这种方式曾一度所向披靡，无往不胜，一次又一次地给蒙古人带来巨大的胜利和喜悦。但是，若换一个环境，就像眼下在长江以南地区，情况就完全改变了，旧的方式就很难适应新的地理与气候条件，胜利也就不那么轻易地能够得到了。

一路上郝经思考了许多问题，对北南双方的军事形势也有自己成熟的看法，尽管这些看法时常让他感觉不安甚至恐惧，但他仍然会在适当的时候向统帅陈述这些看法。他知道自己不赞同蒙哥汗的这次行动，也知道单凭一个人的力量无法改变已经发生的一切，但他相信自己是正确的，并且努力用自己的想法去影响东路军。

对于这次作战行动，郝经反对的理由明确而系统。在他看来，南宋朝廷还占据着半壁江山，虽无望收复中原，但兵力充足，百姓渴望太平，如果此时大兴兵戈，恐怕难服天下人心，因此灭宋时机尚未成熟；要紧的是，"黄金家族"分裂后，宗王、诸侯各怀心思，都瞄准国家最高权力，伺机而动，希望给自己争得更大利益，国家危机四伏。如果此时出兵伐宋，大军在外，内部一有骚变则返之不及。因此当务之急是励精图治，而不是挑起兵端。

南下途中，郝经不止一次地向忽必烈谈起这些想法，希望他能够认清其中利害。东路军行至濮州（今山东鄄城北）时，有人截获到一份上报南宋朝廷的奏议，其中说到"谨边防、守冲要"等抵御蒙古军南侵的治军方略。忽必烈召集属下商量对策，郝经说道："自古得天下者，以德不以力。如今宋朝未有败亡之衅，我乃空国而出，诸侯窥伺于内，小民凋弊于外，经见其危，未见其利也。大王不如修德布惠，控制诸道，以待西师，上应天心，下系人望，顺时而动，宋不足图也。"① 听完郝经的话，忽必烈未置可否，只问是否同张柔商量过。

这种态度背后是否暗示着忽必烈与蒙哥之间的那层微妙关系，人们不得而知，但他赞同郝经的分析似乎可以肯定这一推测，因为连他自己也认为长兄的此次行动非常不合理。随忽必烈南下的大臣，除郝经外，

① 《元史·郝经传》。

还有子聪、赵璧、张文谦、张柔、廉希宪、商挺等人。一天忽必烈召见商挺，征询他对这次军事行动的意见，商挺回答说："蜀道险远，万乘岂宜轻动。"忽必烈沉默良久，说道："卿言正合我心。"[①]可见忽必烈也在考虑这些问题，内心也存在着一时难以排解的矛盾。

获悉西路军在川蜀受阻久师无功的消息，郝经再次向忽必烈坦言："起初以奇制胜，关陇、江淮以北，平原旷野之多，而我长于骑，故所向不能御；兵锋新锐，民物稠伙，拥而挤之，州郡自溃，而我长于攻，故所击无不破，是以用奇兵而骤胜。今限以大山深谷，扼以重险荐阻，迂以危途缭径，我乘险以用奇则难，彼因险以制奇则易。况且客主势悬，无擄掠以为资，无俘获以备役，以有限之力，冒无限之险，虽有奇谋密略，无所用之。力无所用与无力同，勇无所施与不勇同，计不能行与无计同。"[②]话讲得既冷静又激切，抑扬顿挫，丝毫不拖泥带水。

郝经的分析与实际情况完全一致，这种尴尬局面早已让那些骁勇剽悍的蒙古将领们万分沮丧。烦闷、失望、急躁，人类这些最危险的情绪笼罩着军营，不久便给这支曾经纵横欧亚大陆的传奇式军队带来了一系列严重后果。

蒙哥汗九年（1259年）春夏，西路军在合州（今四川合川）受阻。南宋将领王坚征调属县十七万人修筑钓鱼城，决意死守。王坚杀掉蒙古劝降使臣，组织奇兵夜袭蒙古军营，使蒙古军白天不能破城，夜晚不得安眠。

大汗的军队被困在城下好几个月寸土未得。进入伏天，蜀地酷热难挨，疾病流行，不服水土的蒙古军士受到疫病的严重威胁，士气低落。

---

① 《元史·商挺传》。

② 《元史·郝经传》。

七月，蒙哥汗亲自率领部队攻城，被城中发射的炮石击中，死在营中。蒙哥汗的阵亡不仅打断了西路军的作战进程，而且预示着这次灭宋计划的破产。

王妃的密使

从云南北上的兀良合台在潭州（今湖南长沙）同样受到挫折。在守军顽强抵抗面前，兀良合台放弃攻城，绕潭州而北，打算按原计划赴鄂州（今湖北武昌）与东路军会合。

忽必烈的东路军于八月底抵达长江北岸。南岸宋军在岸边修筑堡垒，在江心陈列巨船，放眼望去，军容庞大、齐整。

在岸边驻扎下来后，东路军着手筹备渡江物资。就在准备渡江之际，忽必烈接到异母弟弟穆哥从合州派人送来的噩耗。信使告诉说，西路军已改变计划，奉大汗灵柩北撤，穆哥大王请忽必烈大王立即北返，共商国是。

信使带来的消息使形势骤然紧张起来，东路军下一步如何采取行动，一时竟成了问题。大军自北而南一路风尘仆仆，眼下已面临长江，江对岸就是鄂州城，如果此刻掉头北还，岂不前功尽弃，这次出征也就将以徒劳无功而告结束。但如果按原计划渡江打鄂州，又必然冒孤军深入的危险；况且，国家立汗之事也绝非寻常小事，忽必烈不能置之不顾。东路军将领们期待着最高统帅的命令，而命令让他们多少有些意外，至少让郝经大惑不解。

渡江命令很快下达了，突击任务交给了曾在征云南途中有过一段传奇经历的将军董文炳。领到命令后，董文炳同弟弟文用、文忠带领一百多名敢死队员乘船急速驶向对岸，强渡长江天险。经过一阵拼杀，抢渡成功，董文炳让文用驾小船回北岸报捷，驻扎在香炉峰的忽必烈接到消息，部署大军分三路同时渡江，兵临鄂州城下。

长江西自江陵蜿蜒东下，过洞庭北上，经汉阳、黄冈，复而南走江州（今江西九江），向东奔入大海，鄂州城就在长江大拐弯的怀抱里。九月东路军过江，派人招谕鄂州城。派去的三人来到城东门，城头箭如雨下，一人中箭坠马，被宋军俘虏，二人逃回本营。东路军随即围城，在城东北的压云亭筑起瞭望楼，瞭望城中，鄂州围城战开始了。

忽必烈又命大将拔都、万户解成率一军逆江而上，直趋岳州（今湖南岳阳），阻截上游宋军东下增援。拔都遭遇到由吕文德率领的来自重庆的宋军，双方展开激战，结果阻截失败，宋军乘夜间进入鄂州城。

蒙古军渡江围鄂，南宋朝廷惊恐不安，丞相丁大全因隐匿军情不报，被弹劾下台，吴潜、贾似道即相位。宋理宗赵昀派贾似道坐阵汉阳，指挥鄂州战事，吴潜调动各路兵马增援。贾丞相和吕将军的到来鼓舞了鄂州军民的斗志，城市防守愈加坚固。在后面的日子里，双方攻守不断，尽管东路军想尽一切办法企图攻破城门，但历时两个多月，鄂州城依然坚不可摧。

围鄂期间，郝经目睹了几位江南妇女宁死不受辱的行为，他被感动了。他在一首诗的序中写道：“宋有天下，文治三百年，其德泽深厚，膏于肌肤，藏于骨髓。民知以义为守，不为偷生一时计。其培植也厚，故其持籍也坚。乃知以义立国者，人必以义归之……”[①] 如今南北战乱，百姓蒙受战争之苦，或背井离乡，或惨遭屠戮，望着黄鹤楼，他禁不住叹道：“问南朝之士，有何长策，更休把苍生误。”[②]

---

① 《巴陵女子行》，见 [清] 顾嗣立：《元诗选》，中华书局版。
② 《望黄鹤楼词》，见 [元] 苏天爵：《元朝名臣事略》，中华书局版。

在这段充满厮杀声和血腥气的枯燥沉闷的日子里，郝经的心情焦虑不安而又无可奈何，他无法理解忽必烈“求功心切”的心理，[①] 也未能阻止渡江计划，眼看着局势向错误的方向一步步发展，自己却束手无措。或许他唯一能够祈求的就是有某件意外事情发生，而且它的严重性足以迫使东路军改变行动路线。

郝经的政治理想与忽必烈身边的其他儒臣一样，来自儒家经典传统，这使他得到了欣赏汉法的忽必烈的赏识，但他过于理想化的思维方式，以及性格方面的直露多言，又是那些习惯马上生涯的蒙古将领难以理解和接受的。郝经具有山西人特有的迂执，缺乏同乡们经常表现出来的狡猾和灵活性，这种性格对他影响很大，即使后来成为一个悲剧性人物时，他也没有改变性格。郝经为自己扮演的角色付出了沉重代价，换来的自然是浮世功名，是同僚们可望而不可即的荣誉。

郝经的耿直与忠诚终于得到回报，他的祈求没有落空。围城两个月后，意外的事情果真发生了。

蒙哥汗九年十一月，忽必烈的王妃察必派遣的两位密使赶到鄂州，他们带来的消息十分严峻：留守和林的幼弟阿里不哥准备继承汗位，已在进行军事调动，大将阿兰答儿领兵逼近开平，脱里赤进驻燕京，王妃请大王速回。忽必烈意识到问题的严重性，他绝不允许汗位落到别人手里，为此必须重新考虑东路军下一步的行动安排。

对郝经来说，消息来得恰是时候，它给他提供了又一次陈述己见的绝好机会。在那篇著名的《班师议》中，耿直的山西人施展出了自己杰出的辩才，他分析道：“国家自平金以来，唯务进取，不遵养时晦，劳师费财，卒无成功，三十年矣。蒙哥汗立，正当安静以图宁谧，忽然无故

---

① 忽必烈收到蒙哥死讯后曾说：“吾奉命南来，岂可无功遂还？”——《元史·世祖纪》。

大举，进而不退，授王东师，不当进而急进。以为有命不敢自逸，到达汝南，既闻凶讣，既当遣使偏告诸师各自撤退，于宋修好，归定大事，不当复进而急进。以有师期，会于江滨，遣使喻宋，息兵安民，振旅而归，不当复进而又进。既不宜渡淮，又岂宜渡江？既不宜妄进，又岂宜攻城？若以机不可失，敌不可纵，既然渡江，不能中止，便当乘虚取鄂，分兵四出，直造临安，迅雷不及掩耳，宋朝亦可图也。如其不可，知难而退，则不失为金兀术也。师不当进而进，江不当渡而渡，城不当攻而攻，当速退而不退，当速进而不进，役成延绵，盘桓江渚，情见势屈，举天下兵力不能取一城，我竭彼盈，又等什么？且诸军疾疫已十之四五，再延引月日，冬春之交，疫必大作，恐欲还不能。”[①] 话里含有明显的批评味道，不仅针对忽必烈，也针对已故的大汗，若非形势所迫，他在说这番话时不会不斟酌再三。郝经是鉴于形势紧急，才用如此激烈的口气和强硬的措辞说这番话，为此他已经做好了付出生命代价的准备。

两年来压抑心头的话不吐不快，话一出口便一发不可止。最后，郝经以不容争辩的语调向忽必烈下达“命令”：“断然班师，亟定大计，销祸于未然。先命劲兵把截江面，与宋议和，许割淮南、汉上、梓夔两路，定疆界岁币；置辎重，率轻骑北归，渡淮乘驿，直造燕都，则从天而降，彼之奸谋僭志，冰释瓦解；遣一军迎蒙哥汗灵舆，收皇帝玺，遣使召旭烈兀、阿里不哥、穆哥及诸王驸马，会丧和林；差官于汴京、京兆、成都、西凉、东平、西京、北京，抚慰安辑；召真金太子镇守燕都，以示形势。则大宝有归，而社稷安矣。”[②]计划周详缜密，无懈可击，又得到另一位重臣廉希宪的支持，他附和郝经力劝忽必烈大王北返。

廉希宪，畏兀儿人，精明干练、文武双全，被忽必烈称为“廉孟

①② 《元史·郝经传》。

子”“真男子”。他意识到关陇将是双方争夺的第一个战场，于是提醒忽必烈说，阿里不哥手下大将刘太平、霍鲁海在关右，浑都海在六盘山，而征南各军散处在秦、蜀。刘太平暗中勾结诸将，意图险诈，他平时虽然惧怕大王的威严，但如果倚仗关中形势险峻，图谋不轨，时间一长就不好办了，应当派赵良弼前去关陇，察看那里的形势。

忽必烈同意了郝经、廉希宪的意见，做出如下部署：廉希宪先回开平，以赐酒名义联络宗王塔察儿，请他带头拥立开平大王称汗；大将拔都、万户张柔统率围鄂大军按兵不动，放出风声攻打临安，等待兀良合台赶到，二路大军一同北撤；张文谦带领两万南宋降民北上蒙古。

恰巧，南宋丞相贾似道派密使宋京前来议和，提出只要蒙古撤军，南宋可以向蒙古称臣，并割江南为界，每年贡奉银二十万两，绢二十万匹。面对这样的条件，忽必烈没有理由拒绝，除表面上故作姿态外，签署这份条约正是他求之不得的。

安排妥当后，忽必烈率领一队轻骑兵渡江北上，年底抵达燕京近郊，在那里度过了寒冷的冬天。

忽必烈争夺汗位

拖雷共有十一个儿子，他和唆鲁禾帖尼生下其中的四个：蒙哥、忽必烈、旭烈兀、阿里不哥。蒙哥和忽必烈南下伐宋，旭烈兀西征，阿里不哥受命留守和林。

位于回鹘汗国古城遗址上的和林，是蒙古第一座城市，也是它的都城，建于窝阔台汗七年（1235 年），成于蒙哥汗元年，前后历经十六七年。窝阔台汗灭金期间，从中原掳掠了大批汉人工匠带回蒙古，这些人就成为和林城的主要建设者。从近代考古发掘看，和林城呈不规则四方形，城区分两部分：第一部分，使臣的居住区，各类市场所在地；第二部分，汉人工匠聚居区。城区西南角，坐落着大汗的宫殿万安宫。万安宫的建筑格局以及内外雕饰完全仿照汉族宫阙样式，有宫墙环绕，宫殿周围是宗王贵戚的宅邸，它们与万安宫紧密相连，组成一片宏伟壮丽的宫殿建筑群。和林城是蒙古的象征，万安宫则是蒙古最高权力的象征，开平城无论从政治、传统方面讲，都无法与和林城比肩。阿里不哥驻守和林，他在地理上就获得了具有象征意义的正统身份。

蒙哥汗阵亡，阿里不哥首先采取了行动。他的支持者除阿兰答儿、浑都海、霍鲁海、刘太平、脱里赤等人外，还有蒙哥后王阿速台，察合台后王阿鲁忽。据阿里不哥称，他还得到远在西方的旭烈兀以及术赤后王钦察汗国的别儿哥的支持。[①]而通向汗位道路上的最大障碍，也是自己最强硬的对手，便是开平那位哥哥。蒙哥汗执政的数年间里，这位哥哥在漠南汉地苦心经营着自己的势力，修建王府，搜罗人才，定赋税，行屯田，这一切绝非出自寻常之心。何况他与蒙哥之间的明争暗斗，也已经暴露出对汗位的渴望，对此阿里不哥不会视而不见，于是一开始他就把行动目标对准了开平城。

军事调动在两个方向同时进行。霍鲁海、刘太平赴陕西，收缴当地钱谷，以备军需，同时联络六盘山驻军，必要时从关中发兵东进。六盘山驻军是蒙哥南下入川时留在那里的，由大将浑都海指挥。大汗死后，随行的将领哈剌不花率军北撤，回到六盘山，也在那里驻扎了下来。浑都海的属下密里火者驻守成都，乞台不花驻守青居（今四川南充县南），他们也是阿里不哥的追随者。

---

① 别儿哥曾派使者为忽必烈和阿里不哥劝和，但不久他与旭烈兀之间爆发了战争，西方诸王无暇顾及东方的战事。

另一方向，阿兰答儿、脱里赤分别领兵扑向忽必烈老巢，阿兰答儿兵向开平，脱里赤兵向燕京。从二人此后的行迹上看，这一军事部署还不具有进攻性质，只是实施军事准备或防范措施，至多是一种武力威慑。因为，如果阿里不哥想以突然军事行动的方式夺取汗位，他就不会等到忽必烈几个月后从鄂州平安地返回开平，他还是希望通过正式的（至少是形式上的）选汗大会成为万安宫的新主人。遗憾的是，他的部署过于唐突和急躁，也显得有些幼稚，就像两个玩纸牌的人，一方在出牌之前就已向对手亮出了自己的底数。

陪同王妃察必住在和林的侍臣燕真渐渐发觉阿里不哥行动异常，引起了警觉。这位康里（咸海北）人做出了一个明智的选择，带领忽必烈的余部护送察必离开都城，朝东南方向转移，最后回到开平。阿兰答儿率军距离开平还有百里时，察必派人前来质问："发兵大事，太祖皇帝曾孙真金在此，为何不让知道？"[①] 阿兰答儿缄口不语。察必眼看局势迫在眉睫，而丈夫远在长江以南，便立即派遣密使急赴鄂州向丈夫报信，督促他尽快北返。

忽必烈抵达燕京，正遇上脱里赤在燕京一带抓壮丁，便问他执行谁的命令，脱里赤说是蒙哥汗临终前的旨命，忽必烈明知他在说谎，下令放掉了被抓来的新兵。

冬天过去，春天来到了。忽必烈和他的轻骑兵打点好行装重新上路，继续向北走。庚申年（1260 年）三月，他们策马扬鞭进了开平城。

支持者也陆续到来，窝阔台后王合丹、察合台后王阿只吉等率领西道诸王，成吉思汗诸弟后王塔察儿（成吉思汗同母幼弟铁木哥斡赤斤的

① 《元史・世祖纪》。

孙子)、也先哥等率领东道诸王，还有穆哥大王，都会集开平。

受命联络宗王塔察儿的廉希宪，见到宗王后向他表明来意，请宗王首倡拥立，并说这是自己的意思，与他人无关。塔察儿被说服了，同意承担此事。忽必烈回到开平，知道了事情经过，对廉希宪的行为非常赞赏，夸奖他说，这么重大的事情，你怎么能不惧怕呀！

探察情报的赵良弼也从陕西回来，奏道：穆哥大王没有异心，可把西南六盘归他管辖；浑都海屯兵六盘，兵强马壮，将士都想北归和林，事情恐怕难以预料；大将纽邻统率陕西、四川蒙古军，深得当地民心，他本人年少勇猛，不大看重名位，应当授予重职，但要尽快解除他的兵权；刘太平、霍鲁海二人，如今行尚书省事，说要筹集粮饷，有图谋陕、川之意；至于百家奴、刘黑马、汪惟正兄弟，受大王恩惠，悉心听命。赵良弼的情报极为重要，它们为开平方面的军事调遣提供了准确依据。

廉希宪请忽必烈即汗位，他说："阿里不哥于殿下是母弟，居守朔方，专制有年，或窥望神器，事不可测，应早定大计。"[①] 赵良弼也劝道："如今中外都愿大王早日即位，以安天下，大势所趋，不容中止，社稷安危，刻不容缓。"[②]

宗王、大臣也纷纷请求，忽必烈经过三次"辞让"，最后在子聪等人的策划下，于当月按照中原传统在开平城登上汗位。即位程序经过特意安排，庄重而虚伪。儒臣们所以这样做，一方面针对和林的阿里不哥，不得不顾及到忽必烈的正统名分，另一方面是针对南宋朝廷，他们把统一天下的希望寄托在这位新的大汗身上。无论从哪方面讲，登汗位是忽必烈走向"汉化"的关键一步。

---

① 《元史·廉希宪传》。

② 《元史·赵良弼传》。

蒙古大汗与中原帝王之间的差别大而复杂，对此忽必烈并不通晓，好在身边有众多谙熟此道的臣僚，他们乐于诲而不倦。万户史天泽奏：先立省部，以正纪纲。“廉孟子”廉希宪奏：遣使与宋讲和，下令鄂兵北还。子聪奏：建元表岁，立省设官。这些人一边给大汗出主意，一边积极筹办朝廷建制的各项事宜。

四月，成立中书省，总理内外百司。王文统、赵璧任平章政事，廉希宪任右丞，张文谦任左丞，张启元任参知政事。忽必烈还任命八春、廉希宪、商挺为陕西、四川等路宣抚使；任翰林侍读学士郝经为国信使，礼部郎中刘人杰为副使，出使南宋议和，督促贾似道履行在鄂州签定的条约。

以即位诏告天下。诏曰：

朕惟祖宗肇造区宇，奄有四方，武功迭兴，文治多缺，五十余年于此矣。盖时有先后，事有缓急，天下大业，非一圣一朝所能兼备也。先皇帝即位之初，风飞雷厉，将大有为。忧国爱民之心虽切于己，尊贤使能之道未得其人。方董夔门之师，遽遗鼎湖之泣。岂期遗恨，竟勿克终。

肆予冲人，渡江之后，盖将深入焉。乃闻国中重以签军之忧，黎民惊骇，若不能一朝居者。予为此惧，驲骑驰归。目前之急虽纾，境外之兵未戢。乃会群议，以集良规。不意宗盟，辄先推戴。左右万里，名王巨臣，不召而来者有之，不谋而同者皆是。咸谓国家之大统不可久旷，神人之重寄不可暂虚。求之今日，太祖嫡孙之中，先皇母弟之列，以贤以长，止予一人。虽在征伐之间，每存仁爱之念，博施济众，实可为天下主。天道助顺，人谟与能。祖训传国大典，于是乎在，孰敢不从。朕峻辞固让，至于再三，祈恳益坚，誓以死请。于是俯询舆情，勉登大宝。自惟寡昧，属时多艰，若涉渊冰，罔知攸济。爰当临御之始，宜新弘远之规。祖述变通，正在今日。务施实德，不尚虚文。虽承平未易遽臻，而饥渴所当先务。呜呼！历数攸归，钦应上天之命；勋亲斯托，敢忘列祖之规？建极体元，与民更始。朕所不逮，更赖我远近亲族，中外文武，同心协力，献可替否之助也。诞告多方，体予至意！①

即位诏书大意：鉴于蒙古当前的严峻形势，召开大会商讨对策。从各处赶来的宗王大臣考虑到在成吉思汗的嫡孙之中，在蒙哥汗的同母胞弟之中，无论贤与长，只有朕一人，所以拥戴朕为天下主。朕辞让再三，无奈宗王大臣一再恳请，朕只好即大汗位。

按照惯例，选汗大会须在蒙古本土举行，要有各系宗王参加，方被视为合法。忽必烈单方面于汉地即位，当然违背传统，因此在这份诏书中，原金朝状元王鹗着重强调了此举的“迫不得已”。

就在这个月阿里不哥也在和林称汗，蒙古出现了南北两汗对峙局面。有趣的是，开平的忽必烈以正统自居，而蒙古老家的阿里不哥却成为“叛逆者”。更具戏剧性的是，首先采取行动的是和林方面，仅仅因为阿里不哥行动上的草率和不彻底，反而让自己的哥哥抢先了一步。

蒙古人以十二生肖纪年，成吉思汗立国后也没有立年号。忽必烈即汗位后，建元“中统”。由王鹗起草的中统建元诏曰：

祖宗以神武定四方，淳德御群下。朝廷草创，未遑润色之文；政事变通，渐有纲维之目。朕获缵旧服，载扩丕图，稽列圣之洪规，

---

① 《元史·世祖纪》，《元文类》卷九。

讲前代之定制。建元表岁，示人君万世之传；纪时书王，见天下一家之义。法《春秋》之正始，体大《易》之乾元。炳焕皇猷，权舆治道。可自庚申年五月十九日，建元为中统元年。惟即位体元之始，必立经陈纪为先。故内立都省，以总宏纲；外设总司，以平庶政。仍以兴利除害之事、补偏救弊之方，随诏以颁。于戏！秉箓握枢，必因时而建号；施仁发政，期与物以更新。敷宣恳恻之辞，表著忧劳之意。凡在臣庶，体予至怀！①

大意：朕继承中原自古以来的传统，建元表岁。自庚申年五月十九日，建元为中统元年（1260年），并设立政府机构，管理朝政。

在那段忙碌的日子里，王鹗的办事效率极为出色，他不辞辛劳地为新汗起草了一份份诏书，从内容上看，他很善于用笔为政治行为裁剪出一件件精美得体的道德外衣，总会把要说的话表达得既明确又体面。下面这份针对阿里不哥发布的敕书同样出自他的手笔，既态度诚恳，又棉里藏针，把一道宣战文告表现得冠冕堂皇。敕曰：

朕惟父母兄弟之亲，宗庙社稷之重，遣使敦谕，至于再三。乱纪执迷，曾无少革，以致宗族共怒，戈甲乃兴。重念兵方弭而复征，民甫休而再扰，危疑未释，反侧不安。诖误者至及于无辜，拘囚者或生于不测，非朕本意……②

大意：朕念及父母兄弟亲情，顾及祖宗天下大义，一再派人去劝说

---

① 《元史·世祖纪》。
② 《元文类》卷九。

你。可你执迷不悟，以致宗族共怒，兵兴祸乱，这可不是朕的本意。

战争准备在加紧进行。忽必烈下令立燕京路、济南路、太原路等十路宣抚司，任廉希宪为京兆路宣抚使。

平阳、京兆两路宣抚司签兵七千，于延安等处守隘；各路兵马三万驻扎燕京；汪良臣统领陕西汉军沿黄河守隘。自东至西，山东、河北、山西、河南、陕西筑起一道绵延千里的军事防线。

六月，忽必烈命燕京等三路宣抚司向开平运十万石米；东平万户严忠济发一万五千名精兵奔赴开平；十路宣抚司制造战袄、裘衣、帽子各以万计，运到开平；七月，又下令各路宣抚司制造羊裘、皮帽、靴，运到开平。忽必烈拥有中原地区强大的军事力量和充足的物资供应，这是他战胜阿里不哥的根本条件。同月，他亲率大军北上，要与在和林的弟弟决一雌雄，双方军事上直接接触阶段即将开始。

还有一些人物需要提及，他们后来在忽必烈朝廷中产生过重要影响。

忽必烈称帝后，立察必为皇后，她是太子真金的生母。

侍臣燕真在忽必烈即位不久便去世了。燕真小时候，一家人被成吉思汗俘虏，成吉思汗将燕真赐给儿媳唆鲁禾帖尼（拖雷的妻子），那时燕真才六岁。他长大后，唆鲁禾帖尼让他侍奉儿子忽必烈，于是燕真做了侍臣。燕真死后，留下儿子不忽木，忽必烈见不忽木天资聪慧，就把他给了真金，让他和皇子一同师从王恂，这年不忽木恰巧也是六岁。后来不忽木又师从理学大师许衡，学术大进，入朝后累任参议中书省事、工部尚书、刑部尚书、翰林学士承旨。忽必烈晚年所做的一些重大决策，他都起了关键作用，是朝廷中最接近皇帝的人之一。忽必烈临终，他不离左右，与玉昔帖木儿、伯颜同受遗诏。忽必烈死后，他又主持后事。

得知忽必烈从鄂州返回开平，耶律铸丢弃家室只身从和林投奔开平，受到忽必烈嘉奖。中统二年（1261 年），他出任中书左丞相。不过他的仕途经历颇为坎坷，几次罢官，几次复出，最终，这位耶律楚材的儿子还是在左丞相位置上被免职，并被没收一半家产。

安童，木华黎四世孙，母亲是察必皇后的姐姐。中统初年，十三岁的安童入禁中掌管宿卫，地位在百僚之上。十八岁时，出任中书右丞相，在相位前后达十六年。安童与太子真金同是汉法派首脑人物，对推行汉法做出了重要贡献。

中统元年四月，大将兀良合台自江南回到开平，儿子阿术留宿卫。阿术历任宿卫将军、征南都元帅、中书平章政事、中书左丞相，是忽必烈灭南宋的主要帅将之一。

这一年，忽必烈封藏僧八思巴为帝师，命他造蒙古新字。1264 年，忽必烈改元为至元元年，朝廷设总制院（后改名宣政院），统领全国佛教事务及藏族地区行政事务，忽必烈授八思巴领总制院事，从此形成帝师之命与皇帝诏敕并行于西土的格局。

第二章

平定山东，巩固新生政权

选择结果表明，“黄金家族”成员走上了完全不同的两条道路，兄弟之间发生军事冲突；忽必烈政权内部有人在秘密谋事，企图推翻新生政权。忽必烈南征北战，坚决维护刚刚到手的权力。

京兆（今陕西西安）在地理位置上极其重要，它是控制陕西、四川的军事重镇。那里情况复杂，秩序混乱，诸王贵藩分布左右，占据着各自地盘，羌、戎等少数民族杂居一处，豪强四起，盗寇横行，历来是一块很难治理的地方。

早在蒙哥汗四年（1254 年），忽必烈征完大理回来，命廉希宪前往京兆任宣抚使，廉希宪成为忽必烈最早派往陕西的官员之一，也是他经营汉地过程中的一位得力助手。在京兆几年，廉希宪熟悉当地情况，也了解阿里不哥派去的刘太平、霍鲁海等人，所以才估计到战争有可能首先在那里打响。

血战甘州

忽必烈三月即位，四月任命八春、廉希宪、商挺为陕西、四川等路宣抚使，五月又立十路宣抚司，将陕西、四川合并为京兆路，廉希宪任宣抚使，商挺任副使，赵良弼为宣抚司参议。

赵良弼先行赶赴京兆。他与蒙古断事官八春商议，眼下浑都海天天想着北归和林，纽邻犹豫不决，应当派人奉旨催促纽邻入朝，让关右的刘太平速到京兆。八春表示同意，派出了人员。纽邻正准备率部向泾州（今甘肃泾川北）转移，刘太平也准备去六盘山，二人接到旨令，暂时停止了行动。

廉、商二位大员随后到达京兆，刘太平、霍鲁海已反。接到赵良弼的报告，宣抚使廉希宪没有急于对二人下手，先派人去六盘山，安谕浑都海。可不久传来消息，浑都海将来人杀死，约刘、霍二人同时起兵，又传令密里火者、乞台不花增援六盘。陕川局势骤然紧张，战争一触即发。

廉希宪召集属下，对他们说，大汗刚即位，就委任我们这些人，正是为了今天，如果不尽早做出决定，那什么事情也办不成了。说完，宣抚使派万户刘黑马秘捕刘太平、霍鲁海。万户将刘、霍及其党羽全部捉拿，关进了监牢。

廉希宪又派万户刘黑马在成都逮捕密里火者，总帅汪惟正在青居逮捕乞台不花。赵良弼联络万户和总帅，向他俩提出一个计策，万户和总帅表示赞成，答应照此计策行事。

刘黑马、汪惟正分头行动，一在成都杀密里火者，一在青居杀乞台不花。廉希宪和商挺事后才知道，担心这样一来会招致擅自处死将帅的罪名，忙派人入朝奏报。使者起程前，赵良弼交给使者一份密状，告诉他说，当时逮捕二人时，只下令活捉，然后等待朝廷旨令，可我觉得那样势必张惶惊动，应当尽快杀掉他们，所以这事责任在我，与宣抚司无关，如果大汗怪罪希宪，请你出示此状。使者入朝见到大汗，忽必烈对此未予追究。后来密里火者的儿子为父亲被杀上诉朝廷，忽必烈下谕，这是朕的旨令，今后休要再提了。

真正的对手在六盘，那里兵强马壮，将领都是久经沙场的老手。如今刘太平、霍鲁海被囚，密里火者、乞台不花已死，六盘山将采取什么行动，这是京兆宣抚司所要考虑的问题。宣抚使廉希宪心中疑虑，商挺分析说："眼下六盘山有三策，集中兵力东进，直捣京兆，此为上策；聚兵六盘，伺机而动，这是中策；如果整装北归，策应和林，此乃下策。"宣抚使问道："六盘将何去何从？"商挺回答："必出下策。"[①]

接下来的问题是派谁去对付六盘山。关中兵备空虚，一时抽不出足够兵力，廉希宪选中了一个人，总帅汪惟正的叔叔汪良臣。

汪氏家族多年来一直戍守巩昌（今甘肃陇西县，六盘山西南），离六盘最近，蒙哥汗入川时，汪良臣负责军需供应及道路工程，干得很出色。廉希宪提出让汪良臣率领巩昌、秦州（今甘肃天水市）的军队开赴六盘山。汪良臣认为没有朝廷任命他不便行动，宣抚使解下身上佩带的虎符银印交给他，说此物秘承圣旨，汪君只管办我交代的事情，你的任命已急报朝廷。廉希宪又拿出一万五千两银子犒赏部队，从军库支出钱给部队制作军衣，汪良臣非常感激，接受了命令。

宣抚使又从四川抽调一部分军士，再组织起一些民兵，交八春指挥，嘱咐他说，这些人没有经过训练，而六盘山兵精，你们不要和他们争短长，只虚张声势，让他们不敢东进，这对整个战局就是一个贡献。

刚部署完毕，忽必烈赦免刘太平等人的诏书送到了宣抚司，廉希宪当即下令将刘太平、霍鲁海处死，把尸体抛上街道，以安定人心，然后才出来接旨。事后他自劾三条罪状，派人上报朝廷，请求给予处罚。三

---

① 《元史 · 商挺传》。

条罪状是：停赦行刑，征调诸军，擅自任汪良臣为帅。三条罪状条条不轻，可忽必烈仍然没有怪罪京兆宣抚司，还对身边人说，经书上所谓行权，这就是行权嘛。忽必烈赐给廉希宪金虎符，授权他节制诸军，还下诏鼓励他说："朕委卿方面之权，事当从宜，不要拘守常规，以免坐失事机。"①

在陕川初遭挫折后，阿里不哥并未意识到他打不赢这场战争，他派阿兰答儿领一支军队从和林南下，去增援浑都海。由浑都海、哈剌不花率领的六盘山驻军，果然如商挺所言，拔营北上去接应阿兰答儿，双方在甘州（今甘肃张掖）会合。

见面后，哈剌不花与二人意见不合，发生了口角，他带着自己的部下继续北上返回和林。阿兰答儿、浑都海执意要与开平军一战，开始联络陕川将领，纽邻接到哥哥宿敦的信，成都的百家奴、兴元（今陕西汉中市）的忙古台、青居的汪惟正等人，也都收到了口信，弄得人心危疑，事不可测。廉希宪也派人到这些将领驻地进行安慰劝说，这些人摄于廉的名气，没有采取行动。不久，阿兰答儿、浑都海合兵东进，诸将失利，一时河右大震。

当初六盘山驻军是按一条朝西北方向的路线回撤，在甘州与南下的和林军会合。汪良臣率领的巩昌、秦州军按照相同路线行进，到山丹（甘州以东，今张掖地区）停了下来，扎下营盘，按兵不动。八春的杂牌军赶到了，宗王合丹的骑兵也赶到了。

中统元年（1260 年）九月，宗王合丹、主帅汪良臣、断事官八春率领大军出耀碑谷，与甘州东进的阿兰答儿、浑都海对上阵。汪良臣在阵前慷慨陈词，对将领们喊道："今日之事，关系朝廷安危，胜了富贵可保，

---

① 《元史·廉希宪传》。

败了家破人亡，如果能拼死效命，纵然战死沙场，也不失忠孝之名！”[①]将领们群情激奋，八春领军从正面迎击敌人，合丹的骑兵包抄敌后，主帅汪良臣率军冲向敌人左翼。

这时天色骤变，狂风大作，飞扬的尘沙遮天蔽日。主帅命令将士下马，短兵冲入敌阵，从左翼杀到敌人后侧，再从右翼杀出，主帅一人就砍死几十名敌人。

这是开平与和林之间第一次大规模的正面厮杀，能够想象战斗进行得何等艰苦、激烈，双方数万大军在昏暗的白昼拼死搏斗，人的喊杀声、马匹的哀鸣、风沙的呼啸，相互交织在一起，人畜的鲜血浸红了戈壁沙丘。

郝经出使南宋

金朝末年，蒙古和金朝交战，郝思温和妻子许氏带着三个儿子从老家山西迁到河南。河南也闹兵乱，村民为躲避乱兵都藏在各家地窖里。一天乱兵发现地窖中有人，就放火熏灼，许多人被熏死在里面。许夫人被烟气呛得昏死过去，九岁的长子在黑暗中四处摸索，找到了一坛酸菜和一罐蜜，用酸菜汁和上蜜，再取下母亲身上佩带的剪刀，撬开她的牙齿，把蜜汁灌了下去。许夫人渐渐地苏醒过来，郝思温惊讶不已。

这个打小沉默寡言的少童，后来以耿直、忠诚名闻忽必烈朝廷。他就是郝经。

蒙古占据河南，郝经一家又逃到顺天（今河北保定）。战争结束后，一家人生活贫寒，郝思温打算让二儿子念书，大儿子治理家事，以缓解

---

① 《元史·汪世显传》。

生活压力。许夫人不赞成，对丈夫说，我看大儿子志向不凡，将来定能光宗耀祖，怎么忍心让他废掉学业整日埋头家务呢，不过我们这辈人忍一忍，穷上几年就是了。郝思温点了点头，教导郝经专心读书。

郝经每天鸡鸣而起，打柴挑水，帮父母做家务，稍有空隙就捧书学习。十六岁那年，附近铁佛寺的和尚张仲安腾出寺里一间南房让郝经居住，还招来几个孩童做他的学生。读书环境的改善激发起郝经强烈的学习欲望，他穷读六经，潜心伊洛，涉猎经史子集，经常衣不解带，废寝忘食。下面这四句话是他说给自己的，是一种勉励，同时也表明了他的治学态度：不学无用学，不读非圣书，不务边幅事，不作章句儒。[①] 后人谈起元朝学术，除许衡这位理学大师外，自然也不会漏掉郝经这个名字。

几年以后，郝经成年。顺天路左副元帅贾辅遇见郝经，请他进府里教书。顺天万户张柔听说贾府有一位很有名气的年轻先生，又送礼将他请进了万户府。张府、贾府都有万卷藏书，让郝经兴奋不已，教书也特别地卖力，他那些学生——张府、贾府的子孙们，不少人后来成了名臣良将。

这期间，郝经娶了妻子，两年之后生下一个儿子，一家人过着稳定的生活。不幸的是，儿子长到三岁夭折了，郝经刚刚经受母亲去世带来的痛苦，又亲手埋葬了自己的儿子。

下面是他为阿宝写的一篇志文，记述了他第一次婚姻及儿子死亡的经过。《子阿宝附殡志》："岁壬寅，余始醮于满城徐氏。甲辰春正月，子阿宝生。丙午春，先妣委化。夏五月三日，童稚聚嬉，用冰屑置于阿宝腹上，观其溶滴，顷之寒气入腹，暴下数升，入夜弓背攥指而气竭。生

① 苟宗道撰：《行状》，见《郝文忠公陵川文集》。

三年矣。明日附殡于先妣墓之西侧。”[1]

郝经二十岁娶满城徐氏，阿宝三岁那年春天，母亲许夫人去世，几个月后在一次童戏中，阿宝不幸中了寒气，死时样子非常可怜。

郝经一生写了许多文章，而写这样的文章无疑是一种痛苦，他为阿宝作这篇附殡志时，绝想不到将来会给自己写同样的东西，也绝想不到这种痛苦对于他来说，仅仅是开始而不是结束。郝经承受了别人未曾经历的苦难，阿宝死后这种苦难就接连袭来，命运注定他要付出太多，尽管人生的悲剧最终以喜剧收场。

儿子死后，徐夫人没能再生育，回了娘家。郝经又娶了一位姓张的女人，重新过起新的婚姻生活。

蒙哥汗五年（1255 年）春日，郝经与张夫人生下了第一个儿子，取名阿长，希望他能活得长久。秋天，郝经游历山东，八月在东山打猎，九月登泰山，心情不错，写下许多诗篇，其中一首写道：“三山摇荡海水沸，蓬壶缥缈来飞仙。为言此色与此界，君自固有非尘缘。恍然记悟复无语，把手一笑三千年。”[2] 也就是这个秋天，忽必烈派人召郝经，他北上觐见，来年正月到达开平。

蒙哥汗八年（1258 年）冬，父亲郝思温去世。一年后，郝经从鄂州北返途中，回家乡到父亲墓上祭奠。他发现墓的东侧还有一个小坟头，不知道是谁。走进家门，见妻子在哭泣，奶妈身边不见了小儿，他猛然醒悟。五岁的阿长，在祖父去世几个月后也死了。

郝经又为阿长写了一篇附殡志，作为父亲，他难以控制悲痛的心情，文章写得催人泪下。《子阿长附殡志》：“岁戊午冬，先君告终。庚申

① 《郝文忠公陵川文集》卷三十六。
② 《乙卯秋月十九日登泰山太平顶》，见 [清] 顾嗣立：《元诗选》初集。

春，余宣抚江淮，至自武昌，哭墓而入，墓东侧有小丘附焉，不知其为谁。入门，众妇哭于室，乳媪之怀空矣。乃知小丘是我子之所也。因痛欲绝，叹曰：天乎，何虐我郝氏之酷也。母氏之终再逾月，我子阿宝卒，附殡于墓侧，我父之终亦再逾月，阿长又卒，难道母氏爱阿宝而携持之去耶？我父爱阿长而抱弄不忍舍弃耶？故各于其终之后而卒，卒而附于其墓。初，徐氏不妇，归于家。再娶淇澳张氏，生下此子，五年而卒。生于乙卯春三月五日，卒于己未春三月十二日。阿长聪慧灵秀，发言如成人，以癖疹疾，将要卒，对其母说：我死则已，奈我母忧何。有人问其父，他闭目摆手道：我不得见矣。闻者皆为泣下。”①

阿宝是在祖母去世不久死的，阿长是在祖父去世不久死的，郝经悲叹命运的不公。他在志中写道：难道母亲疼爱阿宝把他带走了吗？难道父亲疼爱阿长哄抱着不忍放手吗？所以才在两位老人各自去世后而卒，死后各葬在老人墓旁。

张夫人先后生下三男二女，男孩是阿长、阿寿、采麟。阿长死后，阿寿长到几岁也夭折了，只活下采麟，官至集贤直学士。两个女儿长大出嫁，张夫人在丈夫死后十年去世。

忽必烈在开平即汗位，任郝经为翰林侍读学士，并作为国信大使出使南宋，一方面告新汗即位，再者督促南宋履行和约条款。郝经忍着丧子的悲痛离开家乡，赴开平就职。

有人提醒郝经，宋人狡诈多变，不如请个病假，辞去国信大使一职。郝经却对他说，我读书学道三十年，还没有做成有益于天下的事，如今大汗有意议和，这是国家的福气，如果能借此机会平息两国之间的战争，

---

① 《郝文忠公陵川文集》卷三十六。

拯救万千百姓的生命，我平生所学也就用上了。

中统元年四月，郝经来到开平。他请求朝廷派一两名蒙古官员随同南下，大汗没有答应。在忽必烈看来，贾似道已经请和了，南宋君臣又都是一些书生，郝经这些人去就可以了。忽必烈叫人端上三爵[①]葡萄酒，赏赐给郝经。他对郝经说，朕初即位，诸事草创，你要远行了，有什么好的谋划赶快奏上来。

郝经提出十六件他认为是当务之急的事，史称“便宜十六事”。其中两件事对于元朝政治制度的形成发生了直接影响。

一是建都燕京。郝经很看重国家都城的建设，把这一点当作立国安民的根本。首先要确定都城建在哪里，然后才能逐步形成一整套统治秩序。早在开平城竣工时，他曾写下《开平新宫五十韵》，其中两句是：“欲成仁义俗，先定帝王都。”[②]在郝经眼中，桓州不是理想的建都之地，而燕京东控辽碣，西连三晋，背负关岭，瞰临河朔，那里才是建都的理想地方。

二是立太子。郝经指出，蒙古历朝历代因即位发生动乱，原因就在于没有早定储贰，如果早定汗位继承人，上上下下就没人再敢心怀动机；而且，太子可以了解朝廷政务，积累从政经验，这是一件大好事。

忽必烈定都燕京，立真金为皇太子，其中郝经功不可没。

当廉希宪、商挺西去京兆之际，国信大使郝经和副手们身奉国书，踏上了南下的旅途。

这是作于四月七日的《和宋书》：

---

① 爵：古时酒器，有三条腿。皇上赐给大臣葡萄酒在当时是一种很高的待遇。

② 《郝文忠公陵川文集》卷十四。

皇天眷命大蒙古国皇帝致书于南宋皇帝：爰自平金之后，蜀汉、荆扬挐兵几三十年，交聘非一，卒无成约。比者川蜀捣虚，荆湖批亢，生灵有涂炭之苦，战士有暴露之劳，朕甚悯焉。是以即位之始，首议寝兵用，示同仁，以彰兼爱，期于休息，元元与天下共享有生之乐而已。且南交广而西巴蜀，北长江而东沧海，分兵守险，彼所恃以为国者也。今战舰万艘，既渡江以扼海；铁骑千群，复逾广而出蜀。四塞无结草之御，六军有破竹之威，人所共知，不必偏举于此时也。非不能犄角长驱，水陆并进。秋风虎旅，指挥看浙江之潮；春露鳇杯，谈笑挹吴山之翠。盖以佳兵不祥，素所不喜，守位以仁，今之本心。又况靖康南北衅端，初无盘错大故，非如女真、西夏，恶积实深，而不可解者也。往者彼已胜负之事，往来曲直之辞，各有攸当，置而勿论。自今作始，咸取一新。故先之以信使，申之以忱辞，告宝位之初登，明朕心之已定，唯亲王上宰，能报聘之一来，则保国乐天，必仁智之两得。苟尽事大之礼，自有岁寒之盟，若乃忧大位之难继，虑诡道之多方，坐令失图，自甘绝弃，则请修浚城池，增益戈甲，以待秣马利兵，会当大举。论天时，则炎瘴一无畏惮；论地险，则江海皆所习知也。必穷兵极讨，一决存亡而后已。力之所至，天其识之。祸自彼挑，此无可慊。在我者，至诚可保。在彼者，听所择焉。毋循前例，止作虚文。时荐清和，善绥福履，不宣白。庚申年四月七日，开平府行。[①]

大意：为了南北百姓和平安宁，今派出信使，一来告朕即大汗位，二来实践合约。如果贵朝识大体，那么既往不咎，如果一意孤行，那么

① ［元］王恽：《玉堂嘉话》卷四。

就战场上一决存亡。何去何从，任凭选择。

到达济南时，已是荷花开放的夏五月时节，[1]当地官员、士绅在北渚亭设宴款待国信使一行人。郝经记起上次游泰山时的情景，挥笔写下《使宋过济南宴北渚亭》："往年薄游宴渚亭，高秋霜落波光清。今年持节又来宴，菱叶荷花香半城……江南风景已不殊，渚亭即是西湖亭。"[2]

江淮大都督李璮从益都（济南东）派人捎来书信说，山东方面曾派人去淮安（今江苏淮安），被南宋所杀，宋人心怀叵测，郝公不要前往。

郝经看过信后，对随行人员讲，我受朝廷之命出使南宋，如果听信边将这番话就掉头返回，那是犯罪，如果因此而瞻前顾后，犹豫不前，也是犯罪。他将李璮信的内容奏报朝廷，然后带随行人员继续南下。六月，他们抵达宿州（今安徽宿县）。

在宿州的日子令人不愉快，作为一朝使臣，他们受到了不应有的冷落。另外，山东方面不合时宜的行动，也让郝经大为沮丧，他总希望事情是完美的，可偏偏不如人意。

郝经派礼部郎中、国信副使刘人杰带上公文前往南宋三省枢密院进行接洽，向对方说明来意，请求上报南宋朝廷，迎接蒙古使臣入朝。但三省枢密院扣下公文，拖延不报。江淮大都督李璮在这个时候派兵骚扰宋朝边境，沿途抓走了几十名宋朝百姓，这给郝经他们招来了很大麻烦。郝经知道这事后，忙叫人追上山东军士，斥责他们不守约定，又将无辜百姓遣送回家。当国信大使再派刘人杰前往三省枢密院时，对方的态度更加恶劣，刘人杰不得不住在城外破败的草棚里。

国信使臣们毫无办法，只有按计划出宿州继续向南走。天下起了雨，

---

① 本书所记月份皆为旧历，按公历此时应为 6 月。

② [清] 顾嗣立：《元诗选》初集。

霏霏扬扬地下个不停，天气闷热袭人，加上道路泥泞，无法上路，一行人只好又留了下来。郝经有一首《宿州夜雨》，大概就是这期间写下的。他面对窗外电闪雷鸣、风雨飘摇，借诗歌抒发自己的壮士情怀，不过多少有些抑郁："飞电穿窗满室光，却从陡黑见昏黄。雷霆半夜翻龙窟，风雨终宵撼客床。塞上诗怀尤索莫，天涯壮气独昂藏。星麾何日平康了，两国长令似一王。"①

七月，到达五河口（今安徽五河县），南宋派遣扬州制置司干官②朱宝臣、陈州（今河南淮阳县）通判秦之才来接伴。

国信使在五河口逗留时间较长。进入八月，南宋又派怀远军招抚司参谋潘拱伯来作伴使。潘拱伯捎来口信，两淮制置使李庭芝想要阅读国书。国信大使拒绝了这一要求，郝经质问伴使，大汗授使臣国书，是要让使臣见到贵朝国君，将国书交给他，今天伴使要我中途交出国书，是什么意思呢？如此一问潘拱伯也就不了了之。

八月中秋，明月如盘，江淮、塞北风景各异，郝经有心赏月，把酒当歌，作起诗来。他感叹时空变幻，人生无定，眼见祸起兵锋，南北两割，不由愁上心头。《八月十五夜五河口观月》："去年燕南醉明月，黄金台上秋风发。两行燕玉笑姮娥，直著风神比颜色。前年山南醉明月，露气风声缠玉节。甲士挝鼓边声雄，汉水波翻岘山裂。今年又作江南行，五河河口浇雄鳢。举杯对月月浮动，酒浪摇碧金鳞生。彷徨四顾天宇豁，九州四海一明月。谁令此地限南北，哄起祸乱挐甲兵。人生大抵随所遇，南北东西无定住。今宵对月倾金尊，便可长吟嚼佳句。醉时抱月凌孤风，桂苑烟霄快高步。浩歌乱扣白玉盘，天上人惊亦何惧。不须

---

①《元诗选》初集。

② 干官：有才能善办事的官。

槌碎黄鹤楼，何必翻倒鹦鹉州。大江江头呼李白，我欲与汝蓬山游。赤城城头摇曳紫绮裘，白云云边倒卷苍玉瓯。双成佐酒飞琼唱，不解人间更有愁。”①

南方晶琅秀美的夜景无法排解人对塞北的牵挂，他给忽必烈写了一篇奏议，附上入宋以来呈递的奏文条目。这篇奏议的内容，大意是讲立政安民的道理，诸如去旧俗，立新政，建法制，选人才等，中心意图是希望忽必烈实行汉法，用中原儒家传统治理朝政。②

九月，汪良臣与和林军在甘州激战的那个月，国信使一行人踏入了真州（今江苏仪征）地界。离临安（今浙江杭州）越来越近，郝经此行的使命将在那里完成。不知他当时想了些什么，是否想到有人一直在注视着他们的行程，或许他正在宽慰自己，期望顺利履行完使命，早一天返回北方。他有许多事情要做，写文章、作诗，帮助朝廷计划未来，当然还有妻子、儿女……但他哪里知道，别人早已设计好了一个圈套，等待他们钻进去，现在他们正朝着这个圈套一步步走去。

最初的较量

南宋丞相贾似道从鄂州回到临安，向朝廷隐瞒了他同蒙古人签订的条约，谎称抗蒙取得胜利。他对宋理宗说，各路大捷，鄂州之围已解，如今江汉肃清，国家面临的危险已经消除，从今往后可以太平无事。理宗听罢非常高兴，称赞贾丞相奋不顾身，抗敌保国，拯救了人民，也挽救了王室，封他为少师、卫国公。从此贾似道权倾满朝，独断文武，成

① 《郝文忠公陵川文集》卷十二。

② 《立政议》，见［元］苏天爵：《元文类》卷十四。

为南宋朝廷中不可一世的人物。

郝经南来，使贾丞相深感不安，如果国信使道明真相，他如何向皇上及文武百官解释呢？如果杀掉国信使，难免又招致两国战争，南宋打得赢这场战争吗？但是，假如国信使进不了临安，见不到皇上，又有谁知道真相，即使有人知道，谁敢拿身家性命跟他贾大人下赌呢？

看来唯一的办法就是将蒙古使臣囚居起来，把他们押在一个秘密地点，断绝同外界的联系，让他们销声匿迹，蒙古人也奈何不得，贾丞相照旧做他的官，安心享受权力带给他的荣华富贵。若说有一点麻烦的话，就是需要找一个囚居的借口，让自己的决定看上去合情合理。实际上，这点麻烦并没有花费贾丞相太多精力，因为已经有人为他送来了一个再合适不过的理由。

江淮大都督李璮发兵侵犯宋境，使郝经在宋朝官员面前难以澄清使宋诚意，若是来议和，为何挑起兵端，若是想兵戎相见，又何必再派人千里迢迢来息兵讲和。这些自相矛盾的行为，正是贾似道拘留郝经的最好借口。

李璮，潍州（今山东潍坊）人，李全的儿子。有一种说法，李璮原本是衢州（今浙江衢江区）徐氏之子，被李全收养为义子。金朝末年，李全起兵反金，成为山东红袄军领袖。金宣宗兴定二年（1218 年），他归顺南宋，任京东路兵马副都总管。十年后，李全又投降蒙古，授山东淮南行省。窝阔台汗三年（1231 年）正月，李全在攻打南宋扬州时战死。李璮继承父职，改称益都行省，此后他专制益都三十多年，拥兵数万，是著名的汉人世侯。

李璮与父亲有着相近的秉性，趋强避弱，唯利是图，无论归宋还是降蒙古，只要对自己有利，便可翻云覆雨，朝秦暮楚。归宋，恃南宋的势力要挟蒙古；降蒙古，借蒙古人力量要挟南宋；李璮父子摇摆于蒙宋之间，邀功讨爵，从中渔利，不想为任何一方真正出力。

领益都行省后，李璮屡次以防务名义向蒙古索要钱财，充实自己的实力，却不肯出兵打仗。蒙哥汗伐宋时，召他起兵，他借口防务拒不派兵。忽必烈即位，封他为江淮大都督，命他北战阿里不哥，他又借口益都“以一路之兵，抗一敌国”，再次拒绝出兵。“李璮专制山东三十余年，前后所奏数十事，皆恫疑虚喝，挟敌国以要朝廷，自为完缮益兵计，其谋深矣。”①

忽必烈派郝经使宋，意在稳住临安，避免腹背受敌，全力对付阿里不哥。郝经刚刚接近宋境，忽必烈正在北上和林途中，李璮明知朝廷无力分兵，却一再奏请发兵侵宋，用心乖巧。忽必烈几次告他不得犯境，他违背旨令擅自派兵侵扰宋朝边界，使郝经他们费了很大周折。

不知李璮年轻时是怎样一个人，自从结识王文统后，他的思想和行为就越来越与众不同。益都（今山东青州县）人王文统是个怀才不遇的文人，喜欢读书，好给人出谋划策，拜访了几家世侯，都没有得到赏识，前往大都督府拜见李璮，二人谈得十分投机，被收为幕僚。李璮让儿子李彦简拜文统为师，为了感激知遇之恩，王文统将女儿许配给李璮为妻，自己作了老丈人。②

中统元年，蒙廷急需一个总理朝政的人，经子聪、张易推荐，忽必烈召王文统入朝，任平章政事，负责中书省事务，有关民间差役、捐税等，均由文统裁处。郝经离开平南下，王文统私下通知女婿，让他在国信使到达宋境之前采取一次军事行动，这显然是要激怒敌人，借宋人之

---

① 《元史 · 叛臣》。

② 宗王塔察儿也将妹妹许配给李璮。忽必烈不轻易动李璮，这是一个原因。

手加害郝经，阻挠议和。

王文统善于理政，却心胸狭窄，为人尖刻，难与同事共处，得罪了不少人，特别是他滥设苛捐杂税，搜刮民间，引起一些儒臣的不满。他上任平章政事，张文谦任左丞，因看不惯文统所作所为，张文谦请求外出，去大名路当宣抚使。

临行前，张文谦对他说，百姓穷困已久，又赶上旱年，不裁减赋税，来年增加生产又有什么希望？文统反问道，大汗刚即位，朝廷经费就倚仗着赋税，如果再减了，拿什么供给呢？张文谦又说，百姓富足了，君王哪能不富足，等赶上好年景，再取之不晚。王文统这才减免了部分赋税。

老臣窦默对文统也嗤之以鼻，他给忽必烈上书讲道：治理天下，须任用正人君子，花言巧语的小人一时说些功利的话，不能作为立国基本，也不是为子孙长远考虑。这种人卖利献勤、乞怜取宠，不能让他得志，希望圣上另选德才兼备之人，委以重任，则天下大幸。一次，窦默在大汗面前当面斥责王文统：此人学术不正，必祸天下，不可久处相位。当时王鹗、姚枢都在场，忽必烈问：那么谁可做宰相？窦默推荐许衡，忽必烈不以为然，事情就过去了。

可王文统并未罢休，请大汗任姚枢为太子太师，许衡为太子太保，窦默为太子太傅，想把三人架空起来。三人心里明白，谁也不干，提出皇子真金尚未正太子位，不敢受师傅礼。忽必烈也没办法，只好任姚枢为大司农，许衡为国子祭酒，窦默任翰林侍讲学士。

王文统知道忽必烈需要他，有恃无恐，不把同僚放在眼里，忽必烈身边的老臣几乎人人吃过他的亏。窦默、许衡等人与文统之间的较量，预示着重义的儒臣与重利的权臣之间的斗争将异常激烈残酷，这一斗争贯穿忽必烈一朝始终。

王文统和女婿一在京师，一在地方，互为表里，权倾朝野。也许正是由于他们的权势，才最终刺激起李璮贪欲之心的恶性膨胀。

中统二年（1261年）春，李璮擅自修益都城，还向朝廷告急，称宋军围攻涟水（今江苏涟水县），忽必烈派兀良合台的儿子大将阿术赴山东增援。他又向朝廷索要兵器，中书省决定拨给三万支弓箭，忽必烈下令拨给十万支。夏天，忽必烈又让他领益都路盐课。李璮的胃口越来越大。

中统二年六月，发生了一件让蒙古人高兴而让南宋朝廷懊恼不已的事情，南宋泸州（今四川泸州市）守将刘整举城投降蒙古。

刘整原是邓州穰城（今河南邓州市）人，史书上说他“沉毅有智谋，善骑射”。金末归宋，在荆湖制置使孟珙军中做了一员将领。孟珙攻打信阳（今河南信阳市），刘整作为先锋率领十二名勇士夜间潜入城中，活捉金朝守将，拿下信阳。刘整是北方人，屡立战功，引起南方将领的妒忌，吕文德想尽办法排挤他，派同他有矛盾的俞兴掌握四川兵权，以扼制刘整。最后刘整忍无可忍，私下与蒙古人取得联系，提出愿以泸州十五郡、民户三十万人归附蒙古。

成都的刘黑马接到情报，准备让儿子刘元振去泸州受降，将领们都劝说不要去，刘整无缘无故投降，不可轻信。刘元振对他们讲，宋朝权臣当道，对有功之人往往用计除掉，搞得将士离心，况且刘整本非南人，如今驻守泸州重地，情况和李全没什么两样，所以不必怀疑多虑。

元振向父亲辞行，刘黑马嘱咐儿子，刘整是宋朝名将，泸州又是四川要地，现在他急急忙忙地要归降，是真是假还搞不清楚，你不要考虑自己，事成对国家有好处，不成就为国家效死，这也是我们的本分。

来到泸州城下，守将出城迎接，元振不让军士跟从，单独一人和刘整见面。入城时他脱下战袍，只带数名属下，与刘整并马而入。

进城后，刘整摆上酒宴，请诸位入席，元振开怀畅饮，无所顾忌，令刘整钦佩不已。他叫人送上六千两黄金，五百名男女。元振将钱财分给左右将士，谢绝了送来的人口。

得知刘整叛变，俞兴率军包围了泸州，昼夜猛攻。眼看泸州城支撑不住，刘整取出库中值钱的东西分给众人，要大家拼死守住。

随行属下开始有些心慌，他们提醒元振，事情发展到这一步，应该想个变通的办法，刘整本来也不是我们的人，和他一同送死，这不值得。刘元振训斥他们，人家诚心诚意归顺，我们也接受了，怎么可以在紧急关头丢下不管呢，况且泸州之得失，关系到国家利害，我死又何妨。既然首领这么说，属下也只好服从。

粮食快吃光了，元振杀掉自己的马匹给将士们吃。他招募来水性好的人，让他们带上涂过蜡的书信渡江去成都求援。

刘黑马听说儿子被围困，立即派出援兵，又亲自指挥督促，安排大小事宜，结果操劳过度，病发身亡。

十月，援军赶到，元振、刘整领兵杀出城，会合援军大败敌人，俞兴弃阵而逃。[①]

刘元振带刘整赴开平觐见，二人受到嘉奖。后来忽必烈决心灭南宋，刘整首献计谋。

这年十一月，北边的昔木土脑儿战役又打响了。

昔木土脑儿之役

甘州一战，阿兰答儿、浑都海战死，京兆宣抚司为开平立下头功。

---

① 《元史・刘伯林传》《元史・刘整传》。

西边战事平息，极大地缓解了开平的压力，忽必烈可以全力对付北方的阿里不哥了。中统元年七月，他离开开平，九月逼近和林城，阿里不哥自知不敌，向北朝谦河（叶尼塞河）上游退却。忽必烈留下宗王也先哥驻守和林，自己率部队南返，十二月至燕京，犒赏诸王，次年二月他回到开平。

阿里不哥性情残暴，是个行为狡诈的人。中统二年秋天，他领兵折回和林，先表示愿意归顺，却乘也先哥不备，发动突然袭击，夺回了和林城。

这次得手仅仅意味着双方打了个平局，并未决出胜负，阿里不哥继续领兵南下，打算与开平再战。

他这一手在军事上干得很漂亮，不仅收复了失地，突然南下也让对手猝不及防。但是这一战术上的小胜如果给他带来某种心理上的快慰的话，那么在战略上他始终没能占到上风。他只是一个喜欢游牧生活、满身散发着骄横和野蛮习气的蒙古贵族，而不是一位政治家，更不是一位有远见卓识的战略家，恰恰在这一点上，他的哥哥有着截然不同的天赋与才能。

得到消息后，忽必烈急调张柔、严忠嗣、张宏等七路汉军，又命侍卫亲军指挥副使郑江率一千人赴开平护卫，侍卫亲军指挥使董文炳率一千名弓箭手由鱼儿泊（今内蒙古克什克腾旗达里诺尔）、平章政事塔察儿率一万名士兵由古北口（今北京密云区东北）赶赴大汗营帐，随驾出征。

中统二年十一月，双方战于昔木土脑儿（今蒙古国苏赫巴托省南部）。合丹率右军，塔察儿、史天泽率左军，哈必赤率中军，三军奋力攻杀，和林军渐渐不支，幸亏和林后军赶到，双方再战，伤亡相当，阿里不哥掉头北撤，忽必烈也不再追赶。

昔木土脑儿战役之后，阿里不哥在军事上已元气大伤，根本无力同哥哥再进行大规模正面对抗，他的失败只是时间问题。忽必烈也无意将弟弟逼到绝处赶尽杀光，开平与和林之间暂时脱离了军事接触。

然而忽必烈并未赢得休息，不久山东发生的事变又迫使他将注意力转向了南边，他面临着更为严峻的考验。至于阿里不哥，他已经无暇顾及了。

李璮之乱

中统二年冬末，正当开平军与和林军在昔木土脑儿大战之时，江淮大都督李璮认为他等待的时机终于来到了。

他对形势有自己的判断。首先，忽必烈忙于征讨阿里不哥，兄弟之间的战事估计会持续很长时间，开平的兵力、物资大部分投向北方，无暇南顾；史天泽、张柔、严忠济、张宏这些汉人世侯，虽事蒙多年，毕竟是外族，大多数蒙古贵族对汉人的偏见根深蒂固，如果联合这些汉人世侯降宋抗蒙，必然会群起响应，而且世侯们的势力集中在山东、河北两省，便于联络；另外，临安朝廷软弱无能，对蒙古人既恨又怕，若此时投靠南宋，使它增添抗蒙力量，临安自然会在军事上和经济上给予大力支持，倘若抗蒙不成，有南宋撑腰，也不至于陷入南北两面受敌的困境。

看上去这是一个非常精明的分析，事情真的像设想的这般发展，李璮成功的可能性就会大大提高，他会因此成为英雄，可遗憾的是，他对形势估计错了。幻想可以使人冲动，却不会给人带来任何切实可行的策略，用主观想象代替现实、合理的利益关系，只会铸下不可挽救的错误。李璮似乎缺乏从客观上把握时局的智慧与能力，表现得狂妄自大，这也许正是他下场可悲的原因所在。

开平与和林之间的战事是家族内部一场滴血的权力之争。对忽必烈而言，这场冲突并未耗去太多的时间和精力，从综合实力上比较，双方相差悬殊，无论从哪方面讲，弟弟都不是哥哥的对手。阿里不哥想要通过单纯的武力较量迫使哥哥承认他的地位，只能是一种奢望。他可以同开平进行大规模军事对抗，但不会持久，事实上，他在军事方面很快就土崩瓦解了。对这一点李璮首先就估计错了。

史天泽他们虽是汉人，但归顺蒙古已经有几十年，有人自成吉思汗时期便与蒙古贵族结下了很深的姻缘。[①] 几十年时间里，他们同宋朝之间除去战争没有任何交往，却同蒙古人结成了生死攸关的利益共同体。他们看重蒙古人在军事上的强大实力，更看重自己已经获得并将会获得的一切，而这些是临安朝廷不可能给予他们的。在这样一种情况下，让他们降宋叛蒙，丢弃前程，丢弃几代人辛苦创下的家业，去为一个命运未卜的前途豁上性命，他们是绝对不会做的，不会去冒这个险。况且，忽必烈对待他们一直还算不错。李璮把宝押在世侯们身上，对此他又估计错了。

南宋朝廷不仅软弱无能，而且无心进取，自甘沉沦，不想跟蒙古人争个高下，只求偏安一隅、醉生梦死而已。他们对李氏父子的品行不是不知道，又跟李璮有杀父之仇，怎么会把国家命运系于这种人身上呢。

李璮根据一个错误的判断，做出了一个让人难以理解的决定。

中统三年正月，儿子李彦简从开平质子营潜回山东。[②] 二月初一，李

---

① 史天泽的父亲史秉直将长女嫁给木华黎，故史家一门倍受优待。

② 李璮送儿子彦简到开平作质子时，曾建了一条益都至开平的秘密交通线。

璮向南宋呈文，约定献出海州（今江苏连云港市）、涟水等三城投降南宋。宋理宗还半信半疑，二月初三，李璮就匆匆地率领五万人占领了益都，发动了一场震惊忽必烈朝廷的兵变。

平时与李璮关系不错的前益都路宣抚副使王磐从益都脱身逃到济南，又从济南乘驿马跑回开平，当时他已年过花甲。十五年后，王磐在一首诗中提到当时的情景："中统三年春二月，变起青齐带吴越。鲸鲵转侧海波翻，城郭横尸野流血。我时辛苦贼中来，兵尘模糊眼不开。妻孥弃捐豺虎口，飞蓬飘转无根荄。天寒日暮齐河县，破驿荒凉绝烟爨。骑行驿马钝如蛙，官吏散地无处唤。"①

二月二十七，李璮进入济南。他踌躇满志，挥笔写下一首《水龙吟》："腰刀帕首从军，戍楼独倚阑凝眺，中原气象。狐居兔穴，暮烟残照。投笔书怀，枕戈待旦，陇西年少，叹光阴掣电，易生髀肉。不如易腔改调。此变沧海成田，奈群生几番惊扰。干戈烂漫，无时休息。凭谁驱扫，眼底山河，胸中事业？一声长啸，太平时相将近也，稳稳百年燕赵。"②

然而令他失望的是，预先的设想没能如期实现，除太原总管李毅奴哥、达鲁花赤戴曲薛做出响应外，大多数世侯没有采取行动，反而站在了忽必烈一边。当地百姓的反应更加消极，"民闻李璮反，皆入保城郭，或奔窜山谷，于是自益都至临淄数百里内，寂无人声"③。南宋朝廷的态度也不尽如人意，封了他一个齐郡王的虚衔，尽管宋军在山东、安徽一带采取了一些军事行动，但动作都不大，没有给蒙古方面造成太大压力。

消息很快传到开平城，群臣议论纷纷，大家把怒气都发在平章政事

---

① 《巨源相过话旧有感》，《元文类》卷五。

② 引自周良霄：《李璮之乱与元初政治》，见《元史论集》页 116。

③ 《元史·叛臣》。

王文统身上，揭露他曾派儿子王荛私下与李璮联络，其中必有阴谋。忽必烈当即召见王文统，质问他，你策划李璮叛乱，不是几个月一年的事了，大家都知道，朕今天问你都策划了些什么，全部讲出来。文统镇定地回答：臣忘记了，容臣写出来呈奏圣上。书写完毕，忽必烈让他把写的内容念出来，当听到“蝼蚁之命，苟能存全，保陛下取江南”一句时，忽必烈打断他，又质问道：事到如今你还想蒙混朕不成？恰巧这时抓获了李璮派来的信使，搜出文统与女婿往来的三封书信。见到这些证据，王文统才紧张起来，汗也出来了。

信中有“期甲子”的话，忽必烈问，甲子之期指的是什么？文统回答，李璮早有反叛之心，由于臣在朝中任职，他才不敢轻易发动叛乱，臣早就想告诉陛下去抓他，只因为陛下出兵北方，尚未平定，等到甲子年，还有数年时间，臣所以这么说，就是要拖延他反叛的日期。① 忽必烈喝道，不必多费口舌了，朕把你从一个普通百姓提拔上来，授予你权力，待你不薄，为何干出这等负心事来？王文统还不停地强词夺理，指东道西，始终不肯承认自己有罪。

忽必烈命令侍卫将他捆绑起来押出去，又召窦默、姚枢、王鹗、子聪、张柔等人，让他们看过王文统的书信，最后问道文统该当何罪，文臣都说该杀了他，只有张柔大声喊道应当剐了他。忽必烈说，你们一齐说该如何处置，众人异口同声：“当死！”于是，忽必烈的这位首任汉人经济大臣同儿子王荛一道被处决了。

忽必烈请老臣姚枢分析李璮可能采取的行动，姚枢谈了自己的看法：“李璮若乘我北征之际，濒海捣燕，闭关居庸，惊骇人心，是为上策。如果与宋联合，负固持久，频频扰边，使我疲于奔救，是为中策。若出兵

---

① 李璮叛蒙是在中统三年（1262 年），甲子年是中统五年（1264 年）。

济南，等待山东诸侯响应，那他就自取灭亡。”忽必烈问：“李贼计将何出？”姚枢回答：“出下策。”[①]

忽必烈发各路蒙、汉军讨伐李璮，命水军万户解成、张荣实，大名万户王文干、万户严忠范会集东平，济南万户张宏、归德（今河南商丘）万户邸浃、武卫军炮手元帅薛军胜会集滨棣；又命张宏、滨棣路安抚吏韩世安各修城堑，发辖内民众充军，准备应战；召张柔、张弘范率两千士兵赴开平；授权宗王哈必赤总督诸军；命真定、顺天、河间、平滦、大名、邢州、河南各路兵马会集济南；命高丽王质子率领高丽国兵赴济南。各路大军从河北至河南铺成了一张弧形巨网迅速向山东收拢。

正当忽必烈忙于调兵遣将时，果然如姚枢所料，李璮进入济南。三月，忽必烈又派史枢、阿术率兵赴济南。二人在济南城外遇上刚出城抢掠回来的李璮军，双方展开激战，消灭李璮军四千人。紧接着韩世安又在高苑老僧口（今山东高青县东南）大破李璮军。四月，右丞相史天泽挂帅来到济南，诸将听史丞相调度。史天泽在济南城外筑起环城，将李璮困在城中。李璮的一名部下记述当时情景：“四月三日受围，离城三十里开河筑城，凡三河三城而围，起十七路人马，高丽国兵亦来。”[②]

忽必烈下诏安抚益都百姓，劝百姓各务农工。六月，塔察儿率兵出击入犯宋军，安谕沿海军民。杀太原李毅奴哥、戴曲薛。

济南城内，李璮叫人抢来民家女子分赏给将领，以此笼络人心。城中粮食不足，他命士卒分散到居民家中起火开灶，把居民贮藏的口粮全部吃光掠尽，实在没有吃的了，他竟下令给各家各户发盐，让以人为食。城内局势混乱不堪，人心溃散，几乎到了无法控制的地步。

---

① 《元史·姚枢传》。

② ［明］祝允明：《前闻记·李璮》，《纪录汇编》卷二〇二，引自《元史论集》页 115。

侍卫亲军都指挥使董文炳来到城下，向守将田都帅喊话，反叛者是李璮，其余的人只要归顺就是我们的人，你们不要自取灭亡。田都帅是李璮的爱将，听文炳这么一说，就用绳子拴住自己从城头上坠下来，向围兵投降。城中将士见主将逃降，也纷纷采用同样办法弃城而出。

七月二十日，李璮见大势已去，自知难逃一死，先亲手杀死爱妾，又叫手下人各寻生路，然后乘船驶入大明湖，想要投湖自尽。滑稽的场面出现了，湖面被沉重的身体激起一层浪花，人却站在了水中。大明湖水浅，李璮求死不能。

张宏差人将李璮捉拿，严忠范斥问这位江淮大都督："此是何等做作？"李大都督反喝道："你们与我相约，却又不来！"严忠范抽手一刀刺入李璮肋下。右丞相史天泽问他："何不投拜？"李璮闭口不语。史丞相又问："忽必烈有甚亏你处？"这时李璮开口质问史天泽："你有文书约俺起兵，为何背盟？"一听到这话，史天泽当即叫士兵砍掉李璮两臂，剁去双足，又剖开心肝，割下体肉，最后才将他斩首。[①]

李璮原有浙、涟两军共两万多人，都是英勇善战的士兵，缴械投降后，蒙古主帅以依附叛贼为名，把他们分散到各路蒙、汉军中，命令各军将这些士兵秘密处死。董文炳军中分来两千人，都指挥使不忍杀害他们，向主帅求情说，这些士兵受李璮胁迫，杀了他们恐怕有违圣上仁意。他还告诉主帅，当年圣上征大理，无论大将还是士卒都不许随意杀戮，违者要降罪，千万不可滥杀。主帅接受了劝告，可各军早已大开杀戒，来不及阻止。

李璮死后，山东并未安宁。忽必烈任董文炳为山东东路经略使，率领侍卫亲军镇守山东。闰九月，董文炳回到益都，他让亲军驻守城外，

---

① 《元史论集》页116。

自己带几名卫士进了城。

在城内府邸，文炳不设警卫，把李璮手下的将领、官吏召进府来，对他们讲道，李璮这个狂贼，是他牵连了你们。如今李璮已被处死，你们都是圣上的子民，圣上至仁至圣，派我来安抚各位，请大家放心，不要害怕，我有权封官授职，各位自勉自励，凡有功者一定重赏。

董文炳的到来，使山东局势初步稳定了下来。

第三章

削弱世侯，权力归属中央

山东发生的叛乱伤害了忽必烈的感情，从此他疏远汉人。为了消除汉人世侯权重的隐患，他决心进行政治改革，解除世侯世袭权力，实行中央集权，起用蒙古和色目势力，中统年间政权跨上新的发展高度。

忽必烈有十个儿子，长子朵儿只早卒，二十九岁时和察必生下次子真金[①]。

真金成长的年代正是金莲川幕府兴旺发达的时期，各路鸿儒贤士纷纷来到桓州，给这座蒙古王府带来了浓厚的中原文化气息。真金小时候跟从姚枢、窦默学习《孝经》，以后又师从儒士王恂，从小接受了系统、规范的儒学熏陶，这对他的知识构成、个性品质、生活观念以及政治倾向的形成，都发生了直接影响。

与大多数蒙古贵族子弟不同，他喜欢结交汉人儒士，经常与他们一起讨论有关儒家政治哲学的一些基本问题，包括中原历朝历代的统治经验。他对唐宋以来的政治典籍投入了极大兴趣，读过《资治通鉴》《贞观政要》一类的书，读过王恂、许衡撰写的辽金帝王事迹。可以说，他身

---

① 真金生于 1243 年，窝阔台汗的皇后脱列哥那摄政期间。

体内流淌的是纯正的蒙古族人血液，而从小汲取的精神养料却更多地来自他的汉人教师。

真金成婚的时间大约在中统三年（1262 年），他二十岁那年，女方是蒙古族姑娘阔阔真。

关于她的出身来历,《元史》有这样一段记载：一天忽必烈外出狩猎，途中饥渴，来到一处帐房前，见一位女子正在收拾驼绒。他问女子要马奶喝，女子告诉他，马奶有，可我父母兄长都不在家，我一个女孩儿家不便给你。忽必烈正要离去，女子又说道，我独自一人在家，你说来便来了，说走便走了，不大合适呢，我父母这就回来，你可略等等。忽必烈只好留了下来。一会儿父母从外面归来，女子这才取出马奶给客人喝。忽必烈离开帐房，边走边感叹："得这样的女子为人家妇，岂不美哉！"

后来忽必烈和大臣们商量给真金选妃，提出的人选都不称心愿。一位老臣知道阔阔真一事，他揣摩到大汗的心思，又打听到那女子尚未许人，就将她作为人选提了出来。果然忽必烈很高兴，决定阔阔真为皇子妃[①]。

阔阔真虽是弘吉剌氏人[②]，但根据这段记载，她显然出身于一个普通家庭。这家人大概很早以前便从漠北草原迁到漠南蒙汉杂居地区，从阔阔真处理男女之间交往问题的态度看，这家人受到了汉地伦理道德观念的影响，已在一定程度上"汉化"。她完全按照男女授受不亲的原则接待一位陌生男人，并且还顾及到自己女孩儿家的名声，体现出汉族人的伦理纲常。

蒙古人不大讲究这些礼数，在男女关系方面，由于蒙古妇女在日常

---

① 《元史・后妃传》。

② 自成吉思汗时起，弘吉剌氏就是与"黄金家族"世代通婚的少数几个部族之一。

生活和劳作上不可替代的角色，还由于生存环境的因素，她们面对陌生男人一般不会感觉羞涩，对待男女情爱蒙古人也会显示出游牧民族粗犷的性格与豪情侠义。至于选择配偶，他们通常使用传统的标准，简单而明了：挑选男子要看他的营盘（拥有多少土地），挑选女子则看她的脸盘（是否美丽）。

忽必烈找这样一位人家的女儿做儿媳妇，虽然不能排除《元史》作者编造故事的可能，但这种事情发生在开平府时期倒可以理解。忽必烈偶遇阔阔真的时间，估计在中统元年或二年，《元史》作者没有介绍阔阔真的脸盘，却着意刻画了她知书达礼的品德，不论是否故意美化，有一点正巧吻合，阔阔真表现出的道德教养与当时忽必烈从他的汉人幕僚那里获取的新知识是一致的，这也正是他喜欢姑娘的原因。阔阔真进宫后，侍奉察必和真金，孝顺端谨，体贴周到，忽必烈经常夸她是贤德媳妇。

成婚那年，赶上李璮之乱。十二月，忽必烈封真金为燕王、守中书令，加强朝廷对中原汉地的控制。

真金总领中书省，自知责任重大，对右丞相史天泽说，我年纪小，不曾学习祖宗传下来的规矩，又不熟悉政务，一下子承担大任，只有你德高望重可以依赖。他还嘱咐王恂，省臣启奏的事，都是国家大事，你该多听听才是；又吩咐中书省官员，凡有禀告之事，可以不避王恂。这是真金开始涉足朝政时的情景，多少有些局促不安，希望有人能在左右扶持，他需要他们，因为理朝与读书毕竟不是一回事。

中统四年（1263 年），改开平府为上都。大都城建成后，朝廷政治中心继续南移，在地理上离中原更近，离草原更远。忽必烈每年往返于上都、大都之间，春夏在上都，秋冬在大都，形成了元朝南北两都制。元朝历代皇帝继承了这一做法，每年不顾旅途颠簸南北移驻。这不单单是因季节变化而采取的有利于健康的措施，更是为了兼顾祖宗之俗与汉人之法，具有平衡传统政制与现实政治的象征意义。元世祖忽必烈在上都保留了草原民族一贯的生活方式，包括饮食、起居、牧猎、婚葬等，以此表明他仍是蒙古人的后代，也是他们的大汗，同时告诫子孙们不要忘记自己的民族起源，不要忘记辽阔草原上的一切，那里才是给予他们欢乐与忧伤的温暖家乡。

五月，立枢密院作为中央军事机构，真金以中书令兼判枢密院事，名义上他已经掌握了朝廷军政大权。忽必烈特意叮嘱王恂，对于真金的饮食起居要谨慎护理，不该接近的人，不要让他们侍奉真金。

这年阔阔真迎来了她的第一个儿子甘麻剌。次年，即至元元年（1264年），二子答剌麻八剌在燕京王邸出生。又过了一年，忽必烈命真金自燕京北上，八月到上都，九月阔阔真生下第三个儿子铁穆耳。三年间她给公公生了三个孙子，其中一个后来继承了忽必烈的帝位。

阿里不哥投降

昔木土脑儿战役后，阿里不哥一直在阿尔泰山东南一带活动。他派支持者阿鲁忽（察合台的孙子）赴察合台分地，命阿鲁忽守护东境抗御忽必烈，守护阿母河（经中亚地区流入咸海南端），防范旭烈兀、别儿哥；同时又命阿鲁忽征集军用物资①。阿鲁忽到达阿力麻里（今新疆伊犁霍城县西北），从兄嫂手中夺取了权力，逐渐控制了察合台封地全境。在祖父封地内，阿鲁忽拥有十五万骑兵，不愿再服从阿里不哥，转而投靠自己的另一位同宗叔叔忽必烈。当阿里不哥的使者来征收牲畜、兵器和钱粮时，被阿鲁忽杀死，征集来的物资也被全部扣留。

---

① 忽必烈切断了从汉地北运的粮道，以困阿里不哥。

中统三年秋，阿里不哥领兵征讨阿力麻里，战斗在普剌城（今新疆博罗县）展开，和林大将哈剌不花战死，阿里不哥溃败。阿鲁忽回到亦列河（今伊犁河），让军队分散休养。普剌城的胜利显示出阿鲁忽骑兵的作战能力，或许他以为由于哈剌不花的阵亡，阿里不哥在短时间内不会发动有效的军事进攻，所以他未设防备。这一麻痹大意导致阿鲁忽犯了一个常识性错误，使他在刚刚品尝完胜利喜悦时，便不得不吞下失败的苦果。不久阿里不哥后军赶到，打了阿鲁忽一个猝不及防，阿鲁忽败走忽炭（今新疆和田），阿力麻里及亦列河地区被阿里不哥占领。

连年饥荒造成阿力麻里地区粮食匮乏。阿里不哥到后，大肆屠杀阿鲁忽部下，又派军队四处抢掠粮食，搞得民不聊生。将士们对和林大汗的专横暴戾也心生不满，面对困境他们丧失了信心，纷纷离弃大汗转而投奔忽必烈，起初支持阿里不哥称汗的宗王眼见大势已去，有些人也去了上都。阿里不哥夺取阿力麻里不仅未能重整旗鼓，反而使他众叛亲离，陷入了走投无路的泥潭。

中统五年（1264年）七月，阿里不哥带领蒙哥后王及手下将领、谋臣来到上都见忽必烈。见面后，忽必烈问这位弟弟："我与你谁对？"阿里不哥回答："以前，是我对，今天，算你对。"[①]忽必烈念及诸王都是成吉思汗后裔免去了他们的死罪。

忽必烈又派人到西方的蒙古汗国，征询旭烈兀、别儿哥、阿鲁忽三王如何处置阿里不哥，邀请他们东来共同商量决定。三王同意赦免阿里不哥，也答应东来议事，可此后三王先后去世，未能赴约。不久，阿里不哥病故。

经过数年战争，和林汗失败了，兄弟间因争夺汗位而进行的一场流

---

① 参见蔡美彪等：《中国通史》第7册。

血之争宣告结束。

八月，改燕京为中都。改中统为至元，大赦天下。至元改元诏曰：

> 应天者惟以至诚，拯民者莫如实惠。朕以菲德，获承庆基，内难未戢，外兵未戢，夫岂一日，于今五年。赖天地之畀矜，暨祖宗之垂裕，凡我同气，会于上都。虽此日之小康，敢朕心之少肆。
>
> 比者星芒示儆，雨泽愆常，皆阙政之所繇，顾斯民之何罪。宜布惟新之令，溥施在宥之仁。据不鲁花、忽察、秃满、阿里察、脱火思辈，构祸我家，照依太祖皇帝扎撒正典刑讫。可大赦天下，改中统五年为至元元年。于戏！否往泰来，迓续亨嘉之会；鼎新革故，正资辅弼之良。咨尔臣民，体予至意！[①]

大意：顺应天者唯有至诚，拯救民者莫如实惠。可大赦天下，将中统五年改为至元元年。

忽必烈取消和林作为都城的地位，在和林设宣慰司都元帅府管理漠北，至此漠北与中原统一。

蒙古东西两道诸王并未从此销声匿迹，他们坚持本民族由来已久的道德准则与生活方式，憎恶拖雷后人以汉制背叛民族旧俗。他们形成一股势力，牵制着生活在中原、做中原皇帝的同宗们不要走得太远。在元初几十年间，忽必烈同西北的海都（窝阔台孙）、东北的乃颜（成吉思汗幼弟铁木哥斡赤斤后裔）之间的战事一直没有停息。

为防止东西两道宗王联合，忽必烈派亲王或大将镇守和林，在东西两方中间横插一杠，切断东西间交通，使诸王可以遥相呼应，却无法汇

① 《元史·世祖纪》。

聚一处。和林成为元朝卫戍北方的军事重镇。然而这一战略部署也导致坐镇漠北的亲王拥兵自重，他们在元朝初期的政治、军事活动中扮演了举足轻重的角色。元初帝位之争，总是伴随着漠北亲王的介入才最终得出结果。

恐怖的日子

从潜邸到金莲川幕府，再到开平城，忽必烈同投奔、投靠他的汉人打了近二十年交道，他同他们中间的许多人相伴度过了十几个冬寒夏暑。无论一起讲经论道，纵谈天下霸业，还是运筹帷幄，细数强弱纷争，或是策马扬鞭，驰骋于大川深谷，鏖战于荒野城郭，彼此间自会发生理解、依赖之感，自会发生欣赏、信任之情，这是人之常理。

无论文臣武将还是世侯僚客，汉人们跟随忽必烈，大家冬冒严寒，夏顶酷暑，风餐露宿，呕心沥血，战胜了一个个对手，完成了一件件历史功绩，功劳自然不小。反过来，忽必烈也着实对得起他们，高官厚禄、兵权民权自不待言，就连平时也是言听计从，事事依靠。中统政权实质上是一个蒙汉联合体，而且就高级官员比例来说，汉人势力超过蒙、回势力，这是忽必烈政权初期的一大特色。①

如果不发生李璮事件，双方的蜜月期还会持续下去；如果仅涉及李璮一人，忽必烈也不会那么快就动摇对汉人的信赖。问题在于，山东世侯的反叛牵连到几乎所有中原世侯，包括一批亲信重臣，这正是忽必烈心寒意冷的缘由所在。他感觉被欺骗了，感情上受到了伤害，开始怀疑

① 中统元年中书宰相六员，汉人占四员；二年中书宰相十二员，汉人占六员，蒙人占三员，契丹和色目人占三员；中统元年立十路宣抚司，首要官员绝大多数是汉人。

离自己最近的汉人，开始担心功劳最大的汉人，时常觉得有一种看不见却无处不在的危险在威胁着自己。这种恐惧在他身上存在了很长时间，遇到政治上的风吹草动，它就会从心底涌上心头。可他又离不开他们，很大程度上还不能得罪他们，他深知汉人联合起来的力量是可怕的。他只能玩弄政治手段，睁一只眼闭一只眼，必要时还得忍气吞声，以换取朝廷稳定，保持到手的胜利果实，同时，也为了求得自己心理上的平衡。这无疑是一种痛苦。

王文统败露后，忽必烈首先为自己开脱，责怪别人当初为什么不提醒他，让事情发展到这一步。他曾对近臣讲，过去说王文统不可用的，只有窦汉卿（默）一人，倘若再有一二人这么说，朕怎么会不考虑呢。[①]这种开脱不免有些心虚，王文统排挤老臣满朝皆知，张文谦因与文统不和自求补外，也是人人知晓，忽必烈又怎能全然不知？文统已死，不为自己开脱也无人敢计较，重要的是，忽必烈下一步将如何处理与李璮有过秘密交通的汉人世侯？其中关键人物是史天泽。

史天泽，永清（今河北永清县）人，生于金章宗泰和二年（1202年），史秉直第三子，人称史三哥。此人外形魁伟，武艺高强，“身长八尺，音如洪钟，善骑射，勇力绝人”[②]。他出身军阀家庭，从年轻时起便在沙场征战磨炼，王磐说他“弱冠从军，不到三十已为大将。自太祖、太宗、睿宗、宪宗四朝，每有征伐之事，未尝不在军中，身经百战，伟绩丰功，不可胜纪”[③]。

太宗元年，窝阔台汗立刘黑马、重喜、史天泽三万户，分统汉军，史天泽任真定、河间、大名、东平、济南五路万户。窝阔台、拖雷伐金，

---

① 《元史·窦默传》。

② 《元史·史天泽传》。

③ 《中书右丞相史公神道碑》，见《元文类》。

史天泽率兵出征，因与金将武仙有杀兄之仇，因此作战凶狠勇猛。蒙哥入蜀，他又领兵转战嘉陵江畔。

忽必烈即汗位，第一个召见史天泽，向他咨询朝廷政治方略，又命他赴鄂州安排撤军，授他河南路宣抚使，兼江淮诸翼军马经略使，守卫蒙宋边防。中统二年（1261 年），调任中书省，拜右丞相。

史天泽政治经验丰富，城府极深，虽然功勋卓著，却处事谨慎，不喜张扬。拜相之日，他家门庭冷清，有人劝他做些铺张的事，他不以为然，悄然闲静地度过了上任的第一天。李璮兵变，忽必烈命他专征，并授以诏书，令诸将听天泽调度。他将诏书藏而不露。从山东返回，他又把功劳推给各路将领，自己谦退有加。

就是这样一个人，却在李璮事件中给忽必烈出了一道难题。

李璮临死前，与前来镇压他的世侯们的对话透露出一条重要信息：史天泽等汉人军阀在李璮兵变之前，曾和李有过书信往来。他们在信中多多少少会互相唱和，即使不明说，也会隐约朦胧地流露出彼此心照不宣的心迹。李璮死后，从他家中抄出了世侯们与他的通信，其中涉及到朝廷政治，只有张柔的儿子张弘略在信中劝说忠义的道理[①]。

当然，据此还不能确认这些人与李大都督有过一个明确的反叛盟约，“但这些军阀们平时因与蒙古统治者间也存在矛盾，彼此之间书信交通，批评时局，互相支持和利用，这是完全可能的。特别是当蒙哥伐宋，死在合州前线，蒙古无主，时局动荡之际，他们在书信之间分析形势，讨论对策，也是很自然的。……这些见不得人的活动使李璮相信他首事叛乱后能够得到其他军阀的应援。也正是这些活动使史天泽等在俘获李璮

---

① “李璮既诛，追问当时与璮通书者，独弘略书皆劝以忠义，事得释。”——《元史·张弘略传》。

后，迫不及待地不惜冒专擅的罪名，把他即军前处死，以图灭口。”[①] 由于《元史》作者记述此事时有所隐讳，所以史家只能作如此想法和分析了。

想法和分析是依据史料记载做出的判断，难免有主观成分，有时也不得不做些猜测，只要符合当时的宏观、微观形势，便大体说得过去。下面就属一种猜测，不知是否符合这样的标准。

有一种可能：史天泽等人纵容李璮发事，目的是借此置他于死地。首先，对于山东的张宏、严忠范来说，李璮势大，是件令人不舒服的事，戳除这位邻居，可以减少身边一股竞争势力，意味着少了一个向朝廷争宠的对象；对于史天泽等朝中官僚来说，只要李璮叛蒙，不仅他自己无生路，也将王文统推上了断头台，除掉王文统自然是一件大快人心之事；最后，李璮久蓄反心，人人皆知，忽必烈也未必毫无察觉，只是拘束于北方战事，腾不出手来，如果不尽早除去这个隐患，必为朝廷心病，而李璮兵变，正是除掉他的机会。世侯们如此做法，要冒极大风险，但只要杀人灭口，便死无对证。难怪史天泽受命专征，迫不及待赶赴济南，“公受命之日，不至其家，轻骑奔走”[②]。世侯们最终达到了目的，但代价也是昂贵的。

史天泽违犯了朝廷纪律，忽必烈将如何处置？换句话说，大汗与史丞相将如何面对此事呢？

王磐撰写的《史公神道碑》称，史天泽回朝后受到圣上的慰劳。《元史》本传沿袭了这一说法，但均未提到赏赐，理由是史丞相将功劳归给别人，“若无一毫出于己者”。而《元史·世祖纪》没有记慰劳一事，只在中统三年十一月下记载了忽必烈对史丞相说的一句意味深长的话：“朕

① 周良霄：《李璮之乱与元初政治》，见《元史论集》。
② 《中书右丞相史公神道碑》，见《元文类》。

或乘怒欲有所诛杀，卿等宜迟留一二日，复奏行之。”可以把这句话看作是大汗对史丞相的责备，其用心曲折，用语委婉，足见忽必烈将这件事忍了下来，至于私通书信，忽必烈也未予深究。

李璮事件引起朝廷对世侯权力的重新认识，有人提出，山东之变皆由诸侯权重所致。史天泽深明其中利害，从山东回来后，他奏请圣上：“兵民之权，不可并于一门，请自臣家开始实行。”① 忽必烈顺水推舟，准奏。当日，史家一门共十七人交出了兵权。

这也未能平息朝中的议论，有人弹劾史天泽，告他亲党布列中外，威权日盛，渐不可制。弹劾的锋芒直指史氏手中政权。忽必烈下旨罢免史天泽相权，等待接受审问。史天泽处境险恶，大有风云不测之势。

值此关头，同受李璮事件牵连的京兆宣抚使廉希宪出面为史天泽辩护，他对圣上说：天泽久事陛下，了解天泽的人，没人能超过陛下，从潜邸时起就多次任用，带兵管民，均有成效，陛下知他可付大事，用为宰相。一旦小人有言，陛下应熟察其心迹，真有骄横不法的事吗？今天信任臣，臣得以参预此旨，他日有人告臣，臣也会遭怀疑。臣等身在政府，陛下如此信疑，何敢自保。既罢天泽，也当罢臣！听完这番话，忽必烈沉默良久，过了好一阵才说道；“你退下，让朕思之。”②

此一“思”字，甚可玩味。所思者，并非弹劾者有理还是廉希宪所言有理，这些只是表面玩意儿。所虑者，实为动天泽一人，牵涉一大批汉僚，动不好可能就会引发一场政治风波，朝廷担当不起。此一“思”字，着实难为了忽必烈。第二天，忽必烈召见廉希宪，告诉他说：“昨思之，天泽无对讼者。”③忽必烈再一次忍让了。

---

① 《元史·史天泽传》。

②③ 《元史·廉希宪传》。

有一个故事生动地反映出史天泽当时的处境及心理状态。

中书丞相史天泽胡须已白，一天忽然全变黑了。忽必烈见到惊讶地问："你的胡须如何变黑了？"史丞相回答："臣用药将它们染黑了。"忽必烈再问："染黑了想要怎样？"又答："臣照镜子见胡须已白，暗伤年暮衰老，为陛下尽忠效力的日子不长了，故而将它们染黑，让报效之心和从前一样。"忽必烈大喜。①

故事是夸张的，但结合人物当时的境况，让人觉得虽不合理，却也合情。在所有受牵连、怀疑的汉臣当中，史天泽最引人注目，处境也最为险恶，而他又最善于保全自己，并得以善终。

至元元年，史天泽加光禄大夫，仍任中书右丞相。三年（1266 年），拜辅国上将军，兼枢密副使，四年（1266 年），降为左丞相。他军政大权两握，只是风景不如前了。

在李璮事件中陷得较深的另一家世侯是济南张氏。成吉思汗二十一年（1226 年），张荣归附蒙古，受到成吉思汗赏识，授金紫光禄大夫、山东行尚书省，兼兵马都元帅、知济南府事。忽必烈即位后，封张荣为济南公。张荣年迈，长子张邦杰承袭爵位，张邦杰先卒，孙子张宏又袭了爵位，任济南路兵民总管。张荣有七个儿子，都是大官。

李璮兵变，张荣的次子张邦直起来响应，而孙子张宏则跑到朝廷报信。事后，张邦直等人被收监问罪，张宏被免去军职，调真定路任总管（民官）。

在处理张氏一门过程中，忽必烈依旧保持了克制态度。张起岩在《张宏行状》中说："至元初，……有人告公诸父罪，辞连公。圣上以其有功，特赦之。"而官修《元史·世祖纪》至元二年（1265 年）正月条

---

① 陶宗仪：《辍耕录》卷二。

则说："山东廉访使言：真定路总管张宏，前在济南，乘变盗用官物。诏以宏尝告李璮反，免宏死罪，罢其职，徵赃物偿官。"《世祖纪》至元元年四月条说："追治李璮逆党万户张邦直兄弟及姜郁、李在等二十七人罪。"而二年正月条改为："邳州万户张邦直等违制贩马，并处死。"[①] 政治犯变成了刑事犯，由此看出忽必烈处理此案的基本原则：尽量缩小严办的范围。

但这丝毫不表明忽必烈出于君子大度之心、仁厚之德，他是不得已而为之。李璮之乱极大地伤害了他的感情，也动摇了汉人在他心目中的形象。王文统，他信任并在即位伊始就委以朝廷政务大权的宰相，竟是李璮同党，如此说来，身边这些汉臣尤其是为他引荐王文统的人，哪一个还靠得住？今天出了个王文统，难保哪一天不出一个张文统、李文统。李璮有同党，王文统在朝中就没有同党吗？这些问题令人恐惑，如果忽必烈想到了这些问题，他该是怎样一种心情呢？

怀疑的目光扫向原京兆宣抚司那几位要员身上。

廉希宪，十九岁入忽必烈幕府，甘州之战时年仅三十岁，为忽必烈稳固汗位立下了头功。他虽是畏兀儿人，却有很深的汉学修养，是位风采奕奕的儒将。在治理京兆的几年间，每当公差之余，他"即与诸儒讲求事君立身大义，品评古今人物是非得失，焚香鼓琴，夜分乃息"[②]。蒙哥汗为削弱二弟势力，撤销了忽必烈在京兆设立的军政机构。后来忽必烈领东路军伐宋，廉希宪又随大王南下鄂州。从那时起，他的政治生命开始熠熠发光，无论力促班师、说服宗王塔察儿首倡拥戴，还是劝即位、统军陕川，他以办事果敢的作风和忠诚不二的品格，深得忽必烈惜爱。

---

① 蒙元平宋之前，南北立互市进行贸易，但由北往南贩卖马匹有资敌之嫌，属犯罪行为。
② 元明善：《平章政事廉文正王神道碑》，见《元文类》。

中统二年（1261 年），他被任命为中书省平章政事，身处宰相之位。

王文统事发，同为平章政事的赵璧因嫉妒廉希宪，向忽必烈进言，文统一个穷措大，由张易、廉希宪引荐，得到重用，如今廉占据关中胜地，深得民心，又有商挺、赵良弼辅佐，圣上对此要格外小心。忽必烈却说，希宪自幼事朕，朕知道他的心，商、赵二人都是正直之士，有什么可担心的。[①]

一波未平，一波又起，兴元同知费寅指控廉、商因李璮反叛，修城治兵，心存不轨。这回忽必烈动摇了，李璮曾修城治兵，后来背叛了朝廷，如今陕西又发生了同样的事。他派中书右丞南合去京兆调查案情，接替廉希宪职务，并召廉希宪回上都。

廉希宪见到忽必烈，口气强硬地说，臣在京兆三年，正值叛乱四起，川陇未宁，民心不稳，四面楚歌，臣随机行事，一心一意，如果费寅所言属实，臣便有罪，请逮捕我吧。

南合的调查结果证明，陕西并无反迹。忽必烈手抚御床安慰他说："当时之言，天知之，朕知之，卿有何罪！"[②]于是廉希宪官复原职。

一天夜里，忽必烈又召廉希宪入宫，君臣聊起藩邸旧事。提到赵璧的进言，希宪为自己辩白说，当年攻打鄂州的时候，贾似道用木栅护城，一夜之间就完成了。陛下看着身边的大臣们问：我如何得到像似道这样的人来任用呢？刘秉忠、张易便说：山东有个王文统，是位有才有智之士，如今是李璮的幕僚。陛下又问臣，臣回答说：有所耳闻，但不知其人究竟如何。听完希宪这番话，忽必烈说道，朕也记得。

这次谈话，双方是在从容、坦诚的气氛下进行的，廉希宪道出了心中委屈，忽必烈的疑虑稍有缓解。不过埋在他心底的对重臣的疑惧并未

---

①② 《元史·廉希宪传》《元朝名臣事略》《神道碑》。

彻底消除，一有触动这种疑惧心理就会浮上心头，这次谈话没能保证廉希宪在今后的仕途上一帆风顺。

廉希宪在中书省勤奋工作，政绩斐然。他看到世袭体制的弊病，建议实行迁转法。他在建议中分析说：国家自开创以来，凡任命官员大臣，都让他们世袭，至今将近六十年，他们的子孙拿部下和地方官当奴才使唤，前所未有，应当改变，根据考核决定升迁罢免。

至元元年，希宪丧母，服丧期间，忽必烈下诏让他带丧履职。对于廉希宪的政绩，忽必烈是满意的，一次夸奖他说："吏废法而贪，民失业而逃，工不给用，财不赡费，先朝患此久矣。自从卿等为相，朕无此忧了。"又谈起唐朝的魏征，廉希宪说，忠臣良臣，历朝历代都有，只看君主用与不用了。

这些谈话显然都是私下进行的，宫闱之侧，大内之中，一君一臣款叙古今朝野、天下兴亡，也是常有的事。而谈起魏征，其中却别有味道。人都知道魏征是个直谏之臣，别人不敢说的，他敢。在廉希宪身上，也有这种风格，他为史天泽辩护，说出"既罢天泽，也当罢臣"的话，那次忽必烈给了他面子。后来他又为四川的一位元帅争辩，终于激怒了忽必烈。史书上说廉希宪"事多专制""论事激切"，看来并不夸张。一次忽必烈问他，过去你在幕府时候，尚能经常忍受，现在身为天子臣属，为何反倒如此强硬呢？他回答说，幕府事轻，天下事重，一旦曲意服从，天下将受其害，臣并非不自爱呀！话虽没错，但从人与人之间的交流上讲，尤其是君臣之间，如此不肯回旋，也难论对错。廉希宪的性格给他带来福气，也给他招来灾祸。

商挺，曹州济阴（今山东菏泽市）人，生于金大安元年（1209 年），比廉希宪大二十三岁[①]。年轻时，被山东东平世侯严实聘为家庭教师，蒙

① 廉希宪生于 1231 年。

哥汗三年（1253年），召入金莲川幕府。杨惟中宣抚关中，他被派去辅佐杨。后来杨被免职，廉希宪上任京兆，他升为宣抚副使，辅佐廉。蒙哥汗撤掉京兆的机构，他返回东平。忽必烈领东路军后，他又同希宪一起南下鄂州。忽必烈接到察必密信，急匆匆赶回开平，召开选汗大会。他和希宪密谋即位大计，在忽必烈登汗位过程中，同是立了功的人。中统二年，廉希宪任中书省平章政事，商挺出任参知政事，同为中书宰执。

费寅诬告商挺，说他“为文统西南之朋，引陕西郎中行宣抚使赵良弼为征”[①]。忽必烈把商挺、赵良弼召回上都，将二人囚禁了起来。

忽必烈把商挺叫到便殿问话：你在关中、怀孟，两次治理成效不错，可指控你的言论天天都有，是有人诋毁你呢，还是你官做大了，办事骄怠不利呢？当初议论王文统的人很多，唯独你一言不发。

商挺抓住这个机会，向忽必烈解释：臣素知文统为人，曾与赵璧谈起过，想陛下还记得起来。臣在陕西三年，哪能事事都办好，为了应变而采取的权宜之计或许有，那是圣上下旨允许的。说我修城治兵，当时强盗满野，也是迫不得已。如果有了功劳归自己，有了错归别人，这不是臣该干的事，欲加之罪，就请杀了我吧。

忽必烈一听，倒也说不出什么来。

商挺走后，忽必烈环顾身边的人，掐指算了算商挺的功劳，一共有十七条，便感叹地说：他有这么多功劳，还说自己有罪，若定了他的罪，谁还肯为朕誓死效力呀，你们要明白才是！[②]

这以后，商挺在中书省做些无关紧要的事，到至元九年（1273年），

---

① 姚燧：《牧庵集》卷十五，《姚枢神道碑》。

② 《元史·商挺传》，《元朝名臣事略》。

被派往西北做安西王相，这是后话。

赵良弼，原是女真人，姓术要甲，因其发音类似汉语“赵”，讲不好女真语的人干脆称为赵，于是将错就错，改姓了赵。早年他在赵州（河北赵县）教书，蒙哥汗元年（1251 年），召入忽必烈潜邸，出任邢州官吏，在治邢方面出了力。后来他便和廉希宪、商挺在陕西共事。

费寅举出九件事讼告廉希宪、商挺，以赵良弼为证人。忽必烈“以良弼多智谋，疑是文统流亚，械系于狱”[①]。忽必烈亲自审问，看看费寅说的是否属实，廉、商二人究竟有没有异心。赵良弼听完指控，不解地问，臣与二人共事九年，真有这等事？忽必烈一听气得不得了，痛骂良弼，用上刑具，威胁要割断他的舌头。赵良弼始终不肯改口，手扣胸膛朝忽必烈走去，边走边哭说，二臣忠良，保无异心，臣愿剖心以明示！见此情景，忽必烈才稍稍放心。

南合的调查结果报到朝廷，良弼一案大白，费寅伏诛。[②]至元七年（1271 年），赵良弼出使日本，这也是后话。

原京兆宣抚司这几位大员，分属不同民族，同受李璮事件牵连，遭人谗言，担惊受怕，受了不少折磨。可贵的是，他们身陷囹圄，仍坚持正见，宁死不屈。特别是赵良弼，受痛苦最深，却能冒死为同僚做证，气节可嘉，倘若他为保全自身，稍有失口，廉、商的命运便生死难料。

事件中受到牵连而被处死的汉臣只有张邦直兄弟，且处理的时间拖到改元以后，其他人只给予不同程度的处分，没有定死罪。直到至元二年初，济南张氏一家才被判刑。廉、商在这年二月被免职，不久又复职。史天泽在至元三、四年间，由右相降为左相。

---

① 姚燧：《牧庵集》卷十五，《姚枢神道碑》。

② 《元史・赵良弼传》，《元朝名臣事略》。

忽必烈所以要这样做，与当时的军事、政治形势有关，是明智之举，他处理此事的原则顺应了当时客观形势的需要。

重新分配权力

李璮之乱正值开平与和林打仗之际，战场一在西南陕川，一在西北和林[①]，汉人军阀是忽必烈战胜阿里不哥的主要军事力量。在西南战场，除京兆宣抚司外，有万户刘黑马，总帅汪良臣；在西北战场，史天泽、张柔、严忠范、张宏各路世侯均投入了战斗，还有率领侍卫亲军的董文炳。离开这些军阀，忽必烈打不赢这场战争，也就保不住汗位。此时若同这些人翻脸，忽必烈必然会被他的军事对手阿里不哥击败。

汉人世侯在地方经营、培植了几十年，大小势力盘根错节，布满中原。论军力，他们少则万千，多则数万；论财力，所辖民户都以万计、十万计。若打击过激，触动过急，一旦他们联合起来，对以忽必烈为代表的蒙古贵族来说，压力非同小可。

开平政权是一个草创的政权，尚处于脆弱时期。这个政权的特点是多民族成分共存，以蒙古人为核心，以汉人为主要支撑力，失去汉人的支持，年轻的政权会迅速发生逆转。忽必烈的政治基地在中原汉地，政治利益也在这里，汉地是他兵力、财力的主要来源地，没有汉人军阀的支持与合作，他在政治上和军事上都将无所作为，新政权也难以长久；况且，新政权与南宋的议和尚未有结果。因此面对内外双方的重重困难，采取慎重甚至妥协的策略是适宜的，也是唯一正确的。

这一策略给新政权带来了许多好处，首先是保持了朝廷稳定。在中

① 以开平所处方位而言。

央和地方政权机构中，汉人占了很大比例，而且官高位重，他们实际地操纵着国家机器的运转。中统年间及至元初年，参与朝政的蒙古人或年轻或缺乏政治经验，没有能力发挥政治效率，也没有能力维持政治秩序，因此汉人的作用无可替代，留下他们就等于留下了一部国家机器。对朝廷而言，汉人的威胁在于世侯兵民大权两握，李璮敢于发动兵变，就因为手里有军队。史天泽主动交出兵权，其他世侯不得不仿效，结果对朝廷极为有利，既避免了眼前政治危机，又清除了诸侯权重这一隐患，同时还断了汉人的退路，迫使他们死心塌地追随蒙元。这一策略的最大好处，是在客观上为忽必烈着手制度改革提供了历史契机。人事变动作为临时性手段，可以起到“润滑机器”的作用，要从根本上解决问题，还得靠制度的统一性与制约功能。政治是一场游戏，对犯规者的处罚固然必要，而规则的完善才是使游戏得以继续的最基本条件。

与处理人事不同，在改革制度方面，忽必烈显示出果断、锋利的性格。

军民分治——李璮被杀的当年十月，益都军民一分为二，侍卫亲军都指挥使、山东路经略使董文炳领军，益都行省大都督撒吉思治民。各路“管民官理民事，管军官掌兵戎，各有所司，不相统摄”[①]。军民分治在全国范围实行，成为制度。

削兵权——除为官者本人，兄弟子侄做官的一律罢免，解除私家军队。张柔的儿子张弘略被解除军职，到京师宿卫，张弘范也被免去军职；严实的儿子严忠嗣罢官家居，严忠范召入京师，任兵刑部尚书。

中央集权——中统四年五月，立枢密院，作为朝廷统一的军事机构，掌管全国军队，由皇子真金兼判枢密院事。

---

① 《元史·世祖纪》。

蒙人入省——中统四年六月，以线真为中书右丞相，塔察儿由平章政事升中书左丞相。该年中书省右、左丞相共六员，蒙古人占四员，汉人一员，契丹一员。至元二年八月，以安童为中书右丞相，伯颜为左丞相。经过这些调整，增强了蒙古人在政府中的分量。

罢世侯，行迁转法——至元元年十二月，取消世侯世袭制，行迁转法，如济南张宏迁真定路总管。次年，又将世侯封地收归朝廷，封户改为民籍。这一措施彻底消除了诸侯割据的基础，同时打击了世侯的气焰，使之威风扫地。张起岩在《张宏行状》中记道："至元罢世侯，民有视其故侯如路人，甚至追咎怒骂如仇者。"[①] 张宏离开济南时的情景也是悲悲切切，凄伤得很。

起用色目——忽必烈渐渐疏远汉人，继而起用会做生意又无心造反的色目人，让色目人与汉人之间相互牵制。至元二年二月颁布：以蒙古人充各路达鲁花赤[②]，汉人充总管，色目人充同知，永为定制。这样一来汉人在行使权力时，就要受到来自蒙古人和色目人的双重约束。

"通过这些改革，一个以中原王朝为张本的封建中央集权制政权牢固地建立起来，这对当时中国历史的发展以及蒙古族本身的发展都具有巨大的进步意义。"[③] 不过，有一点需要另做解释：汉人势力削弱，色目势力抬头，从此埋下色目与汉人之争的隐患。阿合马上台及尚书省设立，主持政务的中书省与管理财赋的尚书省两大机构对峙，朝中形成以真金、安童为首的汉法派与以阿合马、桑哥为首的色目派之间二虎相争的局面，斗争残酷、复杂，时间覆盖忽必烈一朝整个中、后期，结果伤动了统治集团的筋骨。

---

① 《元文类》卷五十。

② 达鲁花赤：官名。蒙语为镇压者、盖印者之意，指监临官、总辖官等正官，掌握实权。

③ 周良霄：《李璮之乱与元初政治》，见《元史论集》。

安童出相

一天，忽必烈在返回上都途中，随从的有原西京宣慰司参议崔斌，忽必烈在马上，他在马下，大汗命他骑上马来，君臣并马而前。

忽必烈问他，治政大体如今何事为先？他回答，任宰相为先。忽必烈便说，你为朕举出可任宰相的人。他提出安童、史天泽可为宰相。听罢，忽必烈沉默不语。见此情景，崔斌接下去说，陛下是否以臣地位卑下，所举之人不合众议，因而有所疑惑？今日各位近臣都在，能否听听大家意见，然后由陛下裁决。忽必烈表示同意，于是崔斌立马扬言道："有旨问安童为相，可否？"众人一听，雀跃欢呼万岁。忽必烈很高兴，下旨任安童、史天泽并为宰相。[①]这大概是至元二年八月安童出任右丞相之前不久发生的一件事。

安童出身于蒙古豪门望族，从小在禁中宿卫，在忽必烈眼皮底下长大。他虽是贵族子弟，却少年老成。中统四年，开平俘获一批阿里不哥党羽，忽必烈要把他们全部杀掉，有意听听安童的意见。年轻的宿卫长向大汗讲道，人各为其主，陛下刚平定大难，就以私怨杀人，今后如何降服那些未归附的人呢。话一出口，忽必烈惊讶不已，赞赏地说，你年纪不大，竟然说出这般老成话，此言正合朕意。那年安童十六岁。

出任右相这年，安童年仅十八岁，作为政府首脑，年龄和经验都尚有不足。安童本人也清楚这一点，担心自己少年为相，会让天下有轻朝廷之心，所以接到任命后，他想要推辞。忽必烈不允，说经过深思熟虑，还是他当丞相合适。

安童是蒙古后代中一位可大造之才，他心怀恻隐，能从大局和长远

① 《元史·崔斌传》。

出发思考问题，对有学识、有才华的汉人又非常敬重，虽然经验不足，却被朝中汉法派大臣看好，竭力加以扶持。上任伊始，他呈奏施政纲要，忽必烈听后很不满意。近臣董文忠出面缓解，提醒大汗说，丞相素有贤名，如今入省执政，众人瞩目，如果所奏不准，以后就不好办事了。说完，董文忠代替安童讲解所奏事项，诚恳详细，头头是道，终于获得忽必烈的认可。

忽必烈任安童为相，目的是提拔蒙古人，充实他的官僚集团，加重蒙古人在政府中的分量。可安童毕竟还幼稚，无法与那些老谋深算的汉臣相比，还需要培养造就。汉臣中不乏满腹经纶者，既通为人之礼，又晓治国之道，只有他们才有资格担当教育任务。而李璮之乱后，忽必烈对汉人正一肚子怨怒，用他们，心有不甘，不用，又无人可用。色目人聪明，却只知聚敛财物，于政治所知不多。政治，乃汉人之长术。

至元二年十月，忽必烈召理学名家许衡入中书省议事，让他辅佐新丞相。许衡借病不出。安童亲自登门拜访，再三邀请也没请动，安童回到家，嘴里还念叨不休。

至元三年二月，忽必烈再召，许衡只好觐见。二十六日，在檀州（今北京密云区）以北的李家庄，许衡面见圣上，谈话在庄后一座小山上进行。

忽必烈开口不提辅相一事，翻出王文统旧案质问许衡：当初只有窦汉卿敢言文统之过，当时你也知道，为何徇情不言？难道是孔子的教法叫你这样做吗？还是你不遵循孔子的教法，自己要这么做呢？过去的事不提了，今后不可如此，对说对，不对说不对，可行则行，不可行就不要做。

接着他连责备带挖苦地说：今天叫你来没有旁的事，之前命你入省议事，你没有尽心尽力，特意向你当面交代。人人都称赞你，想你必有值得称赞的地方，你的名分，其斟酌在我，而国家所以无失，百姓所以得安，其筹划在你，说你年老又不老，说你年小也不小，正当勤勉用事，不要辜负你平生所学。最后，忽必烈提起正事：安童尚幼，苦未更事，你要仔细辅导，有好的谋划，先告安童，然后上奏，由朕来决定。

受了一顿数落，许衡仍不卑不亢地回答：圣人之道，至大且远，学者所得有深有浅，臣平生虽然读书，而所得甚浅，既然面奉圣命，臣愿知无不言，可不知道的事，也不能强求。安童聪明灵悟，又有执守，告他古人言论，都能领会，臣不敢不尽心，只是顾虑有人从中离间，事就难行，外界势力纳入其中，也难行。臣入省不久，所见如此，不知是否。①

就在一个月前，朝廷立制国用使司总理财赋，色目人阿合马出任首官，许衡所顾虑的大概指这件事。可圣命不可违，这位老学究只能从命。四月回到上都，许衡上书谈论时事，忽必烈让他写出来，以备详阅，于是一篇数千言的《时务五事》出世了。许衡在这篇文章中系统阐述了自己的政治主张，所谓“五事”是：立国规摹、中书大要、为君难、农桑学校、慎徽。文章用很大篇幅讲解君王之道，在“为君难”中讲到践言、防欺、任贤、去邪、得民心、顺天道；在“慎徽”中讲到定民志、崇退让、慎喜怒、守信。②

许衡尖锐抨击那些聚财乱政之人，告诫君王要远小人、近贤良，这在当时都有所指。可这时的忽必烈对汉儒喋喋不休的老一套大道理不再有兴趣，他的注意力更多地集中于国库是否充盈，日用是否丰裕，在这方面儒家道德伦理不抵色目人生意经来得巧利，来得更有价值。许衡毕

① 许衡：《鲁斋遗书》卷七，明万历刻本；《元朝名臣事略》；《元史·许衡传》。又，这年许衡五十八岁。

② 见《元文类》卷十三。

竟是读书人，又自视清高，重义轻利，重农轻商，这与当时忽必烈的施政方针大相径庭，因而在政治上难有作为。

至元三年这个春天，许衡怀着一种复杂不安的心情再次被卷入政治旋流中。他只能依靠自己的智慧和修行来应付身边险恶的宫廷纷争，但他仍是自由的。而对郝经来说，身处旋流最危险的地带已达六年之久，他被寒冷的旋流围困、冲荡却无能为力，听凭命运把自己带到任何可能去的地方。郝经面临着最艰苦的考验。这年春天，又是他最难过、最不快的日子。

中统元年（1260 年）九月，国信使一行人被囚禁在真州（今江苏仪征市）忠勇军营。他们居住的馆所，馆门紧闭，高高的院墙上安置着栅栏，下面布满荆棘，院内原有几棵大树也被人砍去，馆外挖了壕沟，上百名军卒昼夜轮班巡逻。十月，南宋两淮制置司派官员来说，蒙古遣使和好实出美意，但李璮大都督一再侵犯边境，所以才将诸位暂留此地。他还捎来制置司首官李庭芝给郝经的一封信，内容大体如此，并没有让国信使入朝面圣的意思。此后郝经再三上表南宋朝廷，申明使宋意图，力陈息兵议和对天下百姓的好处，恳请入朝，对方一概不予理会。询问几位伴使，他们也只敷衍地说，朝廷已有安排。

两淮制置司不准国信大使进临安，郝经提出北归蒙古，他们也不准，只允许国信使在馆内活动，不得外出。冬寒夏暑，春暖秋凉，日观天井孤鸦，夜闻风泣蝉鸣，一行人每日三餐一寝，无事可做，没了奈何。转过年来，春暖花开，李庭芝派人给郝经送来几枝琼花，为此国信大使还写下一首《琼花赋》。

忽必烈与阿里不哥在北方大战，消息传到南边，南宋伴使朱宝臣谎报蒙古朝廷凶闻。郝经不信，伴使一说再说，郝经厉声喝道，断无此事，果真有此事，就该让我们北归。

无论别人怎么说，郝经心里自有主张。他向人分析蒙古发生的内乱，振振有词地说道："圣上即位，理所当然，太母有与贤之意，先帝无立子之诏，圣上虽在潜邸，众望所归，以亲则尊，以功则大，以理则顺。圣上爱养中国，宽仁爱人，乐贤下士，其得夷夏之心，有汉唐英主之风，加之地广兵强，神断威灵，风蜚雷厉，其为天下主无疑也。合丹大王，先帝终后，率先推戴；穆哥大王，是圣上庶弟[①]，在诸王之中，英贤亚于圣上，先帝临终，托以后事，先归推戴；塔察儿国王，兵强马壮，曾代圣上领东诸侯，也率先推戴；旭烈兀大王，圣上母弟也，总统西师，镇压西域二十余国，去中国三万余里，也遣使劝进，说兄亡弟及，祖宗之法，长兄既没，次兄当立，兄若不立，我等归谁？圣上乃集大统，应天人。即位之初，聘起诸儒，更定制度，不料一二畏罪不逞之徒，纠合奴隶，离间骨肉，劫立阿里不哥，挑起兵端，拒命漠北，以次则幼，以事则逆，以众则寡，以地则偏，兵食不足，素无人望，彼无所成无疑也。今圣上既以正位，一时豪杰，云从景附，奄有中夏，纵然小人略有侵犯，塔察儿国王一族足以平荡，其余三十余王，大可收兵牧马，从容营卫。况且中国诸侯，如史、如李、如严、如张、如刘、如汪，大者五六万，小者不下二三万，精兵强将，知兵识战，视蒙古、回鹘尤为凶猛，怎肯让蠹国害民之人肆意作乱。彼之屈强，只待自毙，而不足为害也。"[②]

宋人见郝经忠直不二、倔强不屈，也不忍加害，反倒有了些敬畏。

至元元年秋天，郝经在后园遇花，写下鸡冠、牵牛、葡萄、野蓼四首，《牵牛》一首中写道："五年江馆客，万事成坠甑。不能致龙节，空

① 穆哥是忽必烈的同父异母弟。

② 参见《元朝名臣事略》。

自悲虎阱。永日鏖炎蒸，中暑甘卧病。对花泪盈目，坐起不觉瞑。云汉见双星，回头看斗柄。遥怜小儿女，婚嫁俱未竟。中流虞风波，相见何日更。”① 又有《甲子秋怀》：“江馆无家久似家，西风院落老天涯。黄缠薯蓣犹多叶，绿拥芙蓉尚未花。纱幕坠尘归晚燕，窗池生草窟秋蛙。枯肠欲断谁濡沫，击柝声中夜煮茶。”② 十一月，作《幽诉赋》，序云：“自庚申至甲子凡五年，冬十有一月，宋人乃报其国丧，而复无释放之命，作赋以自释。”③

郝经闲来无事，除去写诗，便读书作史，至元二年作《春秋外传》，三年正月《原古录》成，此外还完成了《续后汉书》《太极演》《通鉴书法》《玉衡贞观》等书。

国信大使以著书立说消磨时光，日子郁闷倒还平静。而那些被囚困的随从，并非人人如此，禁锢日久，寂寞难耐，加上国信大使又要求严格，有些人便心生怨恨，难免无事生非，拌嘴吵斗，惹得郝经心情更加低落。

国信大使曾对他们讲：在淮北时，若犹豫顾望，畏避不前，是我的罪。一入宋境，生死进退听其在彼，守节不屈尽其在我，我祖宗以来，七世读书，宁肯为不忠不义辱没中州士大夫乎！但君等不幸，同在患难，暂且忍死以待，我以天时人事测之，宋朝气数不会长久了。④ 可是，尽管郝经苦口婆心，要发生的事情还是发生了。

至元三年春天，三名随从因互相殴斗致死，郝经气愤之下带领几个人搬到另一处院落住下。后来郝经在《密斋记》中写道：“丙寅之变，出

---

① 《郝文忠公陵川文集》卷四。

② 《郝文忠公陵川文集》卷十三。甲子年即至元元年。

③ 《郝文忠公陵川文集》卷一。又，是年宋理宗崩，度宗继位。

④ 参见苟宗道撰《行状》，《元史·郝经传》。

居仪真新馆，位于东斋。国事阻而无成，介佐叛而无与，馆吏绝而无交，骨肉远而无亲，仆御逃而无伴。……自三食一寝、日用之事唯是，凝尘危坐、焚香读《易》而已。”[①] 此刻国信大使的心情怕是糟透了。

移居新馆后，郝经写了《新馆感春二首》，第二首写道：“伫立无人语，巡檐思惨然。夜江寒浸月，春树暝生烟。计拙仍持节，途穷拟问天。难为绕指铁，万折志弥坚。”又有《新馆夜闻杜鹃》：“啼落深江月，摧残故国春。不堪多恨鸟，偏聒未归人。血尽肠应断，哀馀声更频。关心尤入耳，一枕夜愁新。”[②]

吟诗寄兴，对景伤怀，发思古之幽情，叹命运之厄，当年南下鄂州时意气风发的郝经，如今只能如此了。

---

① 《郝文忠公陵川文集》卷二十七。丙寅年即至元三年。

② 见《元诗选》。

第四章

攻取襄樊，揭开渡江序幕

中统政权逐步稳固，征伐南宋的问题被提上日程。在中央政权机构大体设置完备的同时，蒙古兵围襄阳，打响了宋元战争的第一个战役。

至元四年（1267 年）正月，蒙古决定在中都修建宫城，这是元初政治中的一个重要事件。

中都，原金朝首府中都城，建于完颜亮天德三年（1151 年），北京城在历史上作为封建王朝的统治中心，就从这年开始了。贞祐二年（1214 年），为逃避蒙古侵扰，金宣宗将首都迁到河南。次年，蒙古占取了中都，改称燕京。当时蒙古无意在此立都，因此将城内宫室一把火焚烧殆尽，只有城外东北郊的离宫大宁宫幸免于难。当年忽必烈从鄂州奔返开平，冬至燕京，他没有住在城里，而是“驻燕京近郊”，就是住在大宁宫。忽必烈即位，封真金为燕王，以燕京作为燕王府的所在地。至元元年（1265 年），又改燕京为中都，计划在金中都旧城遗址上修建宫城。至元四年，放弃旧城遗址，决定在中都东北郊另建新城，仍称中都（后改称大都）。

从旧址的放弃到新址的确定历经四年，最后为何要将修建的宫城朝东北方向移动呢？“当时选择大都城的新址，主要是因为这里有比较丰沛的水源，包括了大面积的湖泊与清澈的泉流，这既为新宫的建设保证了优美的环境，又为新城的水运提供了有利的条件，这些都是中都旧城所难与比拟的。”[①] 金中都旧址大约在今北京市原宣武区西部，城市地表供水主要来自今北京城西南的莲花池。莲花池供应宫廷用水有余，却不能满足运河用水的需要，金中都在六十多年间始终未能很好解决粮食漕运问题。金朝初年曾利用中都东北郊的高粱河（发源于今紫竹院公园），从中游开渠引水，东至通州，沿渠筑闸节水，故称闸河。高粱河也是一条小河，水量也很有限。

中统三年（1262 年），郭守敬提议改造闸河，引玉泉山水通漕，每年可节省雇车钱六万缗。“现在根据地形判断，当时导引玉泉山水济漕，也只有通过七里泊（今昆明湖）和高粱河，下接闸河。其故道所经，正在大宁宫附近。因此，至元四年决定选择以大宁宫的湖泊为中心而规划新都时，也必然会考虑到同时解决水上运输的问题。因此根据水道源流来看，从中都旧城迁移到大都新城，实际上也就是把城址从莲花池水系迁移到高粱河水系上来。”[②]从水利方面考虑宫城城址，这大概是设计者刘秉忠的主要着眼点，其中郭守敬也会参与意见，而且作为水利专家，他的意见自然不会受到冷落。

忽必烈派张柔监督中都的修建工程，命张柔的第八子张弘略为工程总管。

刘整的计谋

至元四年十一月，忽必烈决定攻取襄樊，正式揭开宋元战争序幕，

①② 侯仁之：《元大都城与明清北京城》，《故宫博物院院刊》，1979 年第 3 期。

这是这一年所发生的又一件大事。

金朝灭亡（1234 年）后，蒙古将川蜀作为灭宋的军事攻击重点，因为拿下川蜀，既可切断南宋的一条重要财赋供应线，也可消弭来自长江上游的宋军对蒙古军的威胁，自西南形成对南宋的包抄之势。蒙哥派忽必烈平大理，就是这一战略部署的一部分。

13 世纪 50 年代后期，蒙哥率军南下，东西两路军一指川蜀，一指荆襄，也是出于先解决长江上游这一战略考虑。经过三十多年经营，蒙宋在川蜀的形势发生重大变化，有利因素更多地偏向蒙古一方，对蒙古来说，来自长江上游的威胁减少。到了 13 世纪 60 年代，忽必烈准备向南宋发起战争，这时若仍将川蜀作为军事突破口，不免舍近求远，军事攻击重点自然应向长江中游移动。忽必烈接受南宋降将刘整的建议，把这一重点摆在了襄樊。

襄樊位于汉水中游，包括南岸的襄阳和北岸的樊城，历来是兵家攻防要地，所谓“中原有之，可以并东南，东南得之，可以图西北”。李纲曾指出，襄樊“有高山峻岭，可以控扼；有宽城平野，可以屯兵；西邻关陕，可以召将士；东达江淮，可以运谷粟；南通荆湖、巴蜀，可以取财货；北距三都，可以遣救援”①。早在 13 世纪三四十年代，蒙古有机会占取襄樊，却没有占取，缺乏治理意识的蒙古将领纵容士兵大肆抢掠，然后扬尘而去。襄樊先后经过宋将孟珙、高达的筹措布置，逐渐恢复了废弃多年的军政秩序，号称“城池坚深，兵储可支十年”，重新成为南宋防御蒙古的西陲重镇②。

忽必烈即位后，史天泽的部下郭侃上平宋策，提出：“宋据东南，以

① 《宋史·李纲传》。

② 参见陈世松等：《宋元战争史》，四川省社会科学院出版社，1988 年，页 203。

吴越为家，其要地，不过荆襄而已。今日之计，应当先取襄阳，攻克襄阳，宋朝扬、庐诸城，弹丸之地，置之勿顾，而直趋临安，迅雷不及掩耳，江淮、巴蜀不攻自平。”[①] 郭侃这一策略的核心就是以襄樊作为平宋的突破口，占取了襄樊，将长江拦腰截断，南宋在地理上便失去了攻防重心，东江淮、西巴蜀，首尾不相联属，东西不能互保，南宋灭亡势在必行。然而，那时候战争时机尚未成熟，忽必烈的当务之急是清理“黄金家族”内务，平定阿里不哥，同南宋以和为先，因此才有了郝经的南方之行。

中统三年，刘元振带刘整赴开平觐见，忽必烈采纳刘整的计策，派人重金贿赂襄阳守将吕文德，在樊城外开货场。继而蒙古又以保护货物为名诱说吕文德，在鹿门山筑土墙，外通互市，内筑堡垒，于南北两城之间插下一枚钉子，建立起图谋襄樊的第一个据点。

至元以来，经过调整改制，局势安稳，政权巩固，统一南北的任务最终被提上日程。至元四年十一月，刘整入朝，进平宋策：“宋朝皇帝软弱，大臣离心，天赐一统之机，臣愿效犬马之劳，先取襄阳，撤其屏障。”在刘整看来，“攻蜀不如攻襄，无襄则无淮，无淮则江南唾手可下”，因此“攻宋方略，宜先从事襄阳”[②]。他的话遭到一些朝臣反对，他继续说道：“自古帝王，非四海一家不为正统，如今圣朝已有天下十之七八，为何置一隅不问，而自弃正统！”[③]

说话人本是南宋骁将，对南宋的军防部署及朝廷政治明暗了若指掌，忽必烈对他的意见非常重视，当即表示支持。在刘整鼓动下，忽必烈决心拿掉临安朝廷。

---

① 《元史·郭宝玉传》。

② 《元史·刘整传》；《癸辛杂识》别集下《襄阳始末》；《元史·世祖纪》。

③ 《元史·刘整传》。

战前准备工作开始进行。至元五年（1268年）正月，诏陕西五路、四川行省为刘整造五百艘战舰。六月，阿术奏请："大军南下遇到山寨水栅，非汉军不可，请派史枢率汉军协力征伐。"①

自从随父亲兀良合台由江南返回开平后，阿术先是在朝中任宿卫，后征李璮有功，由宿卫将军拜征南都元帅。至元元年，阿术略地两淮，战绩不错，名声大振。至元四年八月，他领军渡汉水侵犯襄阳，略地荆南，夺取仙人、铁城等栅，俘获人口五万。九月阿术退兵时，宋军在襄阳以西的安阳滩屯驻水军把守，切断了蒙古军退路。宋军骑兵冲杀过来，打乱了蒙军阵营，混乱中阿术不慎坠马，宋军穷追不舍，想要生擒这位主帅。紧急关头，一名部将将主帅挟上战马，另一部将冲到阵前连发数弓，又率士兵苦战，这才扼制住了宋军的冲锋。随阿术南征的万户怀都挑选出一部分士兵跳进汉江，浮水与宋军搏斗，抢到二十多艘战船，蒙古军边打边冲艰难地渡过了汉水。安阳滩战斗暴露出蒙古骑兵在南宋境内作战上的缺陷，对此阿术深有体会。他向大汗提出上述奏请，获得了忽必烈的批准。

至元五年七月，蒙古立东西两川统军司，刘整任都元帅，与阿术共同指挥襄樊军事。九月，阿术、刘整率领各路兵马逼近襄阳，在鹿门及白河口修筑堡垒，又在汉水中筑起高台，与夹江堡相呼应。襄、樊二城受到元军严密监视，援襄宋军的进路受到了阻碍，襄樊围城战打响了。

官僚机构

忽必烈政权的各门机构经历了近十年时间才逐步建立起来，它们是：

---

①《元史·世祖纪》。

中书省、枢密院、御史台、总制院。这些机构的建立过程也就是忽必烈实行汉法不断深入的过程。

成吉思汗时期，部落野处，国俗淳厚，既无城郭之制，也无诸事之繁，朝廷以万户统军旅，以断事官（札鲁忽赤）治政法，所用之人不过一二亲贵重臣。涉足中原以后，窝阔台汗立十路宣课司，开始任用投降的金朝官员，但也只是因事而设，并无长远打算。窝阔台汗三年（1231年），“始立中书省，改侍从官名。以耶律楚材为中书令，粘合重山为左丞相，镇海为右丞相”[①]。这时的中书省只是履行必阇赤（主文书者）职能，与后来总领全国政务的中书省还不是一回事。国事处理仍是家族政治，尚未进化到官僚政治，蒙古的制度化水平很低。

忽必烈即位，起用汉人儒臣，破除草原旧俗，实行中原汉法，订立朝仪，营造都城，“命刘秉忠、许衡参酌古今之宜，定内外百官。总政务者曰中书省，掌兵柄者曰枢密院，司黜陟者曰御史台。体统既立，在内则有寺，有监，有卫，有府；在外则有行省，有行台，有宣慰司，有廉访司。管民者曰路、府、州、县。官有常职，位有常员，首长由蒙古人担任，汉人、南人为副。于是一代制度始备，百年之间，子孙有所凭籍矣”[②]。如此一来，蒙古政治为之一新。

中统初年，翰林学士高智耀就向忽必烈提出：“国初政治草创，纲纪未张，应仿效前代，置御史台以纠肃百官。”[③]当时没有结果。至元二年（1265年），廉希宪推荐了山东人张雄飞。忽必烈召见张雄飞和江孝卿，问他俩：眼下任职的官员多非人才，政事荒废，犹如大厦将倾，非良工不能扶，你们可能胜任？[④]江孝卿表示不能。忽必烈看着张雄飞，雄飞说

① 《元史·太宗纪》。
② 《元史·百官一》。
③ 《元史·高智耀传》。
④ 《元史·张雄飞传》。

道：古代有御史台，作为天子耳目，凡政事得失、民间疾苦，都可以直言；百官中有奸邪贪污不称职的，给予纠察，如此一来，纲纪举而天下治。忽必烈听完只说了一个字："善"。

至元五年七月，成立东西两川统军司的当月，朝廷设立御史台。御史台的设立，标志着新政治的初期阶段圆满结束了。

前中书左丞相塔察儿任御史大夫，张雄飞任侍御史。忽必烈诏谕塔察儿："御史之职在于直言，朕若有不当，也当直言，莫怕他人，朕为你作主。"忽必烈又勉励张雄飞：有人嫉妒你，可朕支持你。[①]忽必烈一再给新上任的台官打气，看来决心要整顿吏治。整顿吏治表明，开平政权已经完成了由家族政治向官僚政治的转变，蒙古族也由部落制阶段跨入了封建帝制阶段。

设立御史台，中央政权机构已经完备。

中书省——中统元年（1260年），总政务。中书令：一员，领百官，决政务。中统三年十二月，封真金为燕王，守中书令。至元十年（1273年），立真金为皇太子，行中书令。此后，中书令均由皇太子兼任，是中书省名义上的最高长官。但整个元朝，中书令只是一个虚衔。

右、左丞相：各一员[②]，正一品，统六部，率百司，居中书令之下；中书令缺，则总理省事，佐天子，理万机。平章政事：四员，从一品，掌机务，贰丞相，全面负责各项军国重事。右、左丞：各一员，正二品，副宰相，协助宰相处理政务，号左右辖。参知政事：二员，从二品，副宰相，参与朝廷大政，职位次于右、左丞。

自中书令至参知政事都称为宰执。右、左丞相为实任宰相，以下为副相。蒙古人尚右，右在左上，与汉制不同。

---

① 《元史・世祖纪》；《元史・张雄飞传》。

② 此为后来的定置，下同。中统及至元初年，右、左丞相员额一至四名不等。

此外，设参议中书省事四员，正四品，典左右司文牍，预决军国重事。参议中书省事是宰相的首席幕僚，品位虽不高，但可与宰相抗衡于朝堂之上。[①]

中统元年，以吏、户、礼为左三部，兵、刑、工为右三部（至元七年分为六部）；置左右司，作为省内办事机构，负责处理六部日常事务。

枢密院——中统四年（公元 1263 年），掌兵权。负责宫城宿卫、边防军务、征伐戍守，举荐军功。

中统四年，真金以中书令兼判枢密院事，置枢密副使二员（最初由史天泽及驸马忽剌出担任）、佥书枢密事一员。至元七年，置同知枢密院事一员、院判一员。

总制院（宣政院）——至元元年，掌管全国的宗教僧侣及吐蕃事务。僧俗并用，军民通管。

国师（帝师）是总制院的首长。至元二十五年（1288 年），因唐制吐蕃来朝见于宣政殿之故，改名宣政院。宣政院是元朝的一个特殊机构，既管理全国宗教事务，又掌管吐蕃的军政事务，与中书省、枢密院、御史台并列为四大机构。

蒙元贵族崇尚宗教，尤其是藏传佛教，由大汗直接任命的帝师，是佛教的最高领袖，忽必烈任命的第一位帝师是八思巴[②]。蒙古征大理在穿

---

① 何中：《贺元参议明善书》，《知非堂稿》卷 8。参见张帆：《元代宰相制度研究》，北京大学出版社，1997 年，页 144。

② 八思巴，本名洛追坚赞，是藏传佛教萨迦派的第五任祖师。出身于萨迦款氏家族，1235 年生于今西藏昂仁县的鲁孔地方。他幼年丧父，跟从伯父萨迦班智达（萨迦派第四任祖师）学习读写及佛学。九岁时，他在僧众集会上讲说《喜金刚续第二品》，使众人叹服，被称为“八思巴”，意为圣童。——参陈庆英撰《元朝国师八思巴》，载《文史知识》，1998 年第 9 期。

越藏区时，忽必烈遣使召八思巴到军中相见，为大王一家传授灌顶，那时他还不满二十岁。中统元年，尊八思巴为国师，命他造蒙古新字，八思巴字成为蒙古“国字”。忽必烈加号八思巴为“帝师”“大宝法王”。

元朝设立宣政院，除去宗教原因，更重要的是政治原因，即对吐蕃地区的安抚治理，“因其俗而柔其人”。正因为这一点，藏传佛教尤其是帝师地位至尊，在朝中也异常威风。

然而，这种威风是以巨额金银做铺垫的，元朝皇帝、宗王修庙宇、做佛事花费金银无数，是导致国家财政危机的重要原因，而财政危机又是有元一代始终未能解决的严重问题。不仅如此，这种威风还助长了许多僧侣的恶习，种种劣行污迹恰是官场腐败的真实写照。

元朝比较特殊的中央机构，还包括蒙古翰林院（从二品），其所属蒙古国子监，掌管回历的司天监，掌管基督教也里可温的崇福司。蒙元对于宗教不单纯是一项文化事业，更是一项政治事务，“从宗教信仰来划分统治支系，这是元朝政治的一大特点”①。

御史台——至元五年，司监察。负责纠察百官善恶、政治得失。

建台之初，御史大夫从二品，中丞从三品，侍御史从五品，治书侍御史从六品。随着官僚政治水平的逐步提高，吏治任务加重，作为监察机构，御史台的职责也不断加强，官员品级的提升幅度也大。忽必烈说过这样一句话：中书省是我的左手，枢密院是我的右手，御史台是我用来医治左右手的。②

御史台直属机构有：

殿中司：负责朝中纪律。

---

① 韦庆远：《中国政治制度史》，中国人民大学出版社，1989 年，页 311。

② 叶子奇：《草木子・杂制篇》。

忽必烈即位以后，上朝没有固定的礼仪，每逢朝贺，大臣杂吏不分等级乱哄哄拥进宫帐朝拜，侍卫担心人多喧闹，却又制止不了。后来王磐实在看不下去，建议整顿朝中纪律。他提出，按照旧制，天子的宫门，不应入而入者，称为阑入。阑入之罪，由第一门至第三门，轻重有别。官员入朝应各依班序，听通事舍人传呼，然后进入。不按次序进入者，殿中司要纠察处罚，不应入而入者，定阑入罪，这样朝廷礼仪慢慢就可整肃。[①]王磐的建议被采纳，朝廷着手制定朝觐礼仪制度。

察院：监察御史十二员，正七品，均由汉人担任，后定置三十二员，参用蒙古人和南人。监察御史是圣上的耳目，所谓“做贼说慌见的眼，听的耳朵么道有来”[②]。

提刑按察司：负责监察各级官吏。至元二十八年（1291年），改称肃政廉访司。肃政廉访司以“道”为单位，每道设廉访使二员，正三品。忽必烈晚年，全国共有二十二道肃政廉访司，构成全国范围内的政治监察网络。

以上是主要的中央政权机构，创立阶段以御史台的设立作为标志而告结束，时间是至元五年七月。此后，各机构进入完善阶段。

这里有必要提一下尚书省，它曾作为中央机构与中书省并列。

蒙古人自大漠入主中原，眼见中原先进的农业、手工业技术创造出丰富的物质文明，激发起贵族和官吏们享乐的欲望，促使他们疯狂地追求金钱和财富。忽必烈登上汗位，开始犒赏支持过他的宗王、大臣，每次犒赏都需要大量金银财宝（这种情况在忽必烈以后愈演愈烈，武宗尤甚），这就要有充足的财政收入作为支撑。忽必烈一朝初期，财政并不宽

---

① 《元史·王磐传》。

② 《元典章》卷五十三，《刑部》十五，《称冤赴台陈告》。

裕，加上连年战事，耗费巨大，急需补充收入，因此成立专门机构收缴和管理民间财赋，就成为朝廷的首要任务之一。

中统三年，在中书省之外另设领中书左右部，管理财赋。至元元年，罢领中书左右部，并入中书省。至元三年（1266年），立制国用使司，管理财赋。至元七年，罢制国用使司，置尚书省总理财赋。置尚书省期间，六部及地方行省有时归尚书省管辖，朝廷政权转入尚书省，中书省建置还在，但省臣只是备员而已。

元朝政治体制中最具特色的是行中书省制，它是由金朝的行尚书省制发展演变而来。行省制的确立经历了两个阶段。中统元年，立十路宣抚司作为地方最高行政机构，又立燕京行中书省，总领汉地事务。中统三年前后，燕京行省并入中书省，与此同时，朝廷派中书省（都省）官员到地方行使中书省职权，设立了一些行省机构。这是第一个阶段，这时的行省属中央临时派出机构。后来鉴于以都省官员行某处省事偏于外重，于是在行省另设官员，不再以都省官兼职，行省由都省的临时派出机构逐渐演变为固定的地方最高行政机构。这是第二个阶段，时间大约在至元二十年（1283年）前后。

中书省直辖地区包括山东、山西、河北等地，称为腹里。腹里之外，全国分置十个行省：河南、江浙、江西、湖广、陕西、四川、辽阳、甘肃、岭北、云南。[①] 每省官员与都省相似。

省以下的行政区划依次为路、府、州、县，各设达鲁花赤一员，为最高长官，由蒙古人担任。另外，在边远地区，还设招讨司、安抚司、宣抚司等机构。

枢密院在地方的机构叫行枢密院，简称行院，是专为征伐设置的军

① 此外还有高丽行省，以高丽王兼领丞相。

务机构，“为一方一事而设”“事已则罢”。御史台（内台）在地方的机构叫行御史台，简称行台。忽必烈时期，先后设立江南行台（南台）、云南行台，成宗时将云南行台迁到陕西（西台）。

元朝的行省制取代了秦汉以来的郡县制，加强了中央集权，是中国古代政治制度及行政区划的一次重大变革。它创立了一种以行省为枢纽，以中央集权为主，辅以部分地方分权的新体制，使军事、财赋、监察三位一体，从而发挥为中央集权服务的作用。元朝设立行省，后世一直沿用。①

阿合马

在忽必烈一朝的中前期，有一个人物曾对朝廷政治发生过重大影响。

阿合马，花剌子模费纳客忒（现乌兹别克塔什干州西南）人。据说他早先投靠察必皇后的父亲按陈那颜，后来做了察必斡耳朵的侍臣。中统三年，忽必烈任他领中书左右部，兼诸路都转运使，委以财赋大权。至元元年，罢领中书左右部，并入中书省，又任他为中书省平章政事，进阶荣禄大夫。至元三年正月，立制国用使司，他以平章政事职衔兼领使职。

阿合马是一位经济专家，是继王文统之后第二位总理财政的宰相。做官以后，他迎合忽必烈“急于富国”的心理，兴办铁冶，铸造农器，易粟输官，又增加盐课，理算钱谷，很快就取得成效，赢得不少人称赞，忽必烈也觉得他是一位奇才。

此人虽理财有方，却以功绩成效自负，不守政治规则，而且取得的

① 参见李治安：《元代行省制的特点与历史作用》，《历史研究》1997 年第 5 期。

成效又是通过大肆搜刮民间而来，这就引起朝中汉法派对他的不满，经常指责他的一些做法。阿合马善于辩论，在同汉法派的争论中往往占上风，连史天泽这样的人也辩不过他。忽必烈见他懂经济，又能说会道，更是喜欢，“授以政柄，言无不从”。

阿合马渐渐霸道起来，觉得中书省碍手碍脚，领中书左右部后，他有事不经过省臣，直接奏请圣上。曾被王文统排挤出朝、后来又回朝的张文谦①，在一次廷臣会议上针对这件事发表意见，他说：分理财用，自古有这个理，而中书省不能过问，没这个道理。如果中书省不能过问，难道让天子亲自过问吗？②忽必烈听后，也只说此话有理，并无其他反应。

至元元年，廉希宪服丧履职期间，阿合马手下人发生内讧，互相攻击，忽必烈让中书省查问此事，可省臣们顾虑阿合马权势，不敢承办。廉希宪接手了此案，他刨根问底，穷追不舍，直到把事情查清楚后向忽必烈报告，为此阿合马挨了一顿廷杖。忽必烈罢领左右部，将它并入中书省。可阿合马入省后，又当上了平章政事，权力反倒更大了。显然，忽必烈不肯放弃阿合马，虽不愿因为他而伤了众多汉臣，但最终还是器重这位财政专家，反对者也无可奈何。

至元五年设立御史台，接着设立各道提刑按察司，朝廷整顿吏治，这对阿合马一伙人借手中权力发不义之财多有妨碍。阿合马心存不满，可又不能公开反对建台，只好强词夺理地说，朝廷事务责成诸路管理，钱谷的事交给转运司统辖，如今这样刁难约束，财赋上的事该怎么办呢？廉希宪说道，立御史台是自古传下来的制度，在朝廷可以弹劾奸邪，

---

① 中统元年，张文谦请求外出，任大名等路宣抚使。二年春回朝，复留居政府。
② 《元史·张文谦传》。

在地方可以视察非常，访贫问苦，增益国政，没有比这更重要的了，如果不立御史台，上下专横贪暴，事情怎么能够集中统一！这么一说，阿合马闭口不言。

阿合马及其支持者并未善罢甘休，就在设立御史台的同年，支持阿合马的官员秘密筹划成立尚书省，让阿合马领衔。这些人看出右丞相安童是一块绊脚石，企图先搬走这块石头。他们奏请圣上，请安童拜三公①，想借此架空丞相，夺取中书政权。忽必烈把事情批下来，让群臣议论。在廷臣会议上，商挺率先开口说："安童乃国家柱石，如果任三公，是委以虚名而夺实权，甚不可。"② 众人纷纷应和，结果事情就搁下了。通过这件事反映出汉法派的政治策略，极力维护安童的地位，利用右丞相牵制阿合马，防止他在朝中占尽优势。

翰林学士王磐向中书省提出，如今坑害民众的官吏，集中在转运司，以至税人白骨，应当罢去以缓解民力。宰执们采纳了王磐的建议，撤销各路转运司，阿合马的势力又被削去了一块。

从阿合马上台到尚书省成立，前后有八九年时间，这期间汉法派同阿合马之间的明争暗斗紧锣密鼓地展开了，双方互有胜负，谁也无法将对方势力压下去。汉法派在战术上颇有成效，几件事情上都扼制住了对方势力的增长，保住了自家阵营。可是他们没能阻止阿合马步步高升，权力越来越大，成为忽必烈身边的红人。至元七年正月，罢制国用使司，立尚书省，阿合马又出任平章尚书省事。（张易任同平章尚书省事，张惠、麦术丁任参知尚书省事。）

斗争还将继续，双方的火力越来越猛。

---

① 三公：太师、太傅、太保。皇上授予有勋之臣，其职有威望，无实权。

② 《元史·安童传》。

吕文焕困守襄阳

早在宋咸淳三年（至元四年，1267 年）八月，南宋边防报警，宋度宗赵禥诏谕吕文德严加戒备。十二月，又任吕文焕知襄阳府兼京西安抚副使。

咸淳四年（至元五年，1268 年）正月，吕文德报告，蒙古军准备在白河口、鹿门山等处修筑城堡。临安发文给知郢州翟贵、两淮都统张世杰，要他们小心防御。

蒙古图谋襄阳，南宋朝廷正是用人之际，内需谋臣，外需武将，宋度宗对稍有功劳的人就加官进爵，希望大家齐心合力抵御来犯，保住赵宋三百年基业。可奇怪的是，朝中大臣竟不愿意做官，而且互相仿效，一个接一个地提出辞官归田，让皇上好不伤心。度宗下诏责备那些辞官的大臣，话说得很伤感："近年来大臣无谓引去以为清高，勉留再三，不近反远，往往相尚，不知其非义也。一二大臣曾激流勇退以为众望，相踵至今。朕于诸大臣，并无亏负，此非高尚，使人怀疑负朕。"①

然而情况并未好转，辞官者对加官进爵不感兴趣，照样要求辞官。江万里要辞去参知政事，度宗不允，升他为左丞相，刚过了一个月，他再次提出辞职。参知政事常挺六次提出辞官。临安面临的问题不单单来自边防，更来自内部，所谓内忧重于外患。

肯为朝廷着想、要为朝廷效力的人不是没有，这些人要么受到排挤，要么受到冷落，他们的忠诚和智慧得不到掌权者的重视，也就心灰意懒，失去了进取之心。在度宗下诏责臣的两个月后，右正言黄镛进防务之策，他提出："如今守边急务，非兵农合一不可，一曰屯田，二曰民兵。川蜀

① 《宋史·度宗纪》。

以屯田为先，民兵次之；淮、襄以民兵为先，屯田次之，此是足食足兵的良策。”[①]可朝廷不报，说了也是白说。

几个月后，阿术、刘整领兵围困了襄樊。从战争一开始，蒙古就在战略战术上抢占上风，步步领先。而南宋在行动上表现得消极怠慢，从上到下似乎看不到局势的严重性，失去了防御的时机和主动地位，悲剧由此而生。

咸淳四年秋天，蒙古军在鹿门、白河筑堡之后，襄樊告急，守将吕文焕立即派人赴鄂州向吕文德报告。吕文德自信襄樊城坚兵足，十年八年没有问题，对前方的报警置之不理。十一月，吕文焕不见救援，只好率领襄阳守军出城袭击沿山诸寨，与蒙古军开战，结果被阿术打败，退回到城里。

不久忽必烈派史天泽和驸马忽剌出前往襄阳，加强前方军事指挥力量，同时调动各路兵马会集襄阳，据估计围困襄阳的蒙古军、汉军总数约达十万人[②]。史天泽到了襄阳，“相要害，立城堡，以绝其声援，为必取之计”[③]。襄樊形势更加严峻。

咸淳五年（至元六年，1269年）三月，阿术自白河出发，领兵围樊城。两淮都统张世杰率马步舟师救援樊城，与阿术战于赤滩圃，结果又被阿术打败。张世杰兵败赤滩圃，不仅没有受到处罚，反而得到皇上嘉奖。度宗急需用人，只要有人肯领兵作战，他就知足了。

七月，大雨滂沱，汉水暴涨，南宋沿江制置副使夏贵凭借水军优势，率兵五万、粮船三千艘从武昌逆流而上，入援襄阳，停泊在鹿门山西岸。

同行汉军都元帅府事赵璧在鹿门山设下埋伏，等待宋军的到来。入

---

① 《宋史·度宗纪》。

② 屠寄：《蒙兀儿史记·吕文焕传》。

③ 《元史·史天泽传》。

夜，夏贵乘夜色驾船朝襄阳移动，赵璧指挥伏兵策马奔出鹿门，急行二十多里阻击宋军，缴获五艘粮船。夏贵胆怯了，不敢再前进，受阻的宋军停止了行动。夏贵让船只分散开，在东岸林谷之间往来徘徊。阿术向将领们分析说，这只是虚张声势，不必理他，只需调遣水师在新堡一带埋伏。第二天，宋军果然又向西岸驶来，到达虎尾洲，企图控制江面。阿术率军攻击敌人的骑兵，赵璧率军攻击夏贵的水军，元军再次大败宋军。

虎尾洲一战，宋军损失惨重，丧失官兵两千人、战船五十艘。救援接连失败，临安政权想不出更好的办法，除了继续调兵遣将外，三番五次地给前线官兵送钱送官，激发军队的斗志。八月，度宗鉴于襄樊守军抵御蒙古，出钱二百万犒师，又让上报立功人员名单以备奖赏。十二月，以范文虎为殿前副都指挥使。

最焦虑不安的当属襄阳城内的吕文焕，眼看蒙古兵在南面的鹿门、北面的白河修筑城堡，逐步缩小对襄樊的包围，盼援军而援军进不来，想突围又突围不出去，城内储备虽然充足，但长此下去，势必影响士气，难免节外生枝。因此在援军一时进不来的情况下，不能固城死守，还是要想方设法突围出去。

咸淳六年（至元七年，1270 年）二月，吕文焕率领一万五千人、战船一百多艘从襄阳出发，突袭城西十里外的万山堡。驻扎在万山堡的蒙古军是张柔的第九子张弘范，他带领一千名士卒在这里守备。宋军突然到来，将领们担心寡不敌众，一致主张入城闭守，张弘范却说：“我与各位在此为了何事，敌军将至难道避而不战？敢言退者死！”[①] 弘范披甲上马，率领骑兵出阵，偏将李庭首当其冲。弘范下令：闻鼓声再前进，鼓

① 《元史 · 张弘范传》。

声不响谁也不许行动。

宋军迎面杀来，张弘范按兵不动，直到敌人往返多次，攻势减弱，这才下令击鼓。蒙古军闻鼓而出，偏将李庭单枪匹马冲入敌阵，刚杀死两人，手中的大枪折断，他调转枪杆再战，又将一名敌人刺下马来。李庭身负两处伤，他裹了裹伤口，从别人手中夺过一支枪继续厮杀，直到把敌人打退。①宋军战败，吕文焕的突围尝试又一次宣告破产。

就在吕文焕愁眉不展的时候，临安城内，度宗正为求不到清官而发愁，他叫近臣们推举廉吏予以提拔。三月，度宗下诏："吏以廉称，自古有之，今绝而不闻，令侍从、卿监、郎官，各举廉吏，破格提升。"②

实际上，在襄樊危急时刻，是否有廉吏并不重要，廉吏也绝非一朝一夕养成，廉吏的出现与国家政治清明紧密相关。朝廷腐败之时，也会有廉吏出现，但凭这些人的个人品德及办事才华根本无法扭转时局，即使有一两位忠臣、廉吏为朝廷分忧，甚至为国家殉难，该烂掉的依旧要烂掉，该结束的终归要结束。

摆在眼前的难题是如何解救襄阳，张士杰去了，失败了，夏贵去了，也失败了，要紧的是得再派一个人统领襄樊战事，力挽被动局面。

宋度宗下诏求廉的同时，元军在汉水中流筑起实心台，台基由五个石礅支撑，台上安置弩炮，用来攻击敌船。这是一个服务于阵地战的临时性措施，并非用于大规模的江上作战，而且就围城战而言，它主要用来阻击敌人的水路增援，具有防御性质。

刘整同阿术商量："我精兵突骑，无人可挡，只有水战不如宋军。若造战舰，习水军，夺其所长，事必成功。"③阿术派人请示朝廷，忽必烈批

---

① 《元史·李庭传》。
② 《宋史·度宗纪》。
③ 《元史·刘整传》。

准了这一建议。

刘整命人制造了五千艘战船，天天训练水军，下雨天不能实地练习，就在地上画船进行操练，共训练水师七万人。

如果说将襄樊作为军事突破口是一个战略转变的话，那么制造战舰、训练水军就是一个关键性的战术转变。这一转变改变了蒙古军多年来只善长骑射的传统战术，弥补了自身作战上的缺陷，削弱了敌人在水军方面的优势。蒙古水军的建立，不仅为攻克襄樊提供了必要的兵种条件，也为日后的渡江战役奠定了基础。

促成这一转变的人，又是这位南宋降将刘整。他处心积虑，决心要灭掉自己曾经为之效劳的南宋朝廷。

葛岭的主人

蒙古兵围襄阳，操练水军。南宋一再派人救援解围，结果一次次失败，损兵折将，狼狈而回。分析原因，既不在天时，也不在地利，而在于人不和。

贾似道，台州（今浙江临海市）人，宋制置使贾涉的儿子。贾似道少年落魄，游手好闲，以父荫补嘉兴司仓。后来姐姐入宫，受到理宗宠爱，升为贵妃。他通过贾贵妃的关系，进升太常丞、军器监。

入朝以后，他仗着有贵妃的呵护，行为毫不检点，整日游荡于妓人之家，到了晚上就在西湖行酒燕乐，彻夜不归。一天夜晚，理宗凭高瞭望，看见西湖上灯火辉煌，对左右侍臣说："这一定又是似道。"第二天一问，果然是他。理宗叫京尹史岩之去训诫他，史岩之说：似道虽有些少年习气，却是一个可大用之材。[①]贾似道不仅没有受到责罚，反而出知澧州（今湖南澧县）。

十年前，他从鄂州班师回朝，欺上瞒下，拘押蒙古使臣，骗得理宗信任，从此大权独揽，声盖朝野。蒙古占领了四川大部分地区后，南宋军粮供应日见窘迫，为解决粮饷不足和财政困难，他把手伸向了东南。

宋理宗景定四年（中统四年，1263 年），贾似道推行“公田法”，按官员品级规定占田限额，超出部分由朝廷收买，再作为公田出租。一年之内，这一买一租，朝廷共得田一千万亩，收入租米六百多万石，暂时缓解了粮食危机。

但在实行“公田法”过程中，地方官府不敢触及大地主豪绅的利益，为完成买田定额，就强迫中、小地主卖田，强迫农民交纳重租，结果“浙中大扰”“六郡之民，破家者多”[②]。各级衙门一味迎合朝廷买田政策，不顾民间水火，争相收购，“务以买田多为功”[③]，还从中作假，以租米六七斗虚报一石，邀功取利。

这一措施所产生的影响，除表面成功的效果外，埋伏下更深刻、更复杂的社会问题，这些问题加速激化了南宋末年政治与经济的矛盾、官与民的矛盾、地方与朝廷的矛盾，它们最终成为临安政权覆灭的社会原因。

面对激化了的社会矛盾，一些朝臣提出反对意见，要求停止实行“公田法”。贾似道上书辩解，并以辞职相威胁。理宗一再挽留，对他说：卿建议行公田时，朕曾阻止，说公田不可行。而今公私兼裕，一岁军饷，全仰于此，如果因人言就停止下来，虽足以快一时之议，对国家有何好处！

---

①②③ 《宋史・奸臣四》。

景定五年（至元元年，1264年），天文变异，理宗下诏罪己，求直言。一位名叫叶李的太学生上书弹劾贾似道专权，被似道安了一个罪名，发配去了漳州（今福建）。贾似道独断专行，排斥异己，手段十分险辣，弄得朝中无人再敢说似道的不是。

理宗死后，度宗继位。度宗对贾似道又宠又怕，称他为“师臣”“师相”，朝臣都叫他“周公”。皇上还授予他太师、平章军国重事，准许三日一朝，赴中书堂治事，又赐第西湖葛岭，让他住在那里颐养，政府官员每天抱着文书去到葛岭就署。当时就有人嘲讽说：“朝中无宰相，湖上有平章。”大小朝政往往取决于似道手下的馆客、堂吏，朝廷宰执不过充位纸尾。那些正直的人或被排挤，或被发贬，有的还被迫害致死，围在他身边的都是些只会阿谀奉承、助纣为虐的贪婪小人。

西湖之畔，葛岭之上，亭台楼阁，风花雪月，一些有姿色的宫女成了似道的侍妾，整日和他淫乐不休。葛岭看管森严，不许外人随便出入，也不许人窥望。一位妾女的哥哥来到葛岭，站在府门外想进又不敢进，被似道发现，叫人将他捆绑起来投进了火里。似道喜欢女人，不容他喜欢的女人对别人有丝毫好感，谁稍有动心，就会招来杀身之祸。一天，群妾簇拥着他在楼台上观赏湖景，见两位道士模样的男子乘小舟而来，到岸边弃舟登岸。二人手持羽扇，风度翩翩。一位妾女禁不住脱口称赞：美哉二少年！似道一听，对她说，你愿意跟着走，就让他们来聘你好了。妾女笑而不语。几天以后，他把群妾召集到一起，说刚为某妾受聘。他叫人捧上一个盒子，打开盒子让大家观看，群妾看到的正是那位妾女的人头，个个吓得浑身战栗。

贾似道身为宰相，执掌一朝军政要务，他却无心朝政，心思全放在一些无聊的事上，连身边的人都看不下去。一天他和群妾趴在地上斗蟋蟀，在场的客人忍不住开玩笑说，这也是军国重事吗？贾似道不问军国重事，也不许别人谈论前方战事。襄樊被围多日，度宗心里着急，问似道眼下情形如何，他信口回答说，蒙古军已退，皇上是听何人所言？度宗告诉他，刚听一位嫔妃说起。事后，他打听到那位嫔妃的姓名，诬告了一条罪状，将她弄死。从此以后，没人再敢提边防战事。

“满头青，都是假，这回来，不是耍。”①这是临安流传的一首童谣，说京城人妆饰都用假玉，以假喻贾，讽刺似道专权。而蒙古人这回来，就不是耍，是真刀真枪地干。南宋一些有识之士十分清楚蒙古人的来意，也预见到了南宋可能的命运，他们出谋划策，力图避免灭亡的命运。

度宗咸淳年间，襄樊危机日甚一日，江陵（今湖北江陵县）知府汪立信上书贾似道，提出了著名的“三策”。汪立信首先说道：“如今天下之势十去八九，而君臣宴安不以为忧。……酣歌深宫，啸傲湖山，玩岁贪日，缓急倒施，百姓郁怨非上。”他接着讲道：“今日之计，其策有三：内地不用多兵，应尽出江边，以充外御。算兵帐可得兵七十余万，老弱病残，十分去二，可选兵五十余万。而沿江防线，不过七千里，若百里一屯，屯有守将，十屯为府，府有总督，要害处加倍派兵，无事则泛舟长淮，往来遨游，有事则东西齐奋，战守并用，相互声援，相互接应。再选宗室亲王或忠臣良将作为统制，分东西二府，事得其人，此上策也；久拘信使，于我无益，反使敌人以为借口，请以礼遣还，答应输送岁币以缓师期，不出三二年，边事稍休，藩垣稍固，生兵日增，可战可守，此中策也；若二策不得行，则天败大宋，唯有备礼请愿，以待投降。”②

按照这位江陵知府的想法，首先是上下团结一心，积极抗战。据他统计，将内地军队抽调边防，可得兵七十多万，除去老弱病残，至少也

---

① 无名氏：《东南纪闻》卷一。

② 《宋史·汪立信传》；［元］刘一清：《钱塘遗事》卷四《紫原三策》。

有五十多万。长江防线有七千里江山，每百里设一屯，每十屯设一府，要害之处，派双倍兵力把守，平时战船遨游江面，往来巡逻，战时江头江尾东西呼应，齐心奋战，再于长江东西各设一府，派重臣坐镇，七千里江防兵足将广，首尾相应，长江据险而守，蒙古渡江又谈何容易；其次，朝廷拘留北朝信使，对宋朝没有任何益处，反而给蒙古兴兵提供了口实。不如以礼送还，每年向蒙古交纳银两，拖延战争日期，过二三年后，形势发生变化，军备增强，再作打算，即以缓兵之计，争取时间；最后，赵宋天下气数已尽，无可奈何，只有等待向蒙古伏拜称臣，或准备棺材，寿终正寝。

汪立信所说的上策，就当时的情况而言，已不大可能；其下策，又非一策，不过是大家想到而又不愿看到的结果；唯有中策，似乎可行。然而，采取妥协周旋、以退为进的策略，听起来高明，遗憾的是为时已晚，强大的敌人已不再斤斤计较当年的鄂州之约，他们要的比那更多。更令人遗憾的是，汪立信苦心谋划，冒死上言，竟惹恼了贾似道。似道见书大怒，跺着脚骂道："瞎贼胆敢口出狂言！"随即罢了汪立信的官职。汪立信患有眼疾，虽苦心一片，到了挨了一顿辱骂，还丢了官。

贾似道飞扬跋扈，自作主张，重用的人都是些贪功怕死之辈。吕文德守襄阳时，贪图宝物，接受蒙古贿赂，使对方轻易地在樊城开设货场，在鹿门山修筑土墙，建立起军事据点。襄阳被围，吕文焕派人求援，他置之不理，贻误战机，使蒙古迅速合兵围城。不久，吕文德病故，据说临死前有所悔悟，承认自己犯了"误朝廷"的错误。他的弟弟吕文焕继任襄阳守将。

襄阳有难，临安朝中议论纷纷，不少人认为高达是救援襄阳的最佳人选。监察御史李旺率群臣向贾似道举荐高达，似道反问说：我用高达，那吕氏怎么办？李旺叹息道：吕氏安则赵氏危矣！吕文焕在襄阳听说高达要来救援，也不高兴，恐怕功劳让别人抢去，便同门客商量对策。门客出主意说，这事容易，朝廷见襄阳危急，所以才派高达来，如果我们向朝廷报捷，说打退了蒙古军，不需要再派援军，这样高达也就来不了。这时正赶上襄阳守军出城突围，俘虏了几名蒙古哨兵，吕文焕乘机上奏朝廷，报告襄阳大捷。其实临安根本没有同意让高达带兵，吕文焕自编自演了一出滑稽戏。

范文虎是吕文德的女婿，夏贵入援失败后，朝廷准备派李庭芝率军援襄。范文虎闻讯，急忙给贾似道写信说，我领兵数万入襄，一战可平，只是不要让我听李庭芝指挥，得胜之后功劳全记在您身上。似道很高兴，命他暗中牵制李庭芝。这以后，范文虎不问军事，“日携美妾，走马击球军中为乐”。李庭芝一再要求进兵，范文虎以没有接到命令为由，拒不出兵。这位援襄主帅为了自己一点点私利，阻挠救援，无异给受围军民火上浇油。有如此将军，南宋焉能不亡！

到咸淳六年六月，襄阳已被围两年，进不得进，出不得出。作为朝廷首脑，贾似道自知推卸不掉责任，屡次向皇上递呈，借口有病请求解除他的职务。度宗好言相劝，坚持让他留任，又准许他六日一朝，后来竟改为十日一朝。各省部衙门也联名上书，纷纷挽留贾丞相，一时搞得朝中乱乱哄哄。贾似道半真半假，也上演了一出闹剧。有如此宰相，南宋又焉能不亡！

九十月间，殿前副都指挥使范文虎率两千艘战船救援襄阳，与阿术、刘整战于襄阳以东的灌子滩。范文虎临阵畏敌，驾驶轻舟逃跑，宋军大乱，许多士卒掉进汉水淹死。而蒙古军越战越勇，水军万户帖木儿不花一人就杀死四十多人。灌子滩一战，宋军损失一千多人、三十艘战船。

灌子滩战斗后，张弘范向史天泽、阿术等人建议：国家攻取襄阳，为长远之计，重人命而待其自毙。可是，夏贵乘江涨送衣粮入城，我师却坐视不管，南边江陵等地，商贩行旅络绎不绝，这哪有自毙之时！应当起城万山，断其西路，竖栅灌子滩，绝其东路，这才是速毙之道。[①]主帅们采纳了这一建议，命令军队修城竖栅，切断襄樊东西援道，又派兵驻守江面，阻绝了由南向北的水路。元军的行动越来越积极，襄樊的局势也越来越紧张。

冬天，蒙古完成了对襄阳的战役包围，时间是咸淳六年，也就是至元七年。至此襄阳得救的希望已不复存在。

---

① 《元史·张弘范传》。

第五章

建立国号，一代王朝诞生

忽必烈雄心勃勃，视四海一家。他希望统一事业名正言顺，再次接受汉臣意见，建立国号，竖起“大元”的旗帜。在附会汉法的道路上，忽必烈越走越远。

新王朝前夜

至元七年（1270 年）这一年，本书涉及的几位重要人物都有事情值得提及，不该把它们漏掉。

襄樊战事频急，蒙古军费开支骤然增加，忽必烈考虑成立一个新的级别更高的机构取代制国用使司，统一管理财赋。正月，成立尚书省，阿合马任平章尚书省事，主要官员有张易、张惠、麦术丁等人。为协调中书、尚书两省的关系，忽必烈特意吩咐两省宰执们，凡选拔各级官吏，由吏部拟定资品，报尚书省，再由尚书省报中书省，最后上奏给他。

这样一来中央政府机构发生了重大变动，在原本相互垂直领导的中书与六部之间，安插了一个新机构，分解了一直由中书省统辖的朝廷政务。随之而来的，便是中央权力分配上的重大调整，中央权力开始向阿合马一方倾斜，埋伏下了架空中书省的客观因素。中书右丞相安童意识到这种危险的存在，在尚书省成立之初，他就请示忽必烈，今后各衙门包括尚书省有事奏闻圣上，须按照过去做法先经过中书省，一切军国大事必须经中书议定后，才可呈奏。忽必烈答应了这一请求。

阿合马的政治地位在数年之间迅速上升，由一名后宫侍臣成为一朝宰相。尚书省的成立，为他行使手中权力提供了更加广阔的领域，同时也为他提供了更多的机会了解朝廷机密和接近忽必烈。这对他非常重要，阿合马是一个聪明人，善于抓住这些机会，知道如何充分地利用它们。

如果认为阿合马的兴趣仅仅限于枯燥的统计数字的话，那就大错特错了。他不是那种埋头于案牍、精通具体事务的纯技术专家。他的胃口很大，既追求财富，喜欢珠宝和美女，又追求权力，喜欢高高在上，晓得没有权力就没有一切，有了权力就拥有一切。上任以后他的精力并未全部用在财务方面，时刻注视着安童手里的政务大权。这位从遥远的西域来的色目人，手下有一批办事人员，大多是与他关系密切的同乡、朋友或亲属，他们围在他的身边，组成了一个特殊的小集团。阿合马依靠这些人很快改变了从前一贯的政治秩序，他们故伎重演，插手各部职责，有事不报中书，直接奏白圣上，公开地将中书省撇在了一边。

尚书省的动向，引起安童和汉法派大臣的警觉。四月，安童奏道，臣进言尚书省、枢密院、御史台，应各按常规奏事，大政方针，经中书省臣议定，然后上闻，这已有旨准可，如今尚书省一切直接奏闻，似违前旨。忽必烈说，难道阿合马因朕信任他，胆敢如此专权吗，他不同你商议是不对的，当照你说的去做。安童又奏，阿合马所用各部官员，左丞许衡认为多不适用，但已经得旨宣布，如果停止不办，日后恐有闲言碎语，不妨先试用，日久自见分晓。忽必烈点了点头。

关于用人方面的事情，从尚书省一成立，安童等人就与阿合马发生了争执。安童状告他举用私人，忽必烈下令责问。阿合马在忽必烈面前说，事无大小，都委任给臣了，所用之人，应当由臣自己选择。安童知道大汗器重阿合马，担心人事大权落到他的手上，便接过话来说，从今往后唯重刑及选上路[①]总管交付中书省，其余的事一并交付尚书省，各事体明白。忽必烈表示同意。

许衡对阿合马的为人极其反感，许多大臣见阿合马得宠，对他十分敬重，许衡却不以为然，在一起议事时，也从不对他迁就让步。阿合马想让儿子忽辛进枢密院供职，许衡坚决反对，说国家大权兵民财三者而已，如今父亲管民与财，儿子又领兵，不可。忽必烈问他，你是顾虑阿合马反吗？许衡回答说，他虽不反，但这是反道，自古奸邪之人，没有不如此的。忽必烈把这些话告诉了阿合马。他质问许衡，公为何说我反？许衡反问道，前世谋反者皆由权重，你若真不反，为何照此道而行呢？阿合马避而不答，话锋一转又说，公才是真反呐，人所嗜好的，无非势力、爵禄、声色，公一切不好，只想得人心，不反又要怎样？许衡辩不过他，只好说果真像你讲的那样，我也无话可说。[②]

阿合马记恨在心，竭力推举许衡任中书宰执，只要许衡进入中书，就有机会寻事中伤，让老家伙尝尝厉害。果然，立尚书省的同时，许衡接到任命，拜中书左丞。大概这位老学究预感到前途叵测，与其在政治旋流中沉浮，不如抽身事外，去做自己的学问，于是他向忽必烈提出辞职。

许衡的理由既委婉又带刺：臣是一介书生，又非勋非故，急促上任不足以服内外百官；臣无德无才，不能办陛下交代的事；臣的学问迂远，与陛下的圣谋神算不尽吻合。他还说，陛下对臣了解不深，臣以虚名误

① 上路，行省属下户口多的或地处要害的路为上路，设达鲁花赤和总管各一员，正三品。
② 《考岁略》，见《元朝名臣事略》。下同。

蒙任用，如不量力，不用多久定会后悔不已。听了许衡的理由，忽必烈却说，此事出于朕意，你不要再推让了。可老学究天性固执，不顾圣上烦恼再三恳求，忽必烈只好命令左右把他架出去。侍卫走到许衡跟前说，有旨让先生出去。许衡刚走到门口，又返回来奏道，陛下令臣出去，是让臣出省吧？忽必烈被逗乐了，笑着说道，朕是让你出殿门！

过后许衡又接连几天请求辞职，忽必烈照样不准。五月，他随省官由中都去上都，有人担心他被阿合马加害，提醒他说先生夜晚入寝，毫无防备，若遇不测，该如何是好？许衡不介意地说，圣上在此，谁敢无礼，若真有不测，那也是命定，人生不该如此计较。

一年后许衡改任集贤大学士兼国子祭酒，忽必烈挑选蒙古子弟交他培养。这下老学究高兴了，得意地说这才是我该办的事，蒙古子弟质朴未散，视听专一，涵养三数年，必成大用。此后他专心教育，成绩卓著，中都城内的国子监就同许衡的名字分不开了。

阿合马并非只逞口舌之厉，必要时他下手狠毒，绝不手软。洛阳人秦长卿在禁中任宿卫，见阿合马掌尚书省后一味专权霸道，排斥忠良，心里愤愤不平，向圣上弹劾阿合马。长卿在弹劾中说：“臣虽愚钝鲁莽，却能识别阿合马，他为政擅自杀人，人人怕他，所以不敢进言，但怨毒已深。看他排斥异己，杜绝言路，私蓄官财，野心勃勃，其情似秦赵高，其事似汉董卓，鉴他尚未成大气候，请圣上诛之为便。”① 忽必烈当然不会杀阿合马，招来杀身之祸的倒是秦长卿。长卿被调往河北办理铁冶，不久受人诬告被逮捕下狱，还被抄没了家产。

由侍御史调任兵部尚书的张雄飞，听说阿合马要杀秦长卿，便极力阻止，坚持不杀。阿合马通过手下人向张雄飞许愿，如能杀此人，当以

① 《元史·秦长卿传》。

参政相处。阿合马不惜以中书宰执职位，贿赂朝官，报一己之仇。可对方的回答却令他十分懊恼，雄飞拒绝说，杀无辜以求大官，我不干。

在张雄飞身上碰了钉子，阿合马便指使狱卒秘密杀害秦长卿。在牢里狱卒用浸过水的纸蒙住秦长卿口鼻，将他活活闷死。后来阿合马被人谋杀，忽必烈追加他的罪，汉法派扬眉吐气，可秦长卿一案始终未能昭雪。秦长卿的侄子秦山甫，听说长卿入狱，当日弃官而去。秦长卿只是诸多反对阿合马人中的一个，也是诸多遭迫害致死的人之一，他身处政治中心，眼见权臣专政，凭气节论事，见义勇为，可惜身陷囹圄，惨死狱中。长卿虽官位不高，但冤而不平，令人哀惋。

至元四年（1267 年）以后，廉希宪由中书省平章政事降为左丞，立尚书省这年秋天，他又在左丞任上被罢免。

事情起因于中都大狱里的一名囚犯。西域人匿赞马丁过去在官府做官，积累了不少财产，后被仇家告状，下了大狱。这年忽必烈下诏，释放关在中都狱中的囚犯。中书省官员依惯例签判公署，廉希宪身为宰执，本应在堂判上签字，由于他有事告假，没有参与此事。堂判下来，所有囚犯获释出狱。这本是一件奉旨例行的公差，其中并无私人恩怨。可谁也没有料到，匿赞马丁的仇家见他被释放，心里不服。秋天忽必烈从上都返回中都，仇家把这件事捅到了忽必烈那里，请圣上主持公道。忽必烈不问青红皂白，将留守的宰执们叫来斥问。对此廉希宪大可坦然处之，甚至袖手旁观，可他不愿眼睁睁看着同僚因为此事受到惩罚，唯独自己幸免，于是叫人取来堂判补上了自己的名字。

在忽必烈面前，廉希宪拿出释放囚犯的诏书作证，替自己和同僚辩护。没想到忽必烈开口斥问：有诏书释囚，哪有诏书释放匿赞马丁呢？廉希宪随口顶撞了一句：臣也未见有诏不让释放匿赞马丁。忽必烈火了：你们号称读书，如此办事，该当何罪？廉希宪也不退让：臣等身为宰相，有罪就罢免好了！这下忽必烈没了台阶，气哼哼地说：那就依你所言！当日，廉希宪和左丞相耶律铸一道被免职。[1]

这件事与其说忽必烈以上压下，倒不如说做臣子的刺伤了他的自尊心。忽必烈虽然能容忍，毕竟要维护最高权力者的尊严，即便那只是一种虚荣。

忽必烈喜欢这位臣子，欣赏他的果敢和机敏，也没有忘记他的功劳，事后如果他主动认个错，说几句能让忽必烈有面子的话，他会很快重新得到重用，因为忽必烈的确需要他。令人失望的是，廉希宪没有任何表示，罢官后闲居在家，逍遥岁月，这是典型的文人清高，甚至是一种逆上为傲的心理。忽必烈即使欣赏他的清高，也绝不会欣赏他的这种态度，它让忽必烈感觉自己受到了臣子的轻蔑。

一天，忽必烈向侍臣询问廉希宪近况，侍臣回答说在家读书，忽必烈叹道：读书固朕所教，而读不肯用，多读又有何用。忽必烈的意思正是怪他罢官后不求上进。阿合马一旁插话：希宪整日与妻子宴乐呐！忽必烈脸一沉：希宪清贫，哪有钱设宴！

听说廉希宪生病，忽必烈派三名御医到他家里诊治。御医告诉家人，治这种病需要用砂糖作引，可时下砂糖最难得。家人四处打听求索，最后从阿合马家搞到了二斤。廉希宪一听砂糖的来历，将东西扔到地上，死活不肯用。忽必烈知道后，把砂糖作为赐品赏给了他，问题这才解决。

这次罢官时间最长，廉希宪在家待了四年有余，直到至元十一年（1274年）才复起。

就在廉希宪被免职的同时，真金奉旨去称海（今蒙古哈腊乌斯湖南）抚军。

---

① 《元史·廉希宪传》，《元朝名臣事略》，又《元史·世祖纪》记此事为是年正月。

结婚以后，阔阔真连生三子，给汗室增添了新成员，也给小家庭注入了新鲜活力。她对公婆很孝顺，对丈夫照顾得也很周到。她是位细心的蒙古女子，当年忽必烈遇到她时，她曾用这种细心维护过自己女儿家的名声，如今从姑娘变成媳妇，又做了皇子妃，这种细心就转移到了新角色上来。皇后如厕，她拿纸在自己脸上揉搓，让纸变得柔软，供皇后方便。真金生病卧床，她担心湿气侵入，取出平时不用的金丝褥铺在床下。为此她受到了忽必烈的责备，忽必烈更乐意她勤俭持家，不喜欢她表现出丝毫奢华的样子，哪怕这种样子仅仅是出于对丈夫的体贴和爱护。

真金的婚姻生活是美满的，但对他来说更重要的是进入朝政，尽快熟悉政治上的那套规则和技巧，父汗辛苦打下来的基业将来要靠他继承。朝中汉法派大臣也把希望寄托在他身上，像拥戴安童一样拥戴他，希望他早日登太子位，在此之前，他们只有鼓励他多参与朝政。至元元年（1264 年），刘秉忠、王鹗、张文谦、商挺奏：燕王真金既署相衔，应在省中别置幕位，每月一再至，判署朝政。① 真金初入中书时，乳娘赵氏拿出新衣服叫他换上，他笑着推却说，我有何事要美观呀！

忽必烈把真金托付给了王恂，让他负起教导和看护的责任。王恂不离真金左右，常把三纲五常、历代兴亡治乱的道理讲给他听。王恂是刘秉忠的学生，也是汉法派成员，平日与真金接触最多，有机会向他灌输汉法派的政治理想及施政纲领。他比真金大九岁，是对年轻皇子影响最深的一个人。

真金曾向王恂请教做人的道理，王恂谈起正心的重要性，他引用许衡的话说，人心如印版，只要版本不差，即使摹印千万张纸都不会差，

---

① 《元史·世祖纪》。

而版本一差，摹之于纸，则无不差。[1]王恂精通算学，与郭守敬同以计算闻名朝中，有一次他向好奇的真金聊起算数，说算数是六艺之一，定国家，安人民，乃大事也。后来王恂同许衡、郭守敬等人一道测算历法，制定了“授时历”。

这次去称海抚军，伯颜、王恂一路随行。真金听王恂讲做人的道理感受颇深，知道心对于人是个根本性存在，可人心又叫人永远也琢磨不透。虽然他已经有了某些体会，但还需要不断地深化，可能的话，他希望别人能够帮助他证明一些东西。

在边地，一天闲来无事，他把宗王、大将召到一起，想听听这些人是如何理解他特别感兴趣的那个问题。他让他们一个个说，撒里蛮首先开口：“太祖有训：欲治身，先治心；欲责人，先责己。”伯颜接着说道：“皇上有训：欺罔盗窃，人之大恶。一旦欺罔，后虽出善言，人终不信；一旦盗窃，事虽未察觉，心常惴惴，如捕者将至。”最后札剌忽开口说：“我祖有训：长者为梢，深者为底。这是说贵有终始，长必极其杪，深必究其底，不可中断也。”

不知几位什么时候、在何种场合听来的这些深刻道理，也不知他们是否真的明白，无论怎样都说出了一套，想必对真金会有所启发。众人说完，真金才讲道：“皇上有训：勿持大心，大心一持，事必坠败。我观孔子之语，正与圣训所合。”[2]在场的王恂听到这番话一定非常高兴，真金以儒家中庸之说阐释心灵的境界，的确比众人高出一筹。

真金的思想开始成熟了，他在儒学领域越走越远，儒学的思想光泽照耀着他的精神世界，引导着他的灵魂之旅，他沐浴在光泽中感受到一

① 《元史・王恂传》。
② 《元史・裕宗传》。

种在草原上从未感受过的快乐。也许，在理解儒家传统方面，真金会赶上父汗，会把那些在他眼里看上去混沌无知的蒙古贵族子弟远远地抛在后面。

然而儒学的熏陶也塑造了他性格的另一面，他喜欢思考政治，却不热心政务，而且对忽必烈不敢有半点忤逆。在他从中原汉人那里得到某些东西的同时，是否也失去了大草原和祖辈们曾经给予过他的东西呢，它们哪一个更有价值，更适合他呢？他所信奉的原则、方式是否就是父汗要求他的，父汗对此满意吗？在“黄金家族”内部，谁都知道忽必烈最喜欢接近汉人，做了他们的头领，他们对他很尊敬，也很惧怕，可父汗真的相信汉人那一套，真的想让子孙后代学汉人模样整日里摇头晃脑地念书，忘记该如何骑马弯弓、如何冲杀掠地吗？如果真金深入地思考这些问题，他的命运很可能会改变。

当真金从称海回朝时，已是飞雪的冬天。年底[①]，又有一位大臣奉诏离朝，他旅途所经不是戈壁荒漠，而是茫茫大海，这就是赵良弼出使日本。

蒙古成立汗国后，除征西域、平西夏、战女真外，兵锋还指向海上的高丽国。成吉思汗时期，蒙古借口剿灭契丹叛军进入高丽，联合高丽军击败了契丹人，蒙古与高丽结盟称兄弟。此后双方关系似近而远，彼此多有战事，直到窝阔台晚期，高丽才向蒙古称臣，国王遣世子入朝。忽必烈时期，高丽基本上成为蒙元的一个附属地方，国王由蒙元朝廷任命，高丽有内乱也求救于蒙元朝廷，忽必烈还将公主下嫁高丽世子。高丽与中国的交往源远流长，深受华夏文明影响，元朝时来中国的高丽人也相当多，不少人精通汉学，具有深厚的汉文化修养。郝经有一首诗，

---

① 至元七年十二月，按公历计算应为 1271 年初。

描述了当时高丽与中国之间的这种关系："高丽立国千余年，跨山连海东北偏。文物制度慕汉唐，衣冠礼乐如中原。"[①]

蒙元对于高丽，出于两种目的，首先是贪婪财富，要求高丽每年进贡，贵由及蒙哥时期，蒙古就因"岁贡不入"，先后四次发兵高丽，烧杀抢掠；其次是借高丽的地理、兵源、供饷征讨日本。赵良弼离朝的同时，忽必烈诏谕高丽国王，让他派人护送，一定要送到，并命令他，使臣所需粮饷、交通，要就近供给，不得有误。[②]

这次出使日本，意在与对方沟通，显示蒙元之威，让这个区区岛国主动臣服，照例贡奉。赵良弼以秘书监职衔充国信使，于次年秋天抵达日本。到达日本后，国信使被日本兵困在太宰府，不准入都觐见，日本官员几次要赵良弼交出国书，甚至以集结军队相威胁。赵良弼见不到日本国王不肯交出国书，为避免形势激化，他抄录了一份国书副本交给了日方。在以后的日子里，无论怎样周旋，日本人坚持不让进京都，并派人遣送信使回国。赵良弼没有见到日本国君，也没有得到日方政府的任何答复，等于没有完成圣上交付的使命，回朝后怎么交代呢？国信使动了个心眼，他将十二名随行的日本人充作使者，把他们带回了中都。

赵良弼回朝后不久，忽必烈又派他出使日本，国信使仍被困在太宰府，再次无功而返。忽必烈低估了这个区区岛国，对方的态度激怒了他，尽管赵良弼劝他说"其地多山水，无耕桑之利，得人不可役，得地不加富。况且舟师渡海，海风无期，祸害莫测"[③]。忽必烈仍然耿耿于怀，加紧筹备对日本用兵。

这年，忽必烈任伯颜同知枢密院事，让他掌兵权。伯颜，蒙古八邻

---

① 《高丽叹》，见《郝文忠公陵川文集》卷十。

② 《元史·外夷一》。

③ 《元史·赵良弼传》。

部人，父亲跟旭烈兀征西域，他在西域长大。至元初年，伯颜奉旭烈兀之命东来朝见忽必烈。[1]忽必烈见他相貌伟岸，言谈冷峻，就把他留了下来，又将安童的妹妹许给他。忽必烈对安童说，做伯颜的媳妇，可不给你家丢脸哪！至元二年（1265年），安童出任右丞相，伯颜任左丞相。五年后的今天，他又迁同知枢密院事，前后不几年工夫，伯颜就成为朝中数一数二的角色。

就官位而论，董文炳在朝中只是个二流角色，但他曾领朝廷的侍卫亲军，自然也是一个人物。平定李璮之乱、后又镇守山东，文炳功劳不小。忽必烈疏远汉臣，唯独重用董文炳，让他接收史天泽的两万户出任邓州光化行军万户、河南等路统军副使。上年，至元六年（1269年）六月，忽必烈命他率两万两千人南征，配合襄樊战事。转过年来，又改山东路统军副使，治沂州（今山东临沂市），守备南北边境，随时准备接到命令发兵南下。在临安君臣眼中，西边阿术攻打襄阳正急，北方董文炳一军虎视眈眈，这一西一北两员蒙古虎将，着实让他们胆战心惊。

同是这年，受命督战襄阳的史天泽病倒了，被人送回中都。这位叱咤风云一生的四朝老臣，已年近古稀，时间对他来说，已经是一种奢侈品。两年前，张柔死了，是在忽必烈授命他监修中都宫城的第二年死的，活了七十九岁。天泽不会忘记，自己年轻时兄长史天倪被武仙杀害，是张柔帮助他打败了武仙，那时他才二十四岁。老军阀张柔一辈子杀人无数，那张脸也因多次负伤而变得丑陋恐怖，中年以后悔恨自己血债累累，枉杀无辜，告诫部下除非打仗，誓不杀人。天泽一生也杀人无数，到晚

---

① 阿里不哥投降后，忽必烈派人赴西域通知旭烈兀，邀请他共同商议如何处置他们的弟弟，旭烈兀立即遣使入朝回话。据说旭烈兀的使臣约请当时正滞留在西域的马可·波罗的父亲和叔叔一同入朝，于是兄弟二人第一次来到中国。至元初年，伯颜奉旭烈兀之命入朝，可能与此是一回事，时间也大体一致，就是说，伯颜是带领意大利人入朝的使臣之一。

年似乎也有悔意。人老了，不愿再争强斗狠，对名利、仇恨、贵贱那一套看得淡了，经历得太多，心也累了。可是人老而心始善，就能抵偿以往的罪孽吗？

史天泽病后第二年，向忽必烈告老，不允。忽必烈授他平章军国重事、开府仪同三司，又通过安童转告他说，今后两省、院、台，或一月或一旬，遇大事卿可商量，小事就不烦你了。史天泽的地位和荣誉已经很高了，虽然年迈有病，忽必烈仍不肯放弃他。

至元七年是元初政治进入新的历史时期的前夜，一个以“大元”为国号的封建王朝即将正式建立，中国千百年的帝制政治舞台上，一个崭新的、极具特色的角色就要登场了。它扬鞭狂舞，傲视群雄，给中华大地吹来一股清新而又寒冷的北风。《红楼梦》作者那句“乱哄哄，你方唱罢我登场”，用来形容历史沧桑和人生无定，真是再贴切不过了。

国号“大元”

至元八年（1271 年）春天，云南发生一起谋杀皇子的事件，惊动了蒙古朝野。

云南，这个地处西南边疆的省份，居民构成十分复杂，部落民族杂居一处，风俗不同，生业各一，但有一点在汉人眼中看来是相同的，他们不懂礼仪，不讲伦理。忽必烈平大理后，这一地区与中原统一，纳入了中华版图。朝廷施行“因俗而治”的政策，任当地有威望的家族为政务官，管理民事，同时另设军事机构都元帅府，由朝廷命官统领军队。

在至元四年秋天，忽必烈封第五子忽哥赤为云南王，镇守大理，加强对边远少数民族地区的控制。大理都元帅宝合丁手握兵权，不可一世，一直想要独霸地方，云南王的到来，使他的愿望受到严重挫折，这位皇子成为横在他面前的一块难以逾越的巨石。他和手下人密谋搬掉这块石头，他们耐心地等待时机的出现。

三四年过去，看准时机成熟，他们动手了。行动看上去非常简单：设一席酒宴，请云南王赴宴，暗中在酒里下毒。当然他们不会想不到，如果事情败露会招来什么样的后果，作为计划的一部分，他们贿赂了云南王身边的官员，得到了他们保守秘密的承诺。而作为被邀请的赴宴者，显然对这次阴谋一无所知，他贵为皇子，怎么会料到自己的同僚又是属下敢对自己下手呢。

“天高皇帝远”，这是中国人常用的一句习语，是许多政府官员为他们采取某种行为使用的一种措辞。它几乎被理解成规则之外的一项规则，或者说，它在远离朝廷的地区已经成为普遍的权宜之计的依据。这句习语也成为阴谋的催化剂，它鼓励违法行为的产生，又给阴谋家心理上些许的宽慰。大理都元帅及其支持者，这次用行动形象地诠释了这句习语复杂而隐约的含义，一位皇子却成了该诠释的牺牲品。

张立道是因揭发这次阴谋而为朝廷立功的一个普通官员。他原任职西夏，忽哥赤被封云南王，他被派往云南任王府文学，因建议云南王实行务农厚民政策，改署大理等处劝农官，后出使安南定岁贡之礼。他是在云南王如期赴约后来到都元帅府的，当时他大概已经获悉此次宴请的真实动机，所以匆忙赶到。

他提出进府见云南王，遭到都元帅府守卫的拒绝，双方愤怒地争吵起来。云南王听到外面的吵闹声，命人召他进府，他这才摆脱守卫的纠缠，进府见到了云南王。此时云南王已经饮下毒酒，不能讲话，痛苦地将张立道的手放进自己嘴里，示意发生了什么。张立道感觉出那嘴里的肉已经腐烂。当晚，云南王毒发身亡。

计划成功了，宝合丁如愿以偿地坐上了王位，还从王妃手里拿到王印，他会向上天祷告，愿天保佑他永远坐在这个位置上。张立道却没有罢休，他要为云南王报仇，要让政变者付出代价。复仇计划的第一步是建立一个行动组织，这个组织共十三名成员，首领是张立道。十三名义士聚在一起饮血盟誓，共讨叛贼，并推举出一人去京城报信。

后面的行动无从知晓，计划意外地被暴露了，宝合丁迅速派人将张立道等人逮捕入狱。张立道被捕，促使另一个人卷入了此次事件。与张立道是同族兄弟的张忠见族弟被关押，想必凶多吉少，他联络了几名身体强壮、武艺高强的人，夜间潜入狱牢救出族弟和其他被关押的义士。这回他们成了罪犯，在尚未惊动都元帅府之前唯一的出路就是赶快离开，这些人选择了向北逃亡，进入吐蕃境地。

中书省接到报信人带来的消息，立即拟定出准备派往云南办案的官员名单。忽必烈对他们不大满意，最后选中了由完泽的父亲线真举荐的博罗欢。忽必烈还特意委派吏部尚书别帖木儿作为助手，让报信人带路一同赶赴云南。

临近云南时，博罗欢等人碰巧遇上逃亡中的张立道、张忠兄弟，逃亡者随同朝廷大臣一起返回王府。宝合丁听说朝廷来人，思忖来者不善，准备了重金厚礼在半道迎候，希望来人能网开一面，不要过分追查此案。博罗欢考虑到谋杀者重兵在握，如果断然拒绝可能会引发更严重的事情，便向对方说道，这么多金子如何拿得，你先带回去，待我去取。博罗欢一到王府，立即将宝合丁及亲信以及云南王府接受贿赂的大小官员全部逮捕，将他们就地处决。

任务完成得干净利落，没有给谋杀者提供任何反抗的机会，忽必烈非常满意线真举荐的人选。受到嘉奖的人除博罗欢外，还有张立道、张忠，他们应召入朝向圣上讲述政变发生时的情况。当听到儿子被害经过时，忽必烈哭了，他对他们说，你们为我家事吃苦了，今后打算在朕身边还是侍奉燕王真金，或是去安西王府，听你们的。张立道等人表示愿意侍奉陛下，忽必烈赐给张立道五十两黄金，又按功劳大小分别封官授职。[①]

两年后，回族人赛典赤·赡思丁以中书省平章政事职衔行省云南，总领云南政务。

至元八年五月，鉴于围城成功，忽必烈命令各路兵马同时行动，牵制各地宋军，防止他们增援襄阳，造成对围城战役的威胁。忽必烈旨令：赛典赤、郑鼎水路并进直趋嘉定；汪良臣、彭天祥出重庆；札剌不花出泸州；曲立吉思出汝州（今河南汝州市）[②]。这一部署扼制住了长江上游宋军顺江东下的趋势，保证了中游战事顺利进行。

忽必烈在部署前方作战计划的同时，正考虑着另一件大事。根据刘秉忠的奏请，他决定建国号“大元”。这一取自《易经》中“乾元”之义的称号，标志着中国历史翻开了新的一页。

十一月，颁布建国号诏。诏曰：

> 诞膺景命，奄四海以宅尊；必有美名，绍百王而纪统。肇从隆古，匪独我家。且唐之为言荡也，尧以之而著称；虞之为言乐也，舜因之而作号。驯至禹兴而汤造，互名夏大以殷中。世降以还，事殊非古。虽乘时而有国，不以义而制称。为秦为汉者，著从初起之地名；曰隋曰唐者，因即所封之爵邑。是皆徇百姓见闻之狃习，要一时经制之权宜，概以至公，不无少贬。

---

① 《元史·张立道传》《元史·博罗欢传》。

② 一说曲立吉思出涪州（今四川涪陵），见陈世松：《蒙古定蜀史稿》，页97注。

我太祖圣武皇帝，握乾符而起朔土，以神武而膺帝图，四震天声，大恢土宇，舆图之广，历古所无。顷者，耆宿诣庭，奏章申请，谓既成于大业，宜早定于鸿名。在古制以当然，于朕心乎何有。可建国号曰大元，盖取《易经》“乾元”之义。兹大冶流形于庶品，孰名资始之功；予一人底宁于万邦，尤切体仁之要。事从因革，道协天人。于戏！称义而名，固匪为之溢美；孚休惟永，尚不负于投艰。嘉与敷天，共隆大号。[①]

大意：朕根据古制和老臣们奏请，取《易经》“乾元”之意，建国号大元。

中国进入元朝时期。临安朝廷虽然存在，但已苟延残喘，步履蹒跚地走向它的终点，那轮曾经照耀赵氏天下三百多年的红日，如今夕阳残照，就要从人们的视野中消逝。当它再次升起，重新照耀中华大地时，已是江山易主、四海一家了，中国又成为一个多民族统一的东方大帝国。

次年二月，改中都为大都，建中书省署于大都。

元朝建立后，忽必烈进一步加强对西北地区的控制。至元九年（1272年），他封三子忙哥剌为安西王，在京兆立王相府，任商挺为王相。起初忽必烈打算让张立道去辅佐安西王，因为他曾在西北做过事，而张立道提出愿意留在圣上身边，于是熟悉当地军政情况的商挺便被确定为人选。

自至元四年以来，商挺由中书省参知政事调到枢密院去整理军务，核定军官品级、俸禄，又负责开垦田亩为忽必烈的侍卫亲军供给粮饷。

---

① 《元史·世祖纪》《元文类》卷九。

至元九年，他已年过花甲，对一个人来说已经步入晚年，这次要远离京城赴陕西任职，不能不是一件辛苦事。这些年他与众多朝臣一样，在政治激流中跌宕起伏，酸甜苦辣不少，晚年若能赢得闲暇，或清茶淡酒与一二同僚小饮，或嬉笑怒骂伴妻子儿孙逍遥，抑或凭窗挑灯点评圣贤之书，无不是为乐事，可这一切只能寄托于希望之中，他还要凭一身老骨去为朝廷奔波。此次西北之行，他又让自己这身老骨承受了巨大的压力。

离京前，遇到大司农司的劝农副使许楫。这位美髯飘逸的劝农官一见到新任命的安西王相，不失时机地谈起了自己的本职，他对商挺说："京兆之西，有荒野数千顷，宋、金曾置屯田，如果募民屯田，岁可得谷，以补王府之需。"[①] 商挺将这一建议呈奏圣上，获得允可。两年之后，屯田颇见成效，许楫因此调任陕西道劝农使，也被打发去了西北。

三千勇士救襄阳

襄阳外围"重营复壁，繁布如林，遮山障江，包络无隙"[②]。南宋方面要进出襄阳已是难上加难。至元八年六月，在李庭芝一再催促下，范文虎带领苏刘义、夏松率十万水师、一千多艘战船，乘江涨向鹿门进发，再次执行援襄任务。

蒙古水军总管张禧借夜幕掩护驾轻舟潜入宋军水营，用芦苇探明江水深浅分布，然后返回营中。阿术命张禧分四翼水军迎战，张禧率领蒙古水军冲散敌人船队，将上百艘敌船赶到浅水处，缴获了其中的七十多艘。水军万户解汝楫指挥蒙古战船出击宋军，活捉南宋将领，宋军

① 《元史 · 良吏一》。
② 《癸辛杂识》别集下《襄阳始末》。

大败。[①]

范文虎乘的船还没到鹿门，听说前面部队溃败，他扔下船队掉头逃跑了。事后朝中有人弹劾范文虎，要定他的死罪，贾似道从中庇护，只降了一级官了事。而李庭芝的部下罢职的罢职，遭贬的遭贬，没得半点好处，这恐怕是后来李庭芝拥兵自守、不肯再为朝廷出战的原因之一。

城内局势一天比一天严峻，虽然战前储备充足，但几年下来，盐、薪、布帛开始出现短缺。临安派兵救援襄阳，一方面想从蒙古人手中夺回这一军事重镇，同时也为了给城内军民输送急需的物资。如果城内所需的物资得不到及时补充，继续短缺下去的话，形势必然会进一步恶化。守城将士盼望援军到来，盼来的却是一次次失望，他们眼看着城外蒙古军的层层封锁，想着突围的努力很可能徒劳，可又不甘心被困死在城中。他们仍然相信，自己人很快就会冲破封锁进到城里，带来他们需要的盐、薪、布帛还有粮食，那时他们就会重新坚定起战斗意志，继续同敌人血战到底。现在他们清楚地知道，眼下只能靠自己了。

襄阳守将来兴国领兵出城，进攻百丈山，被阿术击败，一直逃到湍滩，损失了两千多人。樊城守将张汉英招募善泅勇士，让勇士把求援蜡书插在发髻里，人躲在积草下面，泅水而出。围城的元兵见水中漂浮着积草，准备用长钩打捞上来当作柴薪，不料发现草下有人，结果勇士被元兵抓获。

看来突围没有指望，城内与外界又联系不上，襄阳主帅吕文焕万般无奈，每次登城巡视，他都遥望南方失声泣下。樊城守将牛富几次从江对岸射书给他，表示“唇齿相依，共同固守”，绝不向元军投降。襄、樊二城，一南一北，汉水流经两城之间，守城将士们在江中植入巨木，连

---

① 《元史·世祖纪》《元史·张禧传》。

以铁索，作为城防工事，又在江面架设浮桥，贯通南北二城，必要时襄阳可借浮桥向樊城输送援兵。

襄阳几年不下，刘整有些急躁，他求功心切，总想尽快拿下这座城池。一天，他见吕文焕登城视察，跃马来到城下，用刺激的话朝城头喊道：你不明白天命，害及生灵，哪里是仁者所为！而今又龌龊不能战，令勇者羞耻，请你与我决一胜负！[①] 城头没有动静，吕文焕一声不吭，拉开弓箭一箭射中他，负伤后的刘整掉马退回本阵。

至元九年春季，元军发起总攻，战役进入关键阶段。忽必烈授阿术蒙古军都元帅，授刘整、阿里海牙汉军都元帅，命他们指挥襄樊军事。

双方都做出拼死一战的准备。南宋京湖制置司移驻郢州（今湖北钟祥市），制置使李庭芝正在筹划一起大胆的冒险救援行动，这回他决心要派人冲进襄阳。

三月，樊城吃紧，元军攻破外围城墙，杀死守军两千多人，俘获守军将领十六人。元军乘势步步紧逼，缩小包围圈，守军放弃外城，退入内城，继续闭城坚守。在这种形势下，如果元军一鼓作气发动更猛烈的攻势，樊城亡在旦夕，而此时李庭芝的救援计划开始实施，打断了元军对樊城的进攻，暂时缓解了樊城的压力。

宋军以往的救援都是入汉江自南而北，元军守备森严，救援没有一次得手。李庭芝移驻郢州后，听说襄阳西北有条清泥河，起源于均州（今湖北均县西北）、房州（今湖北房县），[②] 自北而南通汉江，他决定此次行动就借用清泥河这条路线，从相反方向做一次尝试，或许能够成功。

---

① 《元史 · 刘整传》。

② 关于清泥河及其源头问题，有人提出异议，见匡裕彻：《宋元战争中几个地名的考证》，《江汉论坛》，1987 年第 3 期。

他从襄、郢一带招募了三千民兵，找来颇有威望的民兵头领张顺、张贵，任命他俩为都统，指挥这次行动。二张率领民兵前往清泥河上游安营扎寨，准备船只、物资和武器装备。到四月下旬，李庭芝又派人协助二张打造船只，命荆湖都统范天顺与二张一同行动。经过紧张的工作，一切准备就绪，轻舟一百艘，每艘装载三十人、一袋盐、二百匹布，各船都配备了火枪、火炮、炽炭、巨斧、劲弩。二张对参加行动的全体人员讲道，此行有去无回，谁若没有必死之心，就尽早离去，不要坏了大事。三千勇士人人感奋，没有一人退出。

五月下旬，汉水开始涨潮。二十二日，这支勇敢的救援队伍出发执行任务。勇士们先在团山集合，两天后驶进高头港口，三船一组，结成方阵，然后等待黑夜的降临。

二十四日晚一更三刻，命令下达，船队以红灯为号，张贵在前，张顺殿后，三千勇士驾驶百艘轻舟乘风破浪冲入重围。到磨洪滩，由西北而下的清泥河在此汇入汉江，正是汉江由东南向西的弯道处，经弯道往西不远就是襄阳和樊城，夏贵、范文虎几次领兵入援都没能到达这里。

磨洪滩以西，元军的战船布满江面，没有留下一条可以通行的水道。勇士们奋勇向前，用巨斧斩断江中设置的铁索和木桩，用劲弩猛烈地射杀元军。元军从未遇到过如此凶猛的敌人，顿时乱了阵脚，大批惊慌的元兵从船上掉入江里，那些没有中箭或掉入江里的士兵见此情景也不敢迎战，纷纷向两旁躲避。勇士们经过一夜一百二十里的行程，于次日黎明抵达襄阳城下。

城内军民久盼援军，这天终于盼来了，勇士们给他们带来了急需的物品，全城上下欢欣鼓舞。当清点人员时，却不见了张顺，没人知道他的去向。几天以后，张顺的尸体出现在江面，顺水漂浮到城下。人们把尸体打捞上来，发现他身中四枪六箭，一脸怒气勃勃如生，手里还紧握着弓弩。张顺阵亡，人们喜悦的心头压上了一块沉甸甸的石头。吕文焕叫人将尸体清洗干净，结冢殓葬，并立庙祭祀。

张贵进城后，吕文焕极力劝说他留下来，共同保卫襄阳。张贵考虑到围城形势紧迫，提出派人潜出城，去郢州报信，约定官军向襄阳挺进，然后他再率勇士冲出城，配合官军两面夹击敌人，打破元军的封锁。吕文焕劝说不成，只好表示同意。

张贵挑选出两名水性极好的勇士，据说两人能在水中连续潜伏数日，他让他们带上蜡书，潜入汉江，从水下穿越敌人阵地。自从二张入援成功后，元军加强了封锁，用大根木桩在江中排列成护栅，水路连锁数十里，身体大一些的鱼都很难从护栅中间游过。二勇士鱼一般地在水中游弋，来到护栅前，用锯锯断木桩，每遇一排护栅就断木而过，经过几天艰苦的水陆行程，他们奇迹般地到达郢州。在郢州，范文虎答应七月七日率五千人进驻龙尾洲接应张贵。二勇士带着范文虎的承诺按原路返回襄阳，向吕文焕和张贵报告了这一消息。勇士的归来，使守城军民心里再次燃起了希望的火焰。

到了约定日期，张贵辞别吕文焕准备突围。夜晚降临，他最后清点人数，意外发现一名侍从失踪，这名侍从曾因违犯军纪受过处分。张贵大吃一惊，想到计划已被泄露，立即命勇士们登船起航，他一面组织船队入江，一面暗自祈祷但愿元军还没有接到密告。

既然计划的隐蔽性可能不存在了，不如索性大张旗鼓、声势浩荡地杀出去，或许会出其不意，打敌人一个措手不及。张贵下令鸣炮发舟，上百艘船在震耳欲聋的炮声中顺流而下，夜闯重围。勇士们奋力斩断铁索、木桩，疯狂般喊叫着向迎面的元军杀去，元军的战船只顾躲避，谁也不靠前。

冲过最危险的地段后，已经是半夜，天色漆黑深邃，勇士们在夜幕笼罩下继续前进。当到达小新城时，有人在汉江两岸燃起一堆堆篝火，烈焰冲腾而上，刹那间照得江面如同白昼，勇士们驾驶的船队在火光中暴露无遗。到了勾林滩，离龙尾洲越来越近，张贵望见前面不远处的江面上布满战船，船上旗帜招展，心中一阵喜悦。勇士们见接应部队如约等候，不少人欢呼起来。张贵命人放流星火为号，率领船队快速迎了上去。

双方离近了，张贵突然发现对面不是宋军，而是元军。这一发现对他打击太大了，此刻船在江心，前有截兵，后有追兵，进退维谷，他和勇士们除了拼死一战别无选择。

阿术、刘整意外地得到情报自然高兴，这是消灭这支让元军魂飞魄散的勇士队伍的绝好机会。刘整吩咐战舰在龙尾洲停泊，以逸待劳，又组织士兵扎出许多草牛排列在江岸，等勇士的船队接近龙尾洲时，点燃草牛照亮江面。士兵们一切按照元帅的部署执行，然后耐心地等待鱼儿上钩。

范文虎失约了。两天前，他以“风水惊疑”为借口，带着五千名官兵从龙尾洲后撤三十里，把接应阵地让给了敌人。

这一令人费解的举动将勇士们逼上了绝路，一路冲杀下来，人已经疲惫，加上人员伤亡，战斗力被削弱了。人们发现前面的船只和飘扬的旗帜时，以为是接应部队，弄清真相后，双方已经接上手，此刻要想组织起有效的进攻显然不大可能。就在这种被动局面下，勇士们拼死搏斗，五十里江面成了他们人生的归宿地。大部分人阵亡，少数人投降，张贵在五十里外的柜门关被俘，身上中了几十枪。

战斗结束后，元军叫四名投降的勇士抬着被处死的张贵的尸体来到襄阳城下，命他们向城头喊话：“认识吗？这就是张都统！”城头将士看见张贵血肉模糊的身体禁不住失声痛哭。吕文焕下令将四名抬尸体的勇士斩首，又将张贵的遗体安葬在张顺墓旁，立双庙祭祀。[①] 襄阳军民心中的希望火焰再一次熄灭了，并且永远不会复燃。

张顺、张贵及三千勇士转战襄阳之际，贾似道正在西湖葛岭寻欢作乐。他现在威风凛凛，不可一世，不仅十日一入朝，而且入朝不拜，下朝时度宗还得起身避席，目送他走出殿门再入座。襄阳被围以来，度宗先后派出数名大臣前去救援，又一再拨款犒赏前方将士，国库紧张也要保证前方用钱用粮。皇上主动提出，自宫内起厉行节俭，若有人用金银珠宝作首饰服用，必严惩不贷，朝臣、百姓之家仿照执行。

身为平章军国重事的贾似道，有责任操劳襄樊战事，当年不正是他在鄂州退蒙古兵，解了围城之难吗，理宗对他感激不尽。如今元军兵围襄阳，度宗束手无措，贾平章又有何良策解襄阳之围，再为赵氏朝廷立"再造之功"呢？他什么办法也没有，一个只会玩弄权术、贪图荣华富贵的势利小人，怎肯舍掉自家性命去为天下百姓赴汤蹈火呢。他多次请求皇上让他出朝督师，私下却指使一些人提出各种理由挽留他，一方信誓旦旦、屡请出师，另一方群舌鼓噪、百般苦留，度宗左右为难，只好让他留在朝中。

龙尾洲一战，元军得了便宜，阿术、刘整对拿下二城信心十足。入秋以后，元军致书襄阳，敦促吕文焕投降。书中写道："去年大兵南下，经略襄汉，诸军将校屡请围攻。我主仁慈，考虑到南北生灵皆我赤子，当告之以训辞，示之以形势，倘若不降，攻之未晚，故休兵秣马，待时

① 参《齐东野语》卷十八《二张援襄》；《昭忠录·张顺、张贵》；《钱唐遗事》卷六《张贵赴援》；《宋史·忠义五》；《元史·刘整传》《元史·阿术传》。

而发。今白河、鹿门，雉堞相望，安阳、光化，舟舰交通，东阻馈运之师，西绝樵苏之路，生擒大将，兵民震惊。足下内忧家事之多艰，外睹孤城之日蹙，诚危急之秋也。用天下堂堂之众，击区区一小城，似不难也！幕府恭承帝命，征讨招怀，抗逆者诛，迎降者赏。若能翻然悔悟，军门送款，飞闻天阙，必有殊恩，岂止转祸为福，实千载一时之机会也，汉上疆土，君可常保，他人谁能有之。若暗于阴谋，执迷不悟，事机一去，追悔莫及。国家大信，明若江水，进退裁决，请足下留意。”①虽然吕文焕是贾似道的亲信，吕氏一门又多是庸才俗将，但在守城这一点上，文焕倒还表现不俗，不到万不得已他绝不投降。

遭到拒绝后，元军开始考虑下一步行动。襄、樊二城，隔江联守，同时发起进攻，势必分散兵力；如果先攻襄阳，襄阳是主城，防御异常坚固，难免付出大的代价。攻打樊城时被流箭射中肘部的张弘范，裹着伤口来见主帅，他分析说：“襄、樊唇齿相依，故不可破。若截断江道，断其援兵，水陆夹攻，樊城必破。樊城破，襄阳无所恃。”②这一想法得到阿里海牙的赞同。阿术、刘整同意改变战术，对作战方案进行适当调整。

至元十年（1273 年）正月，元军对樊城发起最后攻击。阿里海牙从朝廷借来波斯炮手亦思马因，让他用新研制的战炮（一种投石机）协助攻城。忽必烈出于灭宋战争的需要，曾向西域宗王阿不哥征募炮匠，阿不哥派亦思马因和阿老瓦丁东来应征，他俩于至元八年来到中国，受命在京城研制战炮。这是一种具有强大动力的机械装置，据说它能把上百公斤的石块远远地抛掷出去，石块落地会造成一个七尺深的地坑。战炮研制出来后，曾在京城进行过发射试验，忽必烈非常满意。两位波斯炮

---

① 《元文类》卷三十七《与襄阳吕安抚书》。
② 《元史·张弘范传》。

手的新式武器对结束围城战役发挥了重要作用。[①]

元军从东北、西南两个方向同时发起进攻。经过挑选出来的士兵潜入江水，锯断护城巨木，沉掉铁索，又放火焚烧浮桥，中断了襄、樊之间唯一的通道。亦思马因操作战炮轰击樊城西南角，打开一个缺口，大批士兵拥了进去。在城东北，元军架设云梯实施强攻，打了十四个昼夜，终于破城。城内火光冲天，大部分民屋起火燃烧，喊杀声、哭叫声乱成一片。守将牛富率领一百多名守军与元军展开巷战，渴了就喝从伤口淌出来的血水。一百多人大半阵亡，只剩下几个人。牛富来到一幢燃烧着的民房前，望着熊熊火焰，他再也没有信心打下去了，低头朝一根屋柱撞去，倒在烈火中。副将王福见主将殉难，绝望地叹了一句："将军为国而死，我又岂能独生！"跟着跳进了火里。[②]

樊城陷落，阿里海牙将战炮移到襄阳城。沉重的炮石发出震耳响声，城上的谯楼（瞭望楼）坍塌，守军被这种武器的威力吓坏，胆小或绝望的将领放弃自己的职守出城投降。刘整想让炮手继续轰击，彻底摧毁掉这座城市，他要活捉吕文焕，报一箭之仇。阿里海牙反对，他不主张对这座城市施行毁灭性打击。

这位与刘整同是汉军都元帅的畏兀儿人，带领行省郎中张庭珍来到襄阳南门，向城上的吕文焕喊话：君以孤军守城数年，如今飞鸟路绝。我主深嘉你的忠诚，若投降则高官厚禄可得，决不杀你。张庭珍也喊道：

---

① 据马可·波罗称，是他和父亲尼哥罗、叔父马菲奥研制出这种投石机，并协助元军攻下襄阳。此说法显然错误，因为在元军攻破襄阳时，马可·波罗尚未跟随父亲及叔父到达中国。参见《马可·波罗游记》，陈开俊等译，福建科学技术出版社，1981 年，页 169；又《中西文化交流先驱——马可·波罗》，商务印书馆，1995 年，页 28；[英] 弗朗西斯·伍德：《马可·波罗到过中国吗？》，洪允息译，新华出版社，1997 年，页 141—142。两位波斯炮手事迹见《元史·方技》。

② 《宋史·忠义五》。

我军攻无不克，你孤城绝路，外无一兵之援，想以死守求取空名，拿全城人怎么办？你要早做打算！[①] 吕文焕犹豫不决，阿里海牙又折箭发誓，保证不失言。早已有人沉不住气了，帐前将领田世英、曹彪挟持着总管武荣出城投降。

文焕见平时的亲信也抛弃了自己，一阵强烈的孤独感油然而生，他决定派人到元军营中协商交城事宜。有一员将领不肯投降，即范文虎的侄子、荆湖都统范天顺。八个月前，他同张贵带领三千勇士入城，张贵走后，他留下来守城。当获悉主帅宣布交城的消息，这个在整个战役中并不起眼的人物，做出了另一种选择，他在自己的住所上吊自杀了。范天顺比范文虎高尚得多，他以自己的殉国为家族挽回了一点面子，同时也给这场战役画上了一个句号。

樊城陷落后一个月，至元十年二月，南宋京西安抚使、知襄阳府吕文焕向元军投降，历时近五年的襄樊战役宣告结束。

襄樊战役不是一次孤立的军事行动，它是宋元战争整体战略中一个极其重要的组成部分，在 13 世纪 60 年代末、70 年代初，它是战争的重点，牵动着整个战局。从宋元战争史上看，襄樊战役是宋元战争的转折点，它打破了蒙宋三十多年的军事对峙局面，瓦解了南宋的战略防御体系。至此，长江门户洞开，秀丽的江南山水已令大元骑兵兴奋不已，南宋人民已经隐约听到了北方战马的阵阵嘶鸣。

临安城中那位飞扬跋扈的贾平章叹息着对身边人说道，当初我屡请出朝，皇帝不准，若早听我的话，事情何至落到这般地步。人们跟着叹息了。临安城头上那轮惨淡的夕阳即将沉没于暮霭之中，正悲哀地喷发

---

① 《元史·阿里海牙传》《元史·张庭珍传》。

出最后一抹晚霞。猩红的霞光映照在人们忧郁呆滞的脸上，人人都感受到空气中弥漫出一股冷酷的杀气，而贾平章的话又使所有人产生了一种比恐怖的杀气更加可怕的感觉。

第六章

挺进中原，迁都燕京宫阙

汉法不断深入，形势向南发展，这迫切要求都城在地理上南移。大都城建成后，元朝首府从上都迁移至大都，正式实行南北两都制。都城南移，表明忽必烈与蒙古保守派贵族彻底决裂。

“孔子已经死了很久了，如今其性何在？”

“圣人与天地同始终，无所不在。如果殿下照圣人之道办事，性就在其中了。”

“人说辽国由于信奉佛教而废，金国由于任用儒生而亡，有这等事吗？”

“辽国的事臣不清楚，但金国的事臣耳闻目睹，宰相中虽有一二儒臣，其余都是武将和世勋，讨论军国大事时，又不让儒臣参与，大抵以儒入官者不过三十之一，国家存亡，自有其责任者，儒生有什么过错呢！”

“祖宗创立的法度如今都在，可未能实施的很多，将如何是好？”

“祖宗创业，犹如制作银盘，精选白金良匠，设计制造，交付后人，传之万代。当选谨慎忠厚之人掌管，永为宝器使用，否则难免损坏，恐怕还会被人窃去。”

“这正是我念念不忘的。农家辛苦耕作，为何还衣食不足？”

“农桑乃天下之本，衣食皆从农桑而来。男耕女织，勤劳一岁，精粮细布给官府纳税，粗粮粗布养活一家老小，父母官又横征暴敛，掠之一空，农家怎能不挨饿受冻？”

这是潜邸时期，忽必烈同史天泽府中的山西人张德辉的一次谈话。后来，二人又进行过一次交谈，话题仍是儒家政治，谈话的方式也仍然是君问臣答。

“孔子的庙食礼仪你以为如何？”

“孔子乃万代帝王之师，得天下而尊奉孔子的帝王，总要修缮庙宇，依时祭祀。孔庙与礼仪的好坏，无损于圣人，但可看出当世之君崇儒重道的态度如何。”

“从今往后，此礼勿废。领兵与管民者，哪一个为害更甚？”

“军无纪律，纵容残暴，为害固然不轻。而管民之人，若荼毒天下，让臣民赴汤蹈火，为害就更甚。”

“既然如此，又该如何是好？”

“最好派遣皇族中的贤良者，让他们掌兵权，再委任一批勋旧管民政，这样一来，天下兵民都会受益。”①

蒙哥汗二年（1252年），张德辉北上觐见，请忽必烈接受儒教大宗师的称号，忽必烈欣然答应。那时忽必烈与汉儒们关系融洽，双方相处得也颇为亲密，他迫切地想要从他们口中获取新知识，他们也非常耐心地向忽必烈解答他所感兴趣的任何问题。

后来情况就不同了。李璮之乱后，汉法派明显感到大汗不像在潜邸或金莲川幕府时期的样子了，开始厌烦他们向他不停地唠叨儒家学说中

---

①《元史·张德辉传》。

那套艰深的道理和烦琐的礼制，对帝王修养也表现出冷淡态度。随之而来的是阿合马势力的抬头，汉法派更增添了许多秋风落叶之感。唯一令他们有些安慰的是，燕王真金已插手朝政，他是汉法派精心培养出来的领袖，对他寄予了厚望，忽必烈冷落了儒臣，他们便把期望的目光迅速投向了这位皇子。

真金太子

中统初年，一些汉法派大臣就提出建储，郝经、刘秉忠、姚枢等人都向忽必烈谈过此事。他们援引中原自古形成的传统做法，以及“黄金家族”内部为争夺汗位而进行的亲族之争，陈述建储如何是国家的根本大计这一道理。开始忽必烈对这件事并未给予太多注意，有更紧迫的事情摆在面前，他首先要稳固住自己的汗位。后来人们谈得多了，他也听得多了，渐渐地这件事在他心目中的分量变得重了。

大约在至元三年（1266年），忽必烈召见张雄飞，问朝廷当务之急，雄飞说道：“太子乃天下之本，愿早定以系人心。百姓之家有升斗之储，尚知托付；天下至大，社稷至重，不早建储贰，非根本之计。先帝若明白这个道理，陛下能有今天吗？”[①] 他说这番话时，忽必烈正倚卧在床上，话音刚落，忽必烈猛地从床上坐起，连声说讲得好。可事无下文，日子在人们的议论声中一天天过去了。

至元五年（1268年），立御史台，张雄飞入台当了侍御史。这年十月，嘉议大夫、卫辉路总管陈祐越职向圣上奏书，旧事重提。奏书名曰《三本书》，所谓“三本”，即太子国本，建立之计宜早；中书政本，责成

① 《元史·张雄飞传》。

之任宜专；人才治本，选举之方宜审。

陈祐把建储列为三本之首，他说："陛下上承天意，下顺民心，体察三代宏远之规，效法春秋嫡长之议，内亲九族，外协万邦，建皇储于春宫，降帝基于圣代。使入监国事，出抚军戎，绝觊觎之心，一中外之望，则民心不摇，邦本自固矣。"[①] 三本之奏正值围城战开始那年，汉水战事频急，朝廷注意力转向襄阳，事情再一次被拖延下来。尽管如此，汉法派接二连三的奏议，已为建储一事制造了充分的舆论准备。

时间过得飞快，到至元十年（1273 年），忽必烈称汗已经有十四个年头了。这十几年里，他在朝臣辅佐下做成了许多事情，打败与他争雄的亲弟弟，平定李璮之乱，建立起一整套政权机构并使它们运转良好，在云南、陕西、四川、和林这些远离中原的地区，他派人去驻守，有他的儿子、宗王以及亲信大臣。军队也值得信赖，将军和士兵都英勇无畏，捷报接连送到他手上，如今又占取了襄樊，马踏江南已然指日可待。更令他心情愉快的是，大都的皇宫就要落成了，当他坐在雄伟的正殿之上，面对百官的朝拜，他就永远不再是草原上独霸一方的蒙古大汗，而是一位让天下万民都敬仰臣服的大元皇帝了。可眼下那件重要的事情得做了，为子孙千秋万代着想，应该立一位皇太子。

襄阳撤围的当月，至元十年二月，忽必烈下诏，立燕王真金为皇太子，兼中书令、判枢密院事。三月，忽必烈派摄太尉、中书右丞相安童授皇后察必玉册玉宝，派摄太尉、中书左丞相伯颜授皇太子真金玉册金宝。

---

① 《元文类》卷十四。

玉册金宝云：

皇帝若曰：咨尔皇太子真金，仰惟太祖皇帝遗训，嫡子中有克嗣服继统者，豫选定之。是用立太宗英文皇帝，以绍隆丕构。自时厥后，为不显立冢嫡，遂启争端。朕上遵祖宗宏规，下协昆弟佥同之议，乃从燕邸，即立尔为皇太子，积有日矣。比者，儒臣敷奏，国家定立储嗣，宜有册命，此典礼也。今遣摄太尉、左丞相伯颜持节授尔玉册金宝。于戏！圣武燕谋，尔其承奉。昆弟宗亲，尔其和协。使仁孝显于躬行，抑可谓不负所托矣。尚其戒哉，勿替朕命。①

大意：朕遵循祖宗大法，立你为皇太子，派伯颜授你玉册金宝。平时你要仁孝为先，也就没有辜负朕的托付。

三十一岁的真金被立为皇太子，汉法派实现了自己的政治愿望，他们要扛起这面旗帜，牢牢把握手中的权力。这年秋天，刘秉忠奏请圣上获得批准，设东宫宫师府，官属三十八员。他们急于在太子身边安插自己人，要围绕东宫建立一支以儒臣为主的太子派势力。

一座非凡的都城

忽必烈召吕文焕入朝，他是继刘整之后投降的又一位著名将军，受到的待遇与一般降将不同，元廷从蒙古军和汉军中选出一批精干的军校护送他入京。到京城后，忽必烈授予他昭勇大将军、侍卫亲军都指挥使、襄汉大都督。他表示愿做先锋，领兵南下灭宋。

① 《元史·裕宗传》。

求功心切的刘整向圣上建议，操练水军五至六万、造战船两千艘，以备即将开始的更大规模的战争需要，对此忽必烈自然同意。文武大臣也针对下一步行动计划议论纷纷，出现了不同意见。有人主张立即准备渡江战役，乘势进攻临安，不给宋朝以喘息之机；也有人持反对意见，不赞成立即发兵。主战的人占多数，反对的人占少数。

忽必烈在上都紧急召见老臣姚枢、许衡、徒单公履，想就大臣们的议论征询他们的意见。三人从大都乘驿马赶赴上都。见到忽必烈，徒单公履提出，眼下正是灭宋的时机，应乘破竹之势，席卷三吴。许衡认为不可，他是持反对意见的人之一。许衡究竟有什么具体想法，他不同意发兵的理由又是什么，这些都无从知晓，史书上只以“其辞甚秘”四个字遮掩了过去。[1]

忽必烈一边听取各方意见，一边已在进行战前部署。至元十年四月，立皇太子之后，下诏罢河南等路行中书省，成立荆湖、淮西两处行枢密院，平章军国重事史天泽、平章政事阿术、参知政事阿里海牙行荆湖院事，镇襄阳；左丞相合答、参知政事刘整、山东都元帅塔出、枢密院判官董文炳行淮西院事，守正阳。同时，罢四川行省，成立西川行院和东川行院，总帅汪良臣行西川院事，统军使合剌行东川院事。罢东西两川统军司。不久因刘整、阿里海牙二人有矛盾，将汉军一分为二，由他俩分别统领。立河南宣慰司，供给荆湖、淮西军需。

在调整机构、训练水军、筹集军需的同时，忽必烈下令奖励前方有功将士，赈济新降附的南宋军民。一切安排妥当后，他要静下心来好好地想一想，当自己初登皇宫正殿接受百官朝拜时，该以何种风采出现在众人面前呢？这次朝拜可以说是一次上朝仪式的大演练，为了这一天的

---

① 《考岁略》，见《元朝名臣事略》。

到来，太保刘秉忠、昭文馆大学士姚枢、左丞许衡等人不知花费了多少心血。

至元十一年（1274 年）正月，大都宫殿落成，忽必烈御临正殿，接受皇太子及诸王、百官的朝贺。

从至元四年（1267 年）正月计划建设，到至元十一年正月宫阙落成，前后花了整整七年时间。不久世界著名的城市元大都城也要竣工了[①]。大都城是忽必烈“效行汉法”的一个重要标志，它本身蕴含的政治意义远远超出一座城市给居民提供的诸如居住环境、生活条件、商业、文化、人际交往等方面的功能价值，而是一种具有浓厚的民族风格及地缘政治特点的时代化象征。从西域来的人把这座城市叫作“汗八里”（汗城），意思是帝王之城，一些到中国来的欧洲人也这样称呼，汗八里很快就成为一座聚集着不同国家、不同民族的人的国际性大都市。

城市分三部分，最外层是外城，往里是皇城，皇城之内是宫城，三部分均呈方形状。

宫城（大内）从平面图看呈长方形，坐落在一个湖泊的东岸，正处于城市的中轴线上。据元末人士记载，宫城东西宽四百八十步（约 740 米），南北长六百十五步（约 1000 米），高三十五尺。正南是崇天门，左边星拱门，右边云从门，东为东华门，西为西华门，北是厚载门。南面三门，东、西、北面各一门，共六座门。宫城四角有角楼，琉璃瓦饰檐脊。[②]据当代考察勘测，崇天门相当于今紫禁城太和殿的位置，厚载门在今景山公园少年宫南侧，东、西华门和现在同一名称的两门各在南北一

① 这只是就城市主体建筑而言，大都城的最后完工是在至元二十二年（1285 年）。——见《元史 · 世祖纪》。

② 陶宗仪：《南村辍耕录》卷二十一“宫阙制度”。

条垂直线上，只是具体位置不同。①

宫城内的主要宫殿是南边的大明殿和北边的延春阁。大明殿是登基、正旦、寿节等朝会的正衙，正门叫大明门，殿后有柱廊，直通寝殿。延春阁是后廷。宫殿内部的装饰保留了蒙古毡房的特色，殿壁挂有织造物（壁衣）、兽皮，地面铺设了地毯。在大明殿前面的台基上种植着一簇莎草，是忽必烈叫人从蒙古老家移栽来的，他想以此告诫子孙不要忘记祖宗创业的艰辛。“黑河万里连沙漠，世祖深思创业艰。数尺阑干护春草，丹墀留与子孙看。”② 这首宫诗记述了莎草的来历和它不平凡的寓意，作者是元文宗时期的奎章阁鉴书博士柯九思。

宫城西面的湖泊叫太液池（今北海和中海），池中的琼花岛叫万岁山；万岁山以南，又有一个小岛叫瀛洲，上有仪天殿，就是现在北海团城的前身。两岛之间有二百尺长的白玉石桥相连。自瀛洲又有木桥连通太液池东西两岸。

太液池西岸建造了南北两组宫殿，南是隆福宫，正殿叫光天殿，北是兴圣宫，正殿叫兴圣殿，两宫后面都有寝殿。隆福宫原是太子的住所，后为太后居住，又为太子另筑东宫。隆福宫、兴圣宫、太液池（万岁山）以及宫城，构成皇城内的主要建筑和景观，太液池将东岸的宫城与西岸的隆福、兴圣两宫连接起来，使它们浑然一体。

环绕皇城的二十里城墙即萧墙，又叫阑马墙。皇城位于外城的南端偏西，而宫城则在皇城内偏东，压在城市中轴线上。

皇城开有十五座城门，正门是南墙偏东的灵星门，它不在南墙的正中是因为皇城在选址上迁就了湖泊（太液池）的原因，只有向东偏移才

---

① 侯仁之：《元大都城与明清北京城》。

② 柯九思：《宫诗十五首》，《元诗纪事》卷十七。

能保持宫城、皇城和外城的正门处在同一条直线上。同样原因，还导致了宫廷广场位置的移动。

唐宋以来，都城中宫廷广场的位置一般被安排在宫城前面，即在宫城与皇城之间。元大都城内的宫廷广场却从传统位置移到皇城前面，即在皇城与外城之间，这是中国皇家建筑史上发生的一个重大变化。当代学者在分析产生这一变化的原因时，强调了湖泊与地表水流在元大都城设计中的主导地位，“在设计程序上首先是以太液池为中心来决定了宫城和隆福兴圣二宫的位置，然后再环绕太液池及其东西两岸的宫殿兴筑皇城。因此宫城正门与皇城正门之间的距离就受到了限制。在这一情况下，与其把宫廷广场按照旧传统继续布置在宫城正门以外，还不如迁移到皇城正门之外更为适宜。而这一迁移的结果，又进一步加强了从大城正门到宫城正门之间在建筑上的层次和序列，从而使宫阙的布置更加突出，门禁也更加森严”①。宫廷广场两侧有“千步廊”，陪衬着萧墙之外的参天大树，显得皇城十分庄严肃穆，让外城居民望而生畏。

外城周遭六十里，南城墙在今长安街南侧，设三门，正门是丽正门，东为文明门，西为顺承门；北城墙在今德胜门、安定门往北五里，设二门，东安贞门，西健德门；东城墙与今东直门在南北一条直线上，设三门，居中的是崇仁门（相当今天的东直门），北侧是光熙门，南侧是齐化门（相当今天的朝阳门）；西城墙与今西直门在一条直线上，也设三门，中和义门（相当今天的西直门），北肃清门，南平则门（相当今天的阜成门）。外城共有十一座门，据说是借用神话中哪吒三头六臂二足的传说，南三门象征哪吒三头，东西六门象征六臂，北二门象征两足。

每座城门内都有一条笔直的干道，两座城门之间也都开辟一条干道，

---

① 侯仁之：《元大都城与明清北京城》。

全城南北东西被这些干道分割成棋盘状。城内（皇城以外）居民区又被划分为五十坊，作为城市行政管理单位，坊有坊名，坊与坊之间由街道作为界线，坊内是胡同。城内商业区集中在三处，皇城北面积水潭东北岸的斜街市，全城最繁华的地区，皇城西面今西四附近的羊角市，买卖各种牲口，皇城东面今东四附近的旧枢密院角市。元大都城的设计者遵循了中国古代文献《考工记》中规定的“前朝后市，左祖右社”的原则，在皇城后面建商业集市，在皇城左右两侧分别建太庙和社稷坛。

这座构思考究、计算精确、建造宏伟的城市是主要设计者刘秉忠的一件不朽作品。但令人惋惜的是，就在宫阙落成的这年秋天，他在上都与世长辞了，没能亲眼看见城市的最后竣工。这位僧侣出身的儒臣，官至太保，地位崇高，而一生安于淡泊，不与人争，自号藏春散人，表明了他的性格与气质。他是一位政治设计师，在“大蒙古”向“大元”转变过程中，朝廷的礼法制度都是由他负责主持制定的；当然，他还是一位城市规划设计师，他在大都完成了自己最辉煌的作品，显示出超人的智慧与才华，而他停止呼吸的那座城市，正是他的另一件杰作，从这个意义上说，他又是一位幸福的人。

上都与大都比较，除规模小得多外，在整体上类似，也由外城、皇城和宫城三部分组成。全城北半部是一个自然的小山岗，南半部是一块河旁冲积平地。[①] 小山岗上建有御花园，种植着许多花草树木，还饲养了很多飞禽走兽，供皇室成员休闲时观赏娱乐，御花园建在皇城外面这是与大都不同之处。还有一点不同的是，上都皇城位于外城的东南角，皇城的东墙和南墙就是外城的东墙和南墙的一部分。

---

① 《内蒙古文物古迹简述》，内蒙古大学蒙古史研究室编，内蒙古人民出版社，1976 年，页 65。

皇城南北各一门，东西各二门，共六门，南门即正门叫明德门，进正门接近宫城时是宫廷广场，穿过广场便是宫城正门御天门。宫城只开三门，南门是正门，东、西两门也叫东、西华门，北墙不设门。和大都宫城正门崇天门一样，上都宫城正门御天门是皇上颁发诏旨的地方。忽必烈每年移驻上都，朝廷各机构主要官员都要随行，大都只留下部分官员负责处理日常事务，忽必烈有重要决定再派人由上都送到大都，所谓“御天门前闻诏书，驿马如飞到大都”①。

上都宫城的正殿叫大安阁，原是汴京城中的熙春阁，至元三年迁建到这里。大安阁共分三层，上层供有释迦舍利，也是帝师做佛事的地方，中层存有一个小箱子，下层是皇上上朝及百官集会的地方。大安阁后面经过柱廊即是寝宫。万安宫、大安阁、大明殿分别是和林宫城、上都宫城和大都宫城的正殿。

著名回族诗人萨都剌的《上京即事五首》，描写的就是上都的情景，包括自然环境，牧民日常生活景象，贵族射猎场面以及当地气候特征等。刘秉忠建开平城时，诗人还没有出生，而设计大师去世这年，诗人刚满三岁。长大后他中了进士，入朝做了官。这五首即事诗写道：“大野连山沙作堆，白沙平处见楼台。行人禁地避芳草，尽向曲阑斜路来。”“祭天马酒洒平野，沙际风来草亦香。白马如云向西北，紫驼银瓮赐诸王。”“牛羊散漫落日下，野草生香乳酪甜。卷地朔风沙似雪，家家行帐下毡帘。”“紫塞风高弓力强，王孙走马猎沙场。呼鹰腰箭归来晚，马上倒悬双白狼。”“五更寒袭紫毛衫，睡起东窗酒尚酣。门外日高晴不得，满城湿露似江南。”② 最后一首形容上都的气候像江南一样湿润，据说现在

① 胡助：《滦阳杂咏十首》，《纯白斋类稿》卷十四。史卫民：《元代社会生活史》，中国社会科学出版社，1996 年，页 170。

② 《元诗选》初集。

那里的气候也和当时差不多，八九月间的清晨，初为一片湿雾笼罩，继而朵朵流云压来，景色奇特，这种现象在今内蒙古自治区境内并不多见。

忽必烈在燕京建都城，是他实行政治革新的一个重要步骤，表明了他抗拒蒙古族内部保守派势力的决心；同时他保留上都作为陪都的地位，也说明他顾及到了同宗诸王的利益和愿望。

总动员令

朝拜结束后，阿里海牙上奏："荆襄自古是用兵之地，汉水上流已为我方所有，顺流长驱，宋必可平。"[①] 前方将领是主战派的核心势力，这一奏请得到阿术的积极支持，他奏道："臣略地江淮，见宋兵弱于往昔，今不取之，时不再来。"[②] 忽必烈叫宰执们议定，可议来议去，谁也拿不出个决议。

阿术再次奏道："今圣主临御，置乱朝不取，臣恐日后又难于今日。"[③] 忽必烈询问史天泽，天泽说："此等国家大事，可命重臣一人如安童、伯颜，统领诸军，则四海混同，指日可待。臣老了，如任副将，尚可担当。"[④] 忽必烈最终证实了大多数大臣对战争的态度，决定立即发兵，至于主帅人选，他认为伯颜最合适。

见圣上的态度已经明朗，阿术、阿里海牙请求："我师南征，必一分为三，旧军不足，非增兵十万不可。"[⑤]忽必烈下令中书省征兵十万，任伯颜为征南主帅，史天泽为副帅，率新老军兵共二十万人起兵南下。

---

① 《元史・世祖纪》。

② 同上。又，破襄阳后，阿术奉命转战淮东，曾攻打扬州。

③ 《元朝名臣事略》。

④⑤ 《元史・世祖纪》。

一位名叫孙拱的甲匠总管，发明了一种称为“叠盾”的新式盾牌，它可以张合，张开是一面完整的盾牌，合起来则携带方便。为此他得到了奖赏，因为忽必烈从未见过这种样式的盾牌。孙拱制造的盾牌除可以张合外，还仿照大象、老虎、豹子这些猛兽的形象，别具一格，忽必烈看了非常满意。①

至元十一年二月，忽必烈要为北京行省物色一位平章政事，代替名声不太好的前任，他想起了赋闲在家的“廉孟子”，下诏命廉希宪上任。忽必烈对前来辞行的希宪说道：“过去在先朝时，你深识事机，常用帝王之道启发朕，及鄂州班师，又屡陈天命，劝朕即位，这些朕心不忘。丞相一职，你实宜担当，只是你一再推托。辽东地面户不下数万，是诸王、国婿的分地所在，居者行者，联络旁午，明眼人见往知来，察微烛著。塔察儿诸王素知你有才干，所以派你前往，你要体会朕的心意。”② 一席话解开了君臣心里的疙瘩，廉希宪整装北上，去迎接新的使命。

送走了“廉孟子”，忽必烈将荆湖、淮西行院分别改为行中书省，提高了两个机构的行政地位。伯颜、史天泽同为左丞相，阿术任平章政事，阿里海牙任右丞，吕文焕任参知政事，行省荆湖；合答为左丞相，刘整任左丞，塔出、董文炳任参知政事，行省淮西。

帝师八思巴奏请西归吐蕃，忽必烈不便强留，派人护送西还，其弟亦怜真继为帝师。

六月，忽必烈发布总动员令，诏谕行省及蒙古、汉军万户、千户、军士。诏曰：

> 爰自太祖皇帝以来，宋与我使介交通，殆非一次，彼此曲直之

---

① 《元史・方技》“工艺”条。

② 《元史・廉希宪传》，《元文类》卷六十五《神道碑》。

事，亦所共知，不必历举。宪宗之世，朕以藩职奉命南伐，师次鄂渚，贾似道遣宋京诣我，请罢兵息民，愿奉岁币。朕以国之大事，宗亲在上，必须入计，用报而还。朕即位之后，追忆是言，乃命翰林侍读学士郝经等奉书往聘，盖为生灵之计也。古者兵交，使在其间，惟和与战，宜嗣报音，其何预于使哉！而乃执之，卒不复命。至如留此一二行李，于此何损，于彼何益，以致师出连年，边境之间，死伤相籍，系累相属，皆彼宋自祸其民也。襄阳被围五年，旅拒王师，义当不贷。朕先有成命，果能出降，许以不死。是既降附之后，朕不食言，悉全其命。冀宋悔过，或起令图，而乃执迷，罔有悛心，所以问罪之师，有不能已者。

今遣尔等，水路并进，布告遐迩，使咸知之。夫以天下为事，爰自干戈，自古有之，无辜之民，初无预焉。若彼界军民、官吏人等，去逆效顺，与众来降，或别立奇功者，验等第官资迁擢。其所附军民，宜严敕将士毋得妄行杀掠，父母妻孥家口毋致分散，仍加赈给，令得存济。其或固拒弗从及迎敌者，俘戮何疑。①

大意：当年兵围鄂州，贾似道派宋京来讲和，愿每年供奉银、绢。朕即位后，派郝经出使南宋，履行合约，却被南宋拘留，朕不得不发起问罪之师。如今命令你们水路并进，遍告四方，对投降、立功的要奖励，除抵抗者外不得滥杀无辜。

入秋，伯颜、史天泽向圣上辞行，忽必烈对伯颜说道："古之善取江南者，唯曹彬一人，你能不滥杀，就是朕的曹彬。"② 他嘱咐主帅要学曹彬

① 王构：《兴师征江南谕行省官军诏》，《元文类》卷九；《元史·世祖纪》。
② 《元史·世祖纪》。曹彬，宋平南主将。

的样子，不要嗜杀，希望主帅成为当今的曹彬。史天泽奏："今大师方兴，荆湖、淮西各置行省，地位不相上下，号令不能统一，后当败事。"[①] 忽必烈接受了这一意见，将淮西行省改为行枢密院。

二人辞别圣上，率军向襄阳进发。

谢道清垂帘听政

中国封建专制政治与欧洲中世纪政治的不同之处在于，后者是王权与教权的共存和对立，是文化领导与政治权力之间的二元化，"这种文化领导与政治权力之间的相互独立性，是产生西方文化的自由而充满活力的活动的主要因素之一。"一个政治共同体内包含两种不同因素之间的对立，是"批判和变革的不尽源泉"，从政治方面讲，批判和变革意味着具有制约性质的结构化体制的形成。

"古代东方文化都是建立在一种神圣秩序的观念基础上的，这种神圣秩序主宰着人类生活的每个方面，而且必须得到保持，并不变地、完整地传递下去，如果这个社会要生存的话。中国文明是这些文化中最典型和最成功的一例，尽管中国已经从独立的精神运动的输入中得益匪浅，特别是从佛教的寺院制度中，但是，不论它们完全被诅咒为儒家文化的死敌，还是作为精神奢侈品而被半退半就地受到宽容，使它能够像一个舶来装饰品那样加入到当地传统的有机体中去，然而，这些运动仍然被视为是外在于中国人生活的神圣秩序的。"[②] 中国人生活的神圣秩序是皇权统治，它是一元化的中国专制政治的基本特征。到元代，虽然藏传佛教

---

① 《元史・世祖纪》。

② 克里斯托弗・道森：《宗教与西方文化的兴起》，长川某译，四川人民出版社，1989年，"导言"。

在朝廷及民间享有很高地位，又有帝师之命（它也是一种政治权力），但皇权始终是至高无上的，教权处于皇权之下，是皇权的一部分。

皇权的统一性或一元性，并不意味中国封建专制政治内部不具有相互对立的因素存在，只是这种对立在表现形式上不同于西方而已。不同民族政权之间以及新旧王朝之间的对立和对抗，是推动中国封建专制政治发展的一股强大动力。当一个王朝经过二三百年时间逐渐走向衰落之际，在它的周边地区，总会有一个新兴政权在与诸多弱小政权的角逐中脱颖而出，最终成为威胁旧王朝的敌对势力。如果这个新兴政权拥有一位圣明的君主，他能够统一内部各派力量，能够提出目标远大又切实可行的施政纲领，而且是军人出身，那么他成功的可能性就非常之大，他会把推翻旧王朝、建立一个新王朝当作自己毕生的使命。

新王朝建立后，政治上一般比较开明，社会在经历了多年战争之后，进入喘息和重建阶段，社会结构发生相应的但并不剧烈的调整。随之而来的，便是一个相对较长的繁荣时期，经济稳定，人民安居乐业。就像人的生命一样，由青春至壮年，最后步入老年，新王朝最终也会变成旧王朝，它的前身暴露出来的一切弊病，如皇室的奢靡、君王的昏庸、吏治的腐败、民心的涣散等，也会在它身上暴露出来。于是旧戏重演，新一轮的王朝更迭又开始了，王朝在如此循环往复过程中一步步艰难而又缓慢地向前迈进。

在对立双方之间，即新旧王朝之间，有一种调和因素在发挥着作用，即使双方原本在语言、传统及风俗方面极不相同，这一因素也能将二者融合在一起，使之在文化指导上是一脉相承的。这种调和因素就是孔孟儒家学说。儒学的可贵之处在于其强烈的天下使命感，在于对升平盛世的向往，一个地位卑贱的人，面对国破家亡的危机也会挺身而出，以自己微薄的生命去换取被人们普遍承认的道德化人格。这种内在的精神气质使儒学表现出刚健不息的文化品格。由这种内在精神气质表现出的另一种文化品格，就是儒学的雍容大度。

儒学是一种开放的思想体系，具有很强的兼容并蓄能力，能把不同素质的社会融合在它那宽广深厚的思想土壤中，使之成为实现儒学理想的实践基地。忽必烈作为一个非汉族社会的代表人物，正是靠了儒学的政治理想和内在精神气质的吸引，才毅然违背草原民族传统的政治生活方式，改变了草原民族自然的一贯的发展道路，选择了向中原靠拢的政治路线。这一靠拢不单体现在行政和地域上，也体现在对儒学经典的理解和汲取上，这方面皇太子真金是代表人物之一。

不能否认，在蒙古民族统治中原的一百多年里，[①] 蒙元贵族从未能够、也从未努力过要完全地汉化，保守势力在其中起到了不小的牵制作用。无论语言方面还是习俗上，元朝历代皇帝及其皇室成员，保留着大量的传统方式，这使得他们继承了本民族的文化基因，保持了一个民族构成成分的单纯性，但同时也使他们的统治始终被汉人视为外族力量，这种统治便很难长久。不像后来的清王朝，汉化程度达到了空前的地步，民族精神完全融入进了儒家文化的深层领域。

当一个游牧民族入主中原，不管其主观动机如何，客观上开始从浅显到深入地传承并发扬光大儒家学说，使早已显露出来的儒家文化的消极一面被掩盖了，积极的一面重被挖掘出来，成为社会主导意识形态。于是很可能即将遭受瓦解命运的中国封建专制社会重又走上一段新生的历程，让人们不满甚至痛恨的社会形式继续延续下来，相同的悲剧也就不断地重演。如果不是这样，早在晚清之前许多年，人们就会对儒家学说中陈腐的一面进行深刻反思与革新，历史可能就不会是后来那个样子。

---

① 从 1234 年蒙古灭金至 1368 年朱元璋灭元。

儒学的消极一面同积极一面相辅相成，可以说前者就隐含在后者之中。它关于君臣、父子之间严格的等级划分，造成了支配与被支配的绝对化，从而扼杀了新鲜的思想和拳拳忠心，忠孝观成为迫害者手中的一柄屠刀。导致皇太子真金悲惨命运的原因，与其说是现实政治的，不如说与他早年所接受的教育关系更为密切。

一个儒生深入地钻研儒学典籍，固然能增强他心智的力量，丰富他的智慧，可往往也会使他沉湎于毫无实用价值的义理，陷进一种虚幻的理想境界不能自拔。他喜欢夸夸其谈，却什么都不屑一顾，什么都不去改变，刚健的人格力量被轻软浮华的歌赋融化殆尽。此外，由于儒学吸收了道释两家的观念和学说，使其成分更加庞杂甚至自相矛盾，若不能将其融会贯通，又没有智慧辨别，难免使人形成一种畸形的人格，刚健与软弱并存，进取与保守并存，忠诚与虚伪并存。

除去新旧王朝之间的对立，皇权本身也包含尖锐的对立因素，即君臣之间的对立。封建专制政治是君主专制，这是一个很不明确的表述，它只与帝国政治的法律形式有关，却与这一政治的实际内容大有出入。所谓皇权，不单单指皇帝一人，包括整个上层官僚集团，很多情况下，后者在权力体制内的作用会大于皇帝，是他们实际主宰着国家政治生活。

一个王朝的初期，鉴于统一的需要，事实上很大程度倚赖于君主的个人魅力，皇权内部个人作用大于集体作用；到了中晚期，皇权往往旁落，向官僚集团倾斜。皇帝逐渐疏于朝政，醉心于后宫佳丽，沉浸于春宵暖阁，这时候少数权臣手握朝廷大权，结党营私，发号施令，把持着国家行政权力。在立法方面，各项决策仍然以圣旨的形式颁布，但内容通常是由权臣事先拟定好的。皇权的这一性质直接滋生出封建专制政治机体上的一个毒瘤：奸臣。

他们是儒学正统的叛逆，是被正直的儒臣所痛恨和唾弃的。但他们的境遇要比他们的人格好得多，即使一个奸臣欺压百姓，残害忠良，到头来也难免身败名裂，可一生大部分时间，他会生活得很好，名与利的欲望都能得到相当的满足。对于这种现象，许多人一直无法理解和接受，韩愈对此发表过感慨，但也无法解释其中原因。他说："自古贤者少，不肖者多。自省事以来，又见贤者恒不遇，不贤者比肩青紫；贤者恒无以自存，不贤者志满气得；贤者虽得卑位则旋而死，不贤者或至眉寿。不知造物者意竟如何，无乃所好恶与人异心哉？又不知无乃都不省记，任其死生寿夭耶？未可知也。"[①] 如果人们分析皇权的基本性质及其结构特征，分析儒家学说的消极一面，就有可能寻找出答案，且不论答案是否会令所有人满意。

儒学的二重性以及皇权的二重性，尤其是它们的负面影响，在南宋末年已经表现得相当明显了。

襄阳陷落后，李庭芝向临安通报吕文焕投降元军一事，那些在朝中任职的吕氏家族的人惴惴不安，他们清楚文焕的这一行为对南宋王朝意味着什么。侄子吕师夔（音葵）向皇上请罪，他说贾平章收到李庭芝的上书，报告说，臣的叔父文焕以襄阳城降，臣闻后无地自容，一刻不能自安，请将经略安抚等官印委托次官看护，罢职候命，并容臣归家省亲，然后誓死为国效力，毁家而解国难，以赎家族之罪，报君父之恩。度宗不允。吕师夔五次请求罢官，一直没有结果。堂弟吕文福也向皇上请罪，他说堂兄文焕以襄阳城降，受其玷辱，臣无脸面充任边关，请皇上解除臣庐州知府一职，放归田里。度宗仍然不允。吕氏一门不但没有受到惩罚，反而继续得到重用。

---

① 韩愈：《与崔群书》。

吕文福见自己安然无事，反过来为吕文焕辩解，企图推卸家族责任。他上奏皇上，说文焕是被人怂恿挟持才交城的，投降是迫不得已，并非出自文焕本心。度宗接到奏文竟下诏让吕文福与李庭芝对质，各自陈述理由。李庭芝上表陈述说，在京湖的时候，来归人（从北方逃回南方的人）吴旺说起过文焕父子投降后的表现，他们向元军献策攻打郢州，还自请作为先锋，这些情况制置司都有案可查，臣不敢诬告他人罪。面对事实度宗也只好勉励吕文福积极抗战，不要败落了家族声誉。

给事中陈宜中弹劾吕家的女婿范文虎，说他援襄不力，应降罪处罚。贾似道从中周旋，度宗下诏降文虎一级官阶。汪立信也上书奏道，臣奉命守卫边防，曾邀请当地官吏、百姓，大家痛哭流涕，都说襄樊之祸皆由范文虎及俞兴父子造成，文虎临阵怯战，只受到轻微处罚，其侄范天顺守节不屈，或可少赎其罪，但俞兴是个奴仆庸才，器量狭窄，一味报复私仇，激成刘整之叛，流毒至今，儿子俞大忠为父亲行贿，自己又钻营上进，今虽寸斩，却难以快天下之忿，请置重典，则人心奋起，事功可图。度宗下诏追毁俞大忠出身文字，除名，循州（今广东龙川县）拘管。

人们在敷衍地追究责任者的同时，并未对襄樊战役暴露出来的问题进行全面深刻的反思，度宗也只下了这样一道诏旨："襄阳六年之守，一旦而失，军民离散，痛切朕心。今年乾会节，免去集英殿宴，以钱六十万给沿江制置赵溍捍御江防。"[①] 而皇上对前方失职将领的宽厚处理，使原本就不认真的反思更加浮浅搪塞，什么问题也不解决。

那些官僚士大夫畏惧贾似道的权势，也不敢把话说得严重，大家明哲保身，但求无过。不过还是有人针对江防提出种种意见，说明大家心

① 《宋史·度宗纪》。

头的忧虑越积越重。先后上表献策的有太学生郭昌子、孝感县丞关应庚、布衣林椿年等人。奏表报到朝廷，统统被贾似道扣下，他不允许别人说三道四，也不想听任何人的议论，有他贾平章在，谁也休想插手临安的事。

正当江防问题尖锐地摆在人们面前时，贾似道却忙于给母亲胡氏大办丧事。度宗下诏以天子卤簿安葬，起坟拟山陵。百官站立在大雨之中，陪贾平章办理丧事，从早到晚无人敢挪位。这就是咸淳九年（至元十年，1273年）南宋王朝的政治状况。

不管怎样，任何人都无法回避和否认眼前的事实：元朝不会罢休，大都正在紧张地进行军备，元军渡江南下的日期不会太远了。为了尽快传递和处理边防事宜，临安在中书设置机速房，由贾似道居中运筹。

有关机构调整及官员调动的旨令下达了：汪立信任兵部尚书[①]；高达任宁江军节度使；陈奕总统舟师备鄂州、黄州江防；陈宜中同签书枢密院事；李庭芝任淮东制置使，夏贵任淮西制置使；留梦炎知潭州兼湖南安抚使；吕文福任常德等五郡镇抚使。

加强鄂州防务，在汉口、沌口西岸修筑城堡。继襄阳之后，鄂州再次成为南宋抵御蒙古的军事重镇。

咸淳十年（至元十一年，1274年）七月，宋度宗赵禥崩于福宁殿。度宗在位十年，虽无大失德，但昏庸无能，拱手权臣，未能挽救南宋衰败的趋势，所幸亡国不在他手上，或可聊以自慰。

四岁的太子赵㬎在灵前即皇帝位，是为恭宗。除了小皇帝，度宗还撇下两个女人，一位是理宗的皇后谢道清，当年蒙古围攻鄂州时，理宗想要迁都，谢道清担心民心动摇，阻止了此事。理宗崩，度宗尊她为皇

① 汪立信提出著名的“三策”，当在此前后。《钱塘遗事》记此事时，时间概念不清。

太后；度宗崩，恭宗又尊她为太皇太后。另一位是度宗的皇后全氏，恭宗即位后册为皇太后。全太后不理朝政，皇上年幼无知，太皇太后谢道清垂帘听政，大小朝政由她说了算。

四岁的小孩子做了皇上，南宋人民对前途更加没有信心，对战争也更加恐惧。因为就在这个月，伯颜、史天泽辞别大元皇帝，率领二十万大军向襄阳进发了。

时间对于忽必烈来说过得很快，但对另一个人来说，却度日如年，在一个狭小的不自由的空间里苦苦地煎熬。

从中统元年（1260 年）到至元十一年，郝经被囚在忠勇军营已长达十五年之久，他一生最宝贵的时光在囚所中无声地流逝了。郝经是不幸的，他被过多地剥夺了本该属于他的生存权利及生活乐趣，见不到妻子、儿女，失去了家庭温暖，失去了许许多多的世俗快乐，不能做自己想做的事情，甚至不能选择自己的行动。但他又是幸运的，他用生命中最宝贵、最艰难的一段岁月铸造了不同于常人的独特的人格尊严。历史选择了他最终成为这样一个人，这个人将被人们赞美、歌颂，将被人们作为忠诚的化身加以传扬。也许很久以后，人们仍会记住他。人民喜欢塑造英雄，郝经有资格成为被塑造的一个人。

至元十年闰六月的一个夜晚，他听见远处有人吹笛，悠扬的笛声伴随阵阵凉风飘来，激起人心情的波动。当时他正卧病在床，披衣起身写下了一首诗："深夜凉风发，迢遥送笛声。只愁江月破，不放野云行。怨曲人多感，离肠恨易生。病中催坐起，倾侧若为情。"[①] 后人评价郝经的文章丰蔚豪宕，诗多奇崛，在真州作的诗篇，尤为凄婉动人。

---

① 《癸酉闰六月十三日夜病中闻笛》，《元诗选》初集。

再看至元十一年写的一首："霜落风高恣所如，归期回首是春初。上林天子援弓缴，穷海孤臣有帛书。"诗后跋："中统十五年九月一日放雁，获者勿杀，国信大使郝经书于真州忠勇军营新馆。"[①] 这篇诗跋作于至元十一年九月一日，是用一块布帛书写的，作者将帛书缚在一只大雁身上并把它放飞，告诫人们不要杀死这只大雁。当时，他大概已经获悉忽必烈派伯颜南下的消息，可能还得到了宋朝打算遣还信使的口信，才使用这种聪明办法做出响应，希望朝廷特别是圣上能够收到这篇手迹。

来年春天，当郝经一行人终于被解禁起程北还时，汴京城里有人在金明池射下一只大雁，发现了缚在大雁身上的帛书。这是江北人民十几年来得到的有关国信大使的唯一消息，抛开细节不谈，有一点非常明显，它至少告诉人们这位倔强的国信大使至今还活着。

从襄阳出发

元军在鄂汉、江淮两大战场，分三道对南宋发起全面攻势：伯颜、史天泽由襄阳沿汉水攻取郢州，博罗欢由东道攻取扬州，董文炳守正阳（正阳是夹淮河东西的两镇，东属安徽寿县，西属颖上）。东部战场的开辟，牵制住江淮宋军向长江中游的增援，缓解了西部战场的压力。

在伯颜、史天泽离开京城的前后，董文炳与南宋淮西制置使夏贵率领的水军进行了一场激烈战斗，在这场战斗中，他负了重伤。进入九月，董文炳率部队离开正阳南下，准备同西部战场的伯颜大军会合。

至元十一年九月一日，郝经在真州忠勇军营放飞大雁的那天，伯颜、

---

① 《元诗选》初集，《元史·郝经传》。又，郝经被囚不知至元改元，故仍使用中统年号，中统十五年应为至元十一年；《元史》本传记为"至元五年"，当误。

史天泽抵达襄阳。十三日，伯颜、史天泽、阿术率领水陆官军由襄阳出发，沿汉水南下直趋郢州。放眼望去，大军旌旗招展，前后延绵数十里。

万户武秀带领的先锋部队来到一条河边，正赶上是个雨天，部队停止了前进。大军随后跟了上来，武秀向主帅报告，河水上涨，附近无船可渡，士兵怕人畜被河水冲没，暂时停止前进，等待天晴水退再过河。伯颜一听大怒，我军飞渡大江尚且不怕，何惧小小一处洼池！主帅当即叫来一名士兵，命令他扛上甲仗，骑着马过河，部队在这名士兵的向导下平安到达对岸。

几天后，大军抵达盐山，距郢州只剩二十里。

史天泽病倒了。自从上次患病以来，身体状况给他带来很大压力，时常让他感觉力不从心。出征之前，他已经注意到了身体的变化，不敢领主帅衔，主动提出做副帅，配合伯颜南下。这一次他感觉事情不妙，能否康复连他自己也没有太大信心，看来自己不能指挥后面的战役了。

长子史格也在军中，由他代自己去参加这场战争吧，实际上也该轮到他们那一代人建功立业了，今后的天下还不是他们的么。他老了，不能再承受长途跋涉的疲劳，也不再适应多年习惯了的军旅生涯，他应该休息了。可看看朝中的大臣们，像他这把年纪的人不是很多吗，有的人比自己还要衰老，仍然卸不去官职，每日还要操劳公务，为了屯田、军官品级、财政预算、课税征缴、道路漕运，乃至生徒们使用的教科书这些大事小事呕心沥血。那些厌倦了的人向圣上申请辞官归田，可迟迟得不到批准，忽必烈不愿意他们一个个都离开，他还有求于他们。

老臣王磐曾发过牢骚，不止一次地说："前代用人，二十从政，七十致仕，正为资其材力，闵其衰老，养其廉耻之心。如今入仕者不限年龄，老病之人不能退，人不自以为耻，朝廷也不以为非，甚不可也。”[①] 张柔受命监修大都城时，已是七十八岁高龄，第二年就死了。他史天泽这次受命南伐，也已经七十三岁，如果不是病情严重，肯定还得留在前方，继续指挥千军万马作战，这是他无可推卸的责任。现在他病倒了，圣上总不能让一个病夫去阵前搏杀吧。

伯颜安排人护送史老丞相返回襄阳。忽必烈听说后，派遣近臣带着葡萄酒和诏谕前去探望，忽必烈在诏谕中安慰说：“自朕祖宗以来，卿东征西战，跋山涉水，出力多矣。今又首事南伐，来日功成，皆卿之力。勿以小疾阻止行程，便为忧恼，暂且北归，善自调护。”[②] 天泽得到诏谕，又从襄阳起程继续北返。他没有回京城，而是直接回到真定，他更愿意在家里养病，安静的环境对于病人来说，无疑是有益处的。

史天泽走后，伯颜、阿术收到一份重要情报，南宋沿江九郡的精锐部队约十几万人已聚集郢州。该城处于汉水东岸，依山傍水，易守难攻，城墙用坚硬的山石砌筑而成，十分坚固。宋人又在汉水西岸筑起一座新城，与郢州城夹江相望，新城宋军在江中密植桩木，陈列战舰，扼住了大军顺汉水而下的水路交通。如果大军由水上发起攻势，必然会受到猛烈阻击，而骑兵又不能在两岸护卫接应，因此取胜的代价及可能性一时难以估计。情报还说，在郢州下流黄家湾以西，有一条宽数丈的溪水，南通藤湖，湖有出口通汉江，距离江岸只有数里之遥，如绕过郢州到黄家湾，将船顺溪水拖入藤湖，即可进入汉江。这条路线需要多走百里路程，而且宋军在黄家湾围坝筑堡，也派了军队把守，但这条路线可以避免大军在郢州的消耗，争取时间尽快渡江。

---

① 《元史・王磐传》。

② 《元史・史天泽传》，《元文类》卷五十八《神道碑》。

伯颜决定舍弃郢州，进兵黄家湾。他派李庭、刘国杰率一支人马先去夺取黄家湾，大军则按兵不动。将领们猜不透主帅的心思，认为舍弃郢州是一个错误决定，他们面见主帅，对他说道，郢州城乃我军的襟喉，舍之不取，恐为后患。主帅对他们讲，用兵缓急，我自然明白，攻城乃是下策，大军出征，岂能计较一城之得失，若攻此城，则大事必败。他说服了将领们，在逗留了几天之后，起兵绕郢州而过。

大军走在前面，伯颜、阿术带着几十名将校殿后，与前面的主力部队相距几里路。走到大泽时，郢州统制赵文义、范兴率领两千名骑兵从后面追杀上来，阿术来不及穿好盔甲，召唤将校回头与敌人接战。几十名将校挥枪跃马在敌人骑兵队伍中横冲直撞，杀死五百多人，活捉了两员统制，剩下的骑兵撇下他们的首领逃回郢州城。

到达黄家湾，李庭、刘国杰已经拿下了城堡。伯颜命令士卒破竹席地，拖船入湖，随即进入了汉江。

十月下旬，大军抵达沙洋（今湖北荆门市东南沙洋镇）。元军派人到城下喊话，宋军不予理睬，元军又叫一名宋军俘虏带上赵文义的人头进城招降，这名俘虏被城中守将杀死。虽然陆续有少部分官兵向元军投降，但伯颜心里明白，要想不流血就让沙洋城屈服不大可能。他命手下率部队攻城，又下令炮手向城内开火。在元军炮火的猛烈轰击下，沙洋城被攻破了，元军冲进城，活捉了守将王虎臣、王大用，将抵抗的官兵全部杀掉。

攻陷沙洋后，元军马不停蹄地开到新城（今湖北潜江市西北、汉水西南）。新城在沙洋以南五里，守将是京湖制置帐前都统边居谊。边曾是李庭芝的部下，因屡建战功升至都统，此人熟悉战法，善于用兵，颇得士兵的信服。

元军押着王虎臣和王大用，一些元兵举着在沙洋斩获的宋兵首级来到城下，向城内威胁说，不赶快投降就大祸临头。城中传出话来，边都统要和吕文焕讲话。文焕以为边居谊要向自己投降，忙策马来到城下。吕文焕立马未稳，城中乱箭齐发，飞矢如雨，文焕身中三箭，胯下战马也中箭倒地，人从马背摔落在地。宋兵冲上来企图用铁钩钩走吕文焕，幸亏左右元兵救护，才从铁钩下把人救出，文焕慌忙退回到本阵。

第一天就这样过去了，双方按兵不动。到了第三天，新城总制黄顺打开城东门，跑出城向元军投降，伯颜授黄顺为招讨使，让他去劝边居谊放下武器。城头上，边居谊看着城下的黄总制，大声地说："想要得新城吗？我誓死以守，谁能得到！"黄顺明白向这位边都统劝降根本没有用处，于是他向自己的部下喊话，希望他们放下武器归顺元朝。果然有些人动摇了，听从了总制的话准备缒城（缒：用绳子拴住人往下送）出降。边居谊立即下令叫士兵们把想要投降的人统统逮捕，押到城头一一处死。

伯颜见守将态度坚决，只好下令攻城，又吩咐说降者勿杀，凡抗拒者杀无赦。主帅一声令下，元兵蜂拥而上。城内，边居谊组织士兵进行着顽强抵抗，用火炮、弓弩击退冲在前面的元兵。他又派人取来家中全部金银财宝，散发给手下人，鼓动大家拼死一战。

战斗从早上一直打到黄昏，元兵攻破新城外堡，竖起云梯，开始拥上城头。城头被炮火击中，熊熊烈火迅速蔓延到城中楼台，许多民房也被烈火吞没。此刻，边居谊才清醒地意识到，这场恶战不会持续太久，双方实力悬殊，他根本无力抵抗元兵凶猛的攻势。他回到家，想要拔剑自刎，没有死成，顺势倒向了旁边的火堆。①

① 《宋史·忠义五》。

新城一战，边居谊所部三千人，除少数投降的外全部战死，在沙洋被俘的王虎臣、王大用也被杀害。伯颜派人上京师报告沙洋、新城之捷。主帅叫士兵从火堆里拣出边居谊的尸体，站在一旁注目了很久。

第七章

伯颜伐宋，战火燃遍江南

战争爆发，元朝二十万大军渡江南下；南宋朝廷腐败黑暗，七千里江防不堪一击，惨痛的现实迫使人们思索国家兴亡的根由所在。

随万户帖木儿赴京师报捷的还有新城总制黄顺，他被忽必烈授予湖北道宣慰使。

在京师，安童对阿合马的所作所为越来越看不顺眼。他身为宰相，官阶在阿合马之上，可忽必烈庇护这位政敌，轻易不能拿他怎样。安童年轻，政治经验又不足，一时也找不出法子治阿合马。他只能向圣上反映情况，领得一道圣旨，如果圣上听了他反映的情况，对阿合马不满，那这道圣旨对他采取行动就十分有利了。忽必烈接见完新城总制黄顺，安童上朝奏道："阿合马独揽财赋，祸国殃民，所用官员又非正人君子，请另加选拔。他营造宫殿，结党营私，攀附向上，也当查问。"[①] 圣上下旨，命安童彻底查办此事。

忽必烈把事情交给丞相去办，心思始终在前方战事上。

---

① 《元史 · 世祖纪》。

大江飞渡

安童参劾阿合马的同月，至元十一年（1274年）十一月，伯颜大军逼近复州（今湖北仙桃市），阿术率领一支军队先期开赴蔡店（今湖北汉阳）。

复州的战斗不像新城那样激烈，经过几次试探性的军事接触，安抚使翟贵就向元军投降了。安抚使担心在鄂州的亲属们的安全，伯颜向他保证这些人的安全不成问题。将领们提出进城清点仓库、军籍，派官员驻守，伯颜不同意，命令各军不得入城，违者按军法处置。他向将领们解释说，倘若复州不肯投降，也不宜攻打，如今时间紧迫，前去长江不远，我军奋力拼战，目的不在复州，而在于渡江。[①]

复州是鄂州在汉水上的屏障，复州降元，鄂州就完全暴露在元军面前。作为主帅伯颜必须从全局考虑问题，因一城一地的得失而妨碍整个战争进程是不划算的。他第一次指挥这样大规模的军事行动，必须考虑周全，同时又不能放过每一个细节，任何细小的过失都可能招致愚蠢的、不可挽救的错误。

阿术到达蔡店后，两次派阿里海牙回来与主帅约定渡江日期，均未得到答复。阿术搞不清主帅方面发生了什么问题，亲自来见主帅。伯颜见阿术来了，说明了用意，并用责备的口气说道：渡江这等大事，圣上托付给你我二人，怎可让其他人知道虚实呢？[②]阿术这才明白。二人秘密商定了渡江日期，阿术又返回蔡店。

这月下旬，伯颜大军到达蔡店。蔡店在汉水南岸，沿汉水东下不出

---

① 刘敏中：《平宋录》卷上。

② 《元史·伯颜传》。

二十里，就到了汉水进入长江的入水口。在入水口，南岸是汉阳，北岸是汉口，夹水相望，如果从这里东渡长江，对岸就是鄂州城，鄂州、汉阳、汉口围绕入水口正好是三角形的三个点。这里江面宽阔，水急浪猛，几十里江面停泊着大小宋军战船，各处要塞也都严阵以待，摆出了大战前的姿态。

伯颜、阿术召开高级将领会议，讨论渡江的具体事宜，决定派总管刘深、千户马福先去查看沿江地形水势，然后再确定渡江地点。会上伯颜要求将领们到汉口碰面，他本人也要去汉口。

主帅到汉口视察，将领们纷纷赶去，大家以为主帅打算由这里渡江，都觉得不妥。汉口江面水流湍急，戒备森严，与鄂州、汉阳隔江联防，进可攻，退可守，由这里渡江无疑是硬碰硬，很难说有多大获胜把握。

刘深、马福的报告证实了将领们的疑虑，由汉口渡江是一个危险的选择。马福建议，大军可进入沦河，经过一片湖区，到达沙芜口，由那里渡江比较合适。马福建议的这条路线是放弃汉口，自汉口沿江岸北上，转而向东，至沙芜口南下渡江。长江北岸从汉口到沙芜口这一段地区，散乱地覆盖着大大小小的湖泊，一条叫沦河的河将这些湖泊连通起来。按照马福的建议，从汉口拖船进入沦河，穿过密布的湖区，至沙芜口渡江，这样可以避开敌人的声势和锋芒，既可节省渡江时间，又可减少渡江所造成的损失。如果从沙芜口继续向东，大约十几里，便到达阳逻堡（武矶堡），该城也是南宋在长江上的一个军事要塞。

根据马福的建议，伯颜命令各军北过汉水开赴汉口，放出风声要在汉口渡江，吸引阳逻堡宋军增援汉口、汉阳，又命万户阿剌罕率一军先行赶赴沙芜口，力争夺取沙芜渡口，为大军渡江做好准备。

十二月初，元军主力抵达汉口附近。军官带领士兵开坝，引船入沦河，再穿过湖区转至沙芜口。先行到达的阿剌罕已占领了这处渡口。长江北岸，元朝大军陈列江边，旌旗招展，战马嘶鸣。淮西制置使夏贵原以为元军要在汉口渡江，率水师从阳逻堡逆流西上增援汉口，当到达汉口后，发现元军突然东下，夏贵又急忙率水师回撤，企图阻止元军在沙芜口渡江。在白天和夜间，夏贵两次派战船袭击元军，均吃了败仗，儿子夏松也在袭击中阵亡。

沙芜口南岸只有宋军一支船队，防守相对薄弱，将领们主张立即渡江，占领对岸的青山矶，吕文焕也觉得这是一个好办法，认为夺取对岸的船队不成问题。主帅伯颜却有另一番考虑，他对将领们说："我也知此仗必胜，我担心的是，各位小胜之后，斗志松懈，反而会失大事。我自有主张，可一举渡江，收其全功，你们莫贪小利。"[①] 这么一讲，大家只好按照主帅的命令回到各军，修整攻城器械，准备继续东下开赴阳逻堡。

部队沿江岸挺进，不大工夫就来到城下。几千艘宋军战船密密麻麻地横列在江面，看上去气势雄壮，不可一世。清晨，伯颜派人前往阳逻堡招降，夏贵不予答复。第二天，伯颜再派人前去招降，得到的回答是："我辈受大宋重恩，正当誓死报效，哪有背叛归降之理，备我甲兵，决于今日，我大宋天下，孤注一掷，输赢在此一战！"[②] 在守军信誓旦旦的答复声中，一场新的更加艰苦的攻城战开始了。

一连打了三天，全无收获，双方未分胜负。看来情况并非想象的那么简单，随着时间的推移，这种对峙局面只能对守军有利，多坚持一天，宋军就增添一分信心和勇气。而对元军来说，在城下每消耗一天，就会给渡江战役增加一分困难。这样下去肯定不成，主帅伯颜开始重新考虑自己的渡江计划。

---

① 《经世大典序录·平宋》，《元文类》卷四十一；《元史·伯颜传》。

② 刘敏中：《平宋录》卷上。

一个自称会占星术的人来到军营，请求拜见主帅。获得许可后，他走进主帅大帐，振振有词地说，天道南行，金、木相犯，若二星相交时，方可渡江。伯颜命人将他轰了出去，下令不许这个人四处乱讲。

伯颜叫来阿术，用商量的语气说："宋军以为我攻下此城方可渡江，而此城异常坚固，攻之徒劳。今夜你若率三千人乘船逆流而上，料他们上游虽有防备却不坚固，此为捣虚之计。来日清晨，渡江突袭南岸，过江之后派人速来报我。"① 阿术似乎早有这样的想法，对主帅说道："攻城乃是下策，若分一半军船循岸西上，在青山矶停泊，伺机而动，可以得志。"② 二人商量妥当，立即分头调动人马。

伯颜命右丞阿里海牙、万户张弘范继续攻打阳逻堡，不给敌人喘息之机，牵制夏贵的水军。阿术率领万户史格、史弼等四翼军马连夜急行军回师西上，返回沙芜口。

天落起大雪，阿术站在雪夜下遥望南岸，见南岸露出大片沙洲。次日清晨，他指示将领们登舟上船，直趋沙洲，自己也上了船，指挥士兵载马随后。史格率部下冲在前面，迎面碰上宋都统程鹏飞，二人在江心战到一处，史格身中三枪，渐渐不支，损失了二百多名士兵。阿术从后面赶上来，站在船上横枪竖目，左突右杀，宋兵在他的枪下纷纷落水，宋将高邦显被阿术生擒，程鹏飞身负七处枪伤，败了回去，元军缴获一千多艘战船。

一些将士已经登上南岸，阿术指挥着几十名上岸的将士，与宋兵展开步战，双方在岸边拉锯似的你来我往，被击退的宋兵拥上来，又被击退，再拥上来，再被击退。宋军主力被牵制在阳逻堡，青山矶的宋兵得

---

① 刘敏中：《平宋录》卷上；《元史·伯颜传》。
② 《元史·阿术传》。

不到增援，阻击能力消耗得差不多了。登岸的元军越来越多，史弼率领的一支精锐部队登岸投入了战斗，宋兵支撑不住，蜂拥着朝鄂州方向溃逃。阿术一面叫人在江面铺设浮桥，组织后面的部队渡江，一面指挥士兵乘胜追击逃军，一直追赶到鄂州东门。

阿术占领了青山矶，派人向主帅报告："阿术奉命行事，已过长江。"① 伯颜一听阿术渡江成功，命步兵、骑兵急攻阳逻堡，命水军发船直冲敌阵。南北两军上万艘战船、二十几万人在江心激战，一层层尸体顺流而下，鲜血染红了江水。

夏贵闻讯元军在沙芜口渡江，早已无心恋战，又眼见宋兵越战越少，阳逻堡守将王达阵亡，再打下去恐怕自己也性命难保，他带着几百艘战船向东朝白虎山撤退。将领们不肯放过南宋这员大将，急着要去追赶，伯颜劝阻说："不必追赶，阳逻堡大捷，我正要派人通报宋朝，夏贵一走，我就不用派人了。"②

伯颜登上阳逻堡，俯瞰大江南北，见两岸全是元兵，心中一阵喜悦。将领们纷纷上前祝贺，赞扬主帅受命南伐一举拿下江左，为大元立下了不朽功勋。伯颜连忙答谢：渡江成功，上承圣上洪福，下赖各位同心协力，非我伯颜一人功劳。

江南大地响起了北方骑兵的马蹄声，南宋疆域已不再是一块平静的土地，战火很快四处蔓延，无辜的平民百姓面临着国破家亡、生离死别的考验。人们永远不会忘记伯颜这个名字，是他改变了他们的生活和命运。

伯颜驻扎在江边，阿术和其他将领来到主帅营帐，大家商量下一步

---

① 刘敏中：《平宋录》卷上；《经世大典序录·平宋》，《元文类》卷四十一。

② 《元史·伯颜传》。

进军路线。有人提出乘势东下，攻取黄州（今湖北黄冈市）、蕲州（今湖北蕲春县），接着直捣临安。阿术不同意，他说："此时东进，必留后患，若西回先取鄂州，虽耽搁数日，而师有所依，可以万全。"[①] 阿术的意思是先夺取鄂州，稳定住长江中游，消除后顾之忧，然后大军再顺江东下，长驱直入，虽然时间上会耽误些日子，但比较稳妥。伯颜同意这一意见，决定回师西上，向鄂州进军。

鄂州作为南宋江防重镇，它的防御体系其实并不坚固。守将是湖北提举张晏然和都统程鹏飞，程鹏飞被阿术打伤后，从青山矶跑回鄂州，闭城自守。起初，张、程二人凭借夏贵的水军及荆湖宣抚使朱祀孙从江陵（今湖北江陵县）发来的援军，对守城还有些信心。夏贵败退白虎山，朱祀孙见夏贵跑了，也连夜率军退回到江陵府，张、程二人失去水军和援军的支持，守城信心就大不如前了。

元军来到鄂州，伯颜兵围鄂州城，阿术兵围汉阳。吕文焕奉命到鄂州招降，他向城内喊话："宋朝有恃无恐的不过江、淮而已，如今我大江飞渡，如履平地，你们还不速降！"[②] 守将想着有汉阳的配合，尚可抵抗一阵子，所以没有答复。

元军点燃了宋军的三千艘战船，大火夹着浓烟腾空而起，鄂、汉两城的宋军眼望着大火，心里开始不安起来。仅过了一天，十二月十八日，张晏然、程鹏飞投降，汉阳守将王仪随即也向元军投降，所谓"江汉重镇"就这样轻易地落到了伯颜手里。

处理战后事宜也是一件并不轻松的事，要想稳住鄂汉，需要做的事情还很多：原鄂州民兵总制王该被任命为知鄂州事，王仪留守汉阳，利

---

① 《元史·阿术传》。

② 《平宋录》卷上；《元史·伯颜传》。

用这些人管理当地事务十分方便；一批批宋军被解散了，士兵被分配到各将领营中；新降附的军官们的品级要重新核定，立了功的要奖励、升迁；还得下一道命令，严禁各部官兵烧杀抢掠，逃亡的平民百姓都要送回原籍；几十万人天天要吃饭，军粮是个大问题，阿剌罕受命从寿昌（今湖北鄂城区）筹集四十万斛[①]粮食，补充军饷；更重要的是，大都正等待着渡江的消息，得派人尽快上报朝廷。

处理完手头事务，伯颜想起还有一件事非做不可。鄂州依山傍水，兵粮充足，是长江中游的一处要塞，如今鄂州虽下，但江陵、岳州、潭州仍在宋军手里，如果没有一员可靠的大将留下来驻守，大军东进后，上游稍有举动，鄂州很可能得而复失，这对整个战局来说后患无穷。把这件事交给谁呢？伯颜选中了阿里海牙，此人有勇有谋，在襄樊围城战中表现出色，是一员不可多得的将才。主帅命令畏兀儿人带四万兵马留守鄂州，负责平定荆湖一带，确保长江中游安然无恙。

安排妥当后，伯颜这才放心。随后，他与阿术率领水陆大军浩浩荡荡沿长江东下，兵锋直指南宋首府临安。战争进入了关键阶段。

可悲的刘整

伯颜派出的信使日夜兼程赶赴大都，报渡江之捷。忽必烈在皇宫里接到前方的捷报，他非常满意。枢密院上了一本，参史格在沙芜口渡江时轻敌贪进，损兵折将，应按律处罚。忽必烈看在史老丞相的面子，又念史格平日作战勇猛，没有追究此事。此刻他更关心的是，今后伯颜能否给他送来更多的好消息。

---

① 解：音胡，量器名，古代以十斗为斛，后改为五斗。

接到鄂州失守的消息，临安陷入一片恐慌之中。太学生们你言我语，都表示事到如今只有贾平章亲自出战才行。贾似道迫于舆论，于十二月二十一日在临安开设都督府，都督各路兵马，以步军指挥使孙虎臣统率各军，其他官员可先任后奏。贾似道又筹得军费金十万两、银五十万两，由都督府支配。都督府是一个战时临时性机构，是最高军事指挥机关，有权调动各地军队，各地的军情都要呈奏都督府，一切听从该机构派遣。

贾似道独揽朝廷军事大权，手里又有了钱，能否力挽狂澜，扭转前方战场接连失利的局势，朝野上下似乎都把希望寄托在了他身上。可贾似道的为人与才干，没有人不知道，将这样一个人推上首相之位，把权力交给他，会是怎样一种后果呢！咸淳十年（至元十一年，1274 年）年末，临安朝廷做出的这一选择，实在令人费解。都督府设立后，贾似道的表现很快就证实了这一选择的荒唐可笑，他因为惧怕刘整，连续多日不敢上前线督师，一直缩在临安城里，直到刘整死后，他私下庆幸地说："天助我也！"

临安起用李芾为湖南提刑，高达为湖北制置使，加强潭州（今湖南长沙市）、江陵南北一线的防御。太皇太后谢道清诏天下勤王，结果只有张世杰、李庭芝响应。

多年来南宋朝廷重文轻武，儒生的地位、名声、待遇比武将好得多，朝廷上下弥漫着一股清谈之风，真正实干的人不多。一旦打起仗来，儒生一无所用，还得靠武将，而那些领兵打仗的人，长期受冷落排挤，牢骚满腹，很少有人肯舍一家之私为天下百姓着想，国家需要他们的时候，一个个退避不前，使朝廷万般无奈。李庭芝、李芾是他们中间的例外者，他二人抗敌的决心坚定，眼见南宋江河日下，明知不可为而为之，连敌人也不得不敬佩，像这样的将领和大臣还有姜才、文天祥一些人。更多的是那些中下级军官，他们出于舍生取义的信念，在前方拼力苦战，战败后又不肯投降，宁愿以身殉国，他们的事迹令后人感慨万千。

除了军队调动上的窘迫外，财政危机也是一个让临安头疼的问题。战争持续了几年，军费开支有增无减，居高不下，大把大把的银两流水般花了出去。襄樊被围期间，仅犒赏前方将士一项，就用钱上千万两。南北烽烟四起，百姓流离失所，无心桑稼，民力根本无法支撑浩繁的国库开支。与此相对照，那些皇亲国戚、僧侣道士却占有着大片土地，田连阡陌，过着安居暇食的日子。这种情况引起了最高决策者的重视，就在下诏勤王的同月，又一道圣旨下来了：核准皇亲、僧道的财产，向他们收缴租税，以充实国库。[①] 这一措施的实施，客观上暴露出南宋财政上捉襟见肘的状况。

东下大军的先锋官仍是吕文焕。自从十多年前他的哥哥吕文德任荆湖安抚使以来，吕氏一门在南宋军事防务上的地位举足轻重，沿江州郡多被吕氏家族把持，吕文焕投降元朝，对南宋朝廷是一个沉重打击，同时也让吕氏家族的将领们失去了心理平衡。这给吕文焕带来极大便利，他这个先锋官干得得心应手，大军所到之处，沿江州郡的吕氏门人纷纷弃城投降，使元军迅速向长江下游挺进。

十二月二十八日，伯颜让阿术先开赴黄州，又派程鹏飞到黄州招降守将陈奕。南宋沿江制置副使、知黄州陈奕派出两员将领来见伯颜，提出关于投降后自己的名分爵位问题。伯颜让他们转告陈奕，如果他率众投降，可担任沿江大都督一职。两员将领回到黄州，陈奕觉得这个安排可以接受。

---

① 《宋史·瀛国公纪》。

至元十二年（1275 年）正月初，伯颜率军到达黄州，陈奕出城投降，伯颜按约定任命陈奕为沿江大都督。陈奕给在涟水任守军将领的儿子陈岩写了一封信，告诉他自己已经归顺元朝，让儿子照父亲的样子做。信写好后，伯颜派遣密使到涟水送信。陈岩收到父亲的书信，也向当地元军投降。

顺利拿下黄州，大军向蕲州进发。吕文焕、陈奕前去招降与他们关系不错的蕲州安抚使管景模，与此同时阿术率水军悄悄驶向蕲州城。管景模接到吕、陈二人的劝降书，又见元朝水军兵临城下，知道抵抗没有用处，也开城投降。伯颜任管景模为淮西宣抚使。

阿术离开蕲州，率军直趋江州（今江西九江市），当军队离江州还有一段路程时，守备江州的南宋兵部尚书吕师夔、知州钱真孙便派人出城迎接元军。伯颜大军随后到达，吕、钱二人带领城中将领迎拜这位征南主帅。有一位将领没有露面，是寿昌军主将胡梦麟，其他将领出城迎接伯颜时，他在自己的住所自杀了。

胡梦麟自杀的第二天，新上任的江州知州吕师夔在庾公楼宴请伯颜、阿术，知州挑选出两名宋朝宗室女子，让她们盛装打扮，作为礼物送给伯颜。伯颜不接受，对知州说道："我奉天子圣命，兴仁义之师，问罪于宋，岂可贪恋女色！"[①] 吃过饭，伯颜叫人将女子送了回去，他和阿术没有住在城里，到城外找了一处地方安顿下来。

下一个目标是安庆（今安徽安庆市）。出发前，伯颜已经收到安庆知府范文虎派人送来的酒肴，来人还转达了知府准备投降的计划。几天后，范文虎再次派人来到江州，请伯颜尽快去安庆，来人转告说，贵朝淮西行院已遣使到城下招降，范知府尚未答复，大家都等待伯颜主帅的到来，

① 《元史・伯颜传》。

愿意归顺主帅，请主帅速往安庆。[①] 伯颜命令阿术率领水军去安庆，接受范文虎投降，自己则率大军先去湖口（今江西湖口县），再去安庆。

进入二月，大军抵达安庆府，通判夏椅服药自杀。伯颜任范文虎为两浙大都督，并传令召见淮西行院主要官员。行省和行院会师安庆，实现了东、西战场的合并。

正阳战斗之后，刘整、董文炳所在的淮西行院开始南下，去同伯颜大军会合。当得知伯颜大军已经顺利渡江，行院官员们大受鼓舞，人人都有一种紧迫感，期待早日占领临安。只有一个人的心情与别人不同，低落而沮丧。

在伯颜渡江之前，刘整就向行院提出在东部战场实施渡江计划，这样便可以夺得南伐的头功，这一建议遭到行院首官合答的拒绝，令刘整望江兴叹。伯颜拿下鄂州，消息传到了行院，刘整的心里郁郁不平，失声叹道："首帅阻止我，让我功成后人，善做者并非善成，果然！"[②] 当天傍晚，刘整忧愤而死，终年六十三岁。刘整死时，伯颜、阿术已拿下黄州，正准备向蕲州进军。

作为南宋降将，刘整与吕文焕等人不同，他是在没有敌人攻城压力下主动投降的，面子上要好看得多。他首倡平宋谋略，又直接参与战争，想在战争中立大功的心情当然可以理解，可是有一点他似乎没有看透。这场战争从性质上讲，虽然是蒙宋之间一场封建帝王之争，但由于交战双方特殊的民族身份，再加上蒙元贵族一直想入主中原、统一全国，从这一基本立场出发，像渡江这样的具有重大战略意义的功劳，自然只能落到蒙古将领头上，不会落到汉人将领头上，行院首官合答在主帅渡江

---

① 《平宋录》卷上。

② 《元史・刘整传》。

之前，不肯贸然夺功，想必也考虑到这一层关系。因此无论刘整对元朝有多大贡献，他最后的这个愿望根本不可能实现。即使像史天泽这样的旧臣，如果他还在军中，恐怕也得把功劳让给伯颜，决不会产生自己抢头功的想法。

刘整死后一个月，传出史老丞相病危的消息。忽必烈派史天泽的四子史杠领着御医快马赶到真定，经过诊断，御医给老丞相服下圣上亲赐的药。而史天泽心里明白，自己已经不行了，御医和药都救不了命。活了七十四岁，出将入相五十年，为朝廷出生入死，屡建战功，圣上对自己厚待有加，即使发生了李璮那桩案子，圣上也没有降罪，仍然委以重任，若不是病魔缠身，自己正当领兵过江，为朝廷再立功勋。遗憾的是，岁月无常，人生有定，眼看离死亡已在咫尺之遥，就将魂归梦断，万事皆空了，好在回首往事，多感欣慰，今生也算无怨无悔。天泽叫家人拿来纸笔，颤巍巍地给忽必烈写了一份奏表，其中说道："臣大限有终，死不足惜，但愿天兵渡江，慎勿杀掠。"[①] 当日，二月七日，史天泽在真定家中病故。

史天泽、刘整都是宋、元历史上著名的人物，也是这场统一战争中的主要将帅，可惜二人没有活到战争结束，没能亲眼目睹统一大业的成功，没能看一眼江南锦绣河山，他们的遗愿只有托付伯颜代为完成了。

史天泽去世的同一天，伯颜大军从安庆出发，向池州（今安徽贵池区）进军。

池州守将王起宗已在元军渡江后弃官逃跑，眼下由通判赵卯发、都统张林主持池州政务和军事。起初赵卯发主张坚守池州，他带人修城储粮，准备迎战元军，而张林主张投降，他多次向通判提议，均被拒绝。

① 《元史·史天泽传》。

都统见通判不肯投降，一天借出城巡江的机会，暗中与元军联络，回城后又表示与通判共同守城。

池州守军只有五百人，全部由都统指挥，通判手里没有兵权，抗敌也就成了纸上谈兵。赵卯发分析了一下形势，敌强我弱，且不说都统与自己面和心不和，单凭五百军兵以及并不坚固的城防，要想保住池州城简直比登天还难。想到这些，他改变了主意。

通判置办了一桌酒席，请来亲朋好友，与大家饮酒话别。他对妻子雍氏说："城就要破了，我是守臣不应当离去，你先走吧。"妻子问道："君为命官，我为命妇，君为忠臣，难道我不能为忠臣妇吗？"卯发笑了："这哪是妇人女子所能做的。"雍氏见丈夫不相信，提出在丈夫之前就义，卯发笑着劝阻住了。次日，通判将家产分给亲属，又打发那些仆人、婢女出了城，这才安下心来。

通判的住处有一间屋子，名曰"可以从容"。一次通判领着客人来到这间屋子，指着题扁说："我必死于此屋。"客人不明白，通判接着说："古人云：慷慨杀身易，从容就义难。这便是先兆。"

元军逼进池州。二月九日早晨起来，赵卯发在案上留言："君不可叛，城不可降，夫妻同死，节义成双。"写完后，夫妻二人身着盛装，在从容堂内上吊自尽。张林见通判夫妇自杀，打开城门向元军投降。[1]

伯颜进入池州城，打听赵通判在哪里，部下向主帅讲述了赵卯发死亡的经过。伯颜带领一群将领来到那间屋子，看着夫妇二人的尸体，大家叹息了一番。伯颜叫人放下尸体，吩咐预备棺材将尸体合葬一处，他又到墓前施了祭拜礼，这才离去。

主帅下令，将池州都统张林就地处死。

---

① 《宋史·忠义五》。

贾似道兵败芜湖

听到刘整死讯，贾似道打起精神上表出师。他抽调各路精兵十三万人，任王爚（音月）为左丞相，章鉴为右丞相，陈宜中知枢密院当国，任亲信韩震为殿帅，统领禁军。

阵容庞大的宋军在贾似道督师下出发了，装载着各种财宝及辎重的船只在江中排成长列，船与船首尾相连，延绵百里。

至元十二年二月九日，就在赵卯发夫妇就义的那天，贾似道抵达芜湖。①在芜湖，他遇见了“瞎贼”汪立信。这位因上江防三策被罢职的前兵部尚书、江陵知府，不久前又被他起用为端明殿学士、沿江制置使、江淮招讨使，派去建康招募兵丁，增援前线。汪立信不计前嫌，接到任命的当天便离家上路。他把妻儿托付给爱将金明，握着金明的手说：“我不负国家，你也不要负我。”

贾似道抚着汪立信的背哭诉：“端明端明，我不用公言，以至如此！”汪立信随口说道：“平章平章，瞎贼今日更说一句不得！”他问立信今后准备去哪里，汪立信回答：“江南已无一寸干净地，我去寻一片赵家地上死，死也要死得分明。”

后来汪立信到了建康，见守军四处逃散，看出大势已去，他长叹一声：“我生为宋臣，死为宋鬼，但徒死无益，反倒辜负了国家。”于是他率领几千人去了高邮，等待时机再做打算。②

伯颜接到忽必烈的旨令，让他息兵待命。这时贾似道派人携带江南特产水果荔、柑，到元军营中送给伯颜，又派计议官宋京前来议和。宋

---

① 《钱塘遗事》卷七《贾相出师》；《宋史・奸臣四》。

② 《宋史・汪立信传》，《钱塘遗事》卷四《紫原三策》。

京见到伯颜，请求归还被占领的州郡，宋朝方面将按照当年鄂州之约纳贡称臣。伯颜要求贾似道亲自来谈。贾似道又派宋京和承宣使阮思聪代表自己来谈判，伯颜扣下宋京，命千户囊加歹随阮思聪去芜湖。囊加歹见到贾似道，向他转达主帅的话："渡江之前，议和尚可，如今沿江州郡都已投降，想要议和，请当面来议。"① 囊加歹还转告说："我奉旨渡江，皆因你失信所致，怎敢退兵。宋朝君臣若来归顺，即刻遣使上闻，若负隅顽抗，就请秣马厉兵，决一胜负！"② 贾似道不敢去见伯颜，只好硬着头皮准备应战。

囊加歹返回军营，伯颜将宋京放走。阮思聪见议和失败，预感前途不妙，偷偷备了一艘快船溜之大吉。③

贾似道十几万兵马，号称百万，以孙虎臣七万人做先锋，开赴丁家洲（今安徽铜陵市东北），夏贵的两千五百艘战舰，封锁江面，似道带其余兵马在鲁港殿后。夏贵见到贾平章，从袖中取出一本书，说是三百二十年的宋历，似道看了一眼低头不语。

眼见宋军在丁家洲摆下阵势，一场大战即将爆发，主帅伯颜却犹豫起来，拿不定了主意。

一个月前，忽必烈下诏，命令伯颜大军到达池州后暂时停止前进。他又派遣廉希宪的堂弟、兵部尚书廉希贤，与工部侍郎严忠范等携带国书出使南宋，督促临安政府投降。伯颜与贾似道议和的时候，忽必烈召见了原鄂州守将张晏然，对他讲："卿不忘旧主，也必能辅助我家。朕已命伯颜按兵不进，又派兵部尚书廉希贤等持书前往临安，果能悔过自新，既往不咎。至于权臣贾似道，朕尚无怪罪之心，又怎会让赵家后继无人

① 《元史·伯颜传》。

② 《平宋录》卷上，《经世大典序录·平宋》。

③ 《宋季三朝政要》卷五，《钱塘遗事》卷七《遣使请和》。参见《宋元战争史》页263。

呢？倘若执迷不悟，今后的事，朕也难说，上天作证。”[①]

现在议和不成，可圣上没有下令重新开战，前方主帅该如何行动呢？

伯颜找来阿术，问道：“圣上令我军驻守，你看该如何？”阿术说：“如果放任似道不打，恐怕已降州郡今夏难守。况且宋人言而无信，刚遣使请和，又射我军船，掳我骑兵。今日只有进兵，如果事有不测，我来承担。”[②]听了阿术的话，伯颜心里踏实多了。主帅下令，军次丁家洲。

二月中旬，元军开进丁家洲，与孙虎臣的先锋部队接上了阵。

伯颜见宋军军容盛大，气势不凡，考虑用计打败敌人。他叫士兵赶制出几十只木筏，筏上盛满柴薪，放出风声要火烧敌船。宋军得到消息，立即加强了警备力量，士兵昼夜巡逻瞭望。可一阵紧张过后，没有发现任何异常，士兵们也就渐渐松懈了下来。

敌人的警惕刚刚松动，伯颜派出骑兵沿江两岸向宋军冲去，又命令水军勇往直前。元军的行动迅速、凶猛，两岸早已准备好的大炮用火力轰击江心的敌船，配合水陆大军作战。阿术登上一只战船，亲自把舵冲在前面，其他将校见阿术冲了上去，也都争先恐后地往前冲。炮鼓声、喊杀声惊天动地，元兵边冲边喊“宋军败啦！宋军败啦！”在突然的进攻面前，宋军竟无法从惊愕当中马上清醒过来。

从后面的战斗看，这不是一场像开始摆出来的架势那样的阵地战，因为不存在攻防双方艰苦的相持，也没有阵地战通常会有的残酷的肉搏，这简直就是一场一方对另一方疯狂的追赶与血腥屠杀，根本谈不上攻击与反攻击的战略战术。在元军的进攻面前，宋军在没有组织起任何像样

① 《元史·世祖纪》。
② 《元史·阿术传》。

反击的情况下，将领和士兵们就已经乱作一团，这些军人在战斗的开始阶段想的就是该如何逃命了。

首先逃跑的是水军最高指挥官夏贵。水军在受到元军炮火和战船的猛烈攻击后，舰队阵形被打乱了，有些战船掉头逃窜，更多的战船相互拥挤、碰撞在一起，士兵们被冲上来的元军杀得纷纷坠落江中。夏贵乘坐战船掉头朝鲁港驶回，经过贾似道乘坐的船时，他向平章喊道："敌众我寡，快支撑不住了！"似道一听，本想叫将士们顶住，慌乱中下达的命令却是鸣金收兵，这样一来逃跑成为被命令去做的一种行为，没人再舍命厮杀，结果十几万官兵很快就溃不成军。

到了晚上，贾似道收到军情，大呼："虎臣败啦！"连忙派人叫夏贵来商量对策。他急得如热锅蚂蚁，孙虎臣一身狼狈地跑了回来，告诉贾平章宋军没有一个人肯卖命。夏贵在一旁听到这话，勉强打起笑容说："我可是拼死血战哪！"似道无心同他们计较，问二人有什么办法。夏贵出了个主意，他说："各军已然胆落，我们如何再战？平章只有去扬州，招集逃兵，迎驾海上，我死守淮西。"似道也没有更好的办法，只有照这个主意办。三人垂泪而别，夏贵去庐州（今安徽合肥市），贾似道奔扬州，孙虎臣去泰州（今江苏泰州市）。

次日起程，贾似道看见两岸逃兵成群结队地四处逃命，他站在船上扬起旗子召唤他们归队。逃命的士兵哪里顾得上听贾平章喊话，根本不予理睬，有人还用脏话朝船上不停地谩骂。

事后人们编了不少诗句讽刺贾似道在芜湖丁家洲的惨败，其中一首写道："丁家洲上一声锣，惊走当年贾八哥。寄语满朝谀佞者，周公今变作周婆。"[①] 有人记起当初汪立信给贾似道上的"江防三策"，下策说天灭

① 《宋人轶事汇编》卷十八引《矶园稗史》。又，南宋朝廷有人曾把贾似道誉为周公。

大宋，只有向元朝称臣或准备棺材等死了，于是也作了一首诗："厚我藩垣长彼贪，不然衔璧小邦男。庙堂从谏真如转，竟用先生策第三。"①

汪立信得知宋军战败芜湖，心情万分悲痛，叫来手下人，与大家饮酒话别，并给家人写好遗书。夜半时，他走到庭院当中，慷慨悲歌，握拳痛哭。到了第三天，汪立信在悲愤中死去。后来，伯颜住的一处地方恰巧是汪立信的家，有人向主帅报告，说汪立信曾向贾似道上江防之策，而且誓死不降，请求主帅杀掉他一家老小。伯颜听了汪立信的"三策"后，禁不住一再感叹，对身边人讲道："宋朝有如此之人、如此之论，果真能用上，我安得至此！"②这以后伯颜对立信家人表现得非常尊敬。

丁家洲战役元军大获全胜，缴获敌船两千多艘，杀死士兵不计其数，还缴获了贾似道都督府的大印。经过这场战役，南宋水、陆两军的中央主力被消灭了。

二月二十九日，贾似道来到扬州，立即派人护送国信大使郝经北还。

左丞相王爚（音月）、知枢密院当国陈宜中逃回临安。陈宜中回到临安，遇见从芜湖军中跑回来的翁应龙，问他贾平章去了哪里，翁应龙回答说不知道。陈宜中以为似道已死，装模作样地上书奏请治似道的误国之罪。太皇太后不准，她对陈宜中说："似道勤劳三朝，怎忍心以一朝之罪就杀了他呢。"③谢道清只撤去贾似道平章、都督二职。

贾似道身边的亲信有的自杀，没有自杀的分别受到弹劾。殿帅韩震因支持似道主张迁都，被陈宜中设计杀死。三月一日，韩震的部下发动兵变，攻打皇宫，被赶来的军队驱散，部将李大明带领二百名军士及韩震的母亲、妻儿一起投奔了元军。

---

① 《钱塘遗事》卷四。

② 《钱塘遗事》卷四，《宋史·汪立信传》。

③ 《宋史·奸臣四》。

这两天，郝经的心情豁然开朗，他终于盼来了北还这一天。枢密院官员早已在路上接应，一行人收拾好行李，乘船离开真州由水路起程。路上郝经感觉身体有些不适，随行官员迅速将情况上报朝廷，忽必烈身边的侍臣和御医一批接一批地赶到了。

听说大元信使被拘十六年后全节而归，沿途十里八乡的百姓结伴着前来观看，人群像赶集似的聚集在信使经过的河流、道路两旁，每个人都想亲眼看一看这位苏武式的英雄。当大家真的看见了国信大使，竟一时不敢相信自己的眼睛，眼前这位老态龙钟、面容憔悴的人就是人们常说的那位英雄吗？当年国信大使南下鄂州时年仅三十几岁，风华正茂，如今也不过五十二三岁，怎么就这般苍老了呢？人们的心一下子沉了下来，喧闹的人群顿时鸦雀无声，许多人眼里浸含着泪水，不时地发出低低的抽泣声。

三月二日，伯颜进入建康（今江苏南京市），守将跑的跑、降的降。元军占领建康，离临安越来越近，一路打下来，伯颜名声大振，临安城里的那些文臣武将一提起伯颜，个个魂飞魄散，惶惶不可终日。

元朝的另一批信使到了建康。他们原有一项使命就是调查南宋扣押国信大使一事，现在这个使命不存在了，剩下的事情只是督促临安政府尽快投降。出于安全考虑，廉希贤、严忠范向主帅提出能否带上一些士兵，伯颜认为没有必要，信使的任务是转达圣意，不是以武力威胁，如果带上军队，反而会坏事。廉希贤一再坚持，伯颜勉强拨给了五百名士兵。

廉、严二人的顾虑不是毫无道理，眼下正值兵荒马乱，虽然敌人大势已去，但各地仍有军队在顽强抵抗，这些军队杀红了眼，什么事都做得出来。临安朝内又乱糟糟一团，各地情报传递不畅，下面的军官擅自行事，胡乱杀人，大概也无人追问。在这种混乱局势下，任何意外都有可能发生。而主帅的顾虑也有道理，双方交战时期，难免有人不按常规办事，对方又狡诈多变，信使带上兵马会更加危险。

可怕的是，这种顾虑几天以后变成了现实。三月中旬，信使到达独松关（今杭州市西北），遭遇南宋广德军，名叫张濡的军官带兵袭击元使，五百多人全部罹难。张濡报功领赏，升任知广德军。临安明知元朝信使被杀，却故作不知。[①]

伯颜得到消息非常气愤，派人前去临安质问。南宋自知理亏，尚书吴浚给已经投降的原建康都统徐王荣写了一封信，派马驭送到建康，希望徐帮忙说些好话。吴浚在信里转达了刚上任右丞相的陈宜中的口信：杀信使一事，太皇太后及恭宗实在不知，都是边将的过错，一定严加查办，宋朝愿输岁币，请罢兵通好。[②]

在伯颜看来，这不过是宋人为了试探元军虚实玩弄的一个权宜之计。他让行省议事官张羽、行院令史王章带上徐王荣的复信，随同马驭返回临安，了解宋廷到底有多大诚意。然而，同样的事情再次发生，这些人到达平江（今苏州市），又被宋军杀害。

南宋方面一再杀元朝使臣，态度刁钻虚伪，不仅激怒了主帅，也令元军将领们大为光火，大家纷纷请战攻打临安。

北边告警

伯颜驻扎建康，命阿塔海、董文炳驻守镇江，阿术攻打扬州。

---

① 《元史·廉希宪传》。一说廉希贤被带到临安后死亡，见《宋史·瀛国公纪》。

② 《蒙兀儿史记》卷九十《伯颜》，《元史·伯颜传》，《元史·世祖纪》。

进入四月，南方的天气已经热起来，伯颜正紧张地部署着决战前的各项事宜，突然接到一道圣旨，忽必烈指示他说，暑天炽热，不利兴师，可暂且息兵，入秋再举，切不可轻敌贪进。[①] 伯颜感觉不对劲，战争进入了关键阶段，形势已经明朗，临安犹如一头困兽，再给它狠狠一击，它就彻底完蛋了。元军上下人人摩拳擦掌，斗志昂扬，正是举兵的大好时机，如果停止不前，偃旗息鼓，不仅挫伤了士兵的斗志，也给困兽以喘息之机，使它伺机而逃。

几位主要将领也都感到奇怪，摸不透圣上为何要下这样一道圣旨。张弘范一旁说道："圣上虽待士卒宽厚，可眼下敌人已经丧气，亡在旦夕，稍有迟疑，就会给敌人留下空子。将军在外，进退缓急可自由主张，需乘破竹之势，此外别无良策。"[②] 伯颜点了点头，派人去见圣上，申明自己的看法。过了些天，圣旨又下来了，忽必烈没有坚持自己的旨令，只嘱咐伯颜根据情况采取行动。伯颜以为圣上改变了想法，又着手忙于军中事务。

五月，忽必烈身边的近臣爱先来到建康，当面转告伯颜，圣上要他立即回京，有重要事情同他商量。伯颜心里明白，肯定发生了什么大事。他把行省的公务交给阿剌罕、孟祺，又赶到镇江会晤阿术、阿塔海、董文炳，吩咐他们要严阵以待，不要放松警惕。安排好后，伯颜不敢耽搁，在卫队护送下快马加鞭急赴上都。

朝廷里有一位通阴阳、会占谶的人，忽必烈非常信他，经常找他来算卦，而且往往灵验。第一次见面时，忽必烈就想考考他，指着坐在西

---

① 《元史·伯颜传》，《元朝名臣事略》卷六《元帅张献武王》。

② 《元朝名臣事略》卷六《元帅张献武王》。

侧的第二人问道："他手里拿的是什么？""是鸡卵。"一看果然不错。又问："朕心里有件事放不下，你知是何事？""据臣推算，当是一位名僧患病了。"忽必烈说："是啊，他就是国师。"①

此人叫田忠良，山西人，前两年由刘秉忠推荐入朝。

忽必烈一有解不开的心思，就请田忠良为他解谜。那次正殿朝拜后，阿里海牙请兵伐宋，宰执们意见不统一，决议一拖再拖。忽必烈叫田忠良占一卦，看看天意如何，占的结果促使忽必烈下了决心。

战争计划已定，忽必烈去柳林（今北京市西南郊）打猎，在一座大帐内休息。当时很多将领都在场，忽必烈看着田忠良问道："朕已选出一员大将取江南，你可知是谁？"忠良环顾左右，最后盯住一个人看，说道："此人乃伟丈夫，可交付大事。"忽必烈笑了："他就是伯颜，旭烈兀大王的信使，朕把他留了下来。你真知道朕的心思。"②

丁家洲战役前后，按惯例忽必烈该去上都避暑，由于圣体欠安，推迟了行期。有人对他讲，今年圣上的运气不佳。他听后心里不安，又把田忠良找来，告诉别人说的话，请忠良算一算。田忠良安慰圣上不必担心，身体很快就会好起来。过了一个月，忽必烈感觉好多了，觉得自己什么病也没有。四月，他起驾去了上都。

突然有一天，田忠良接到从上都发来的诏书，要他速去见圣上。此次召见，忽必烈不是要考他，也不是让他算一些无聊的事，而是有要紧事叫他办。这件事也正是忽必烈急召伯颜北上的原因。

自从阿里不哥投降后，忽必烈遣使邀西北诸王——伊利汗国的旭烈兀、钦察汗国的别儿哥、察合台汗国的阿鲁忽，请他们东来一同商定如何处置阿里不哥，三王答应同时来上都。忽必烈还邀请了窝阔台后王海

---

①② 《元史·方技》。

都，但遭到海都的拒绝。此后，阿里不哥病故，三王也先后去世，他们的汗位分别由后人阿八哈、忙哥帖木儿、木八剌沙继承。

这一段时间，西北暂时平静下来，忽必烈腾出手搞政权建设，稳定中原，实施了一系列具有改革性质的政策，成效显著。然而，西北的平静并未持续太久，那些不满意忽必烈效行汉法的蒙古宗王不断发动叛乱，企图改变忽必烈向中原靠拢的政治路线。

窝阔台的孙子海都是反对忽必烈最坚决的一位宗王，他对汗位被拖雷后人夺去一直心存不满，总想东山再起，重新夺回汗位。

至元五年（1268 年），海都发动叛乱，率兵攻打忽必烈的军队。忽必烈派军击退海都，又向西北迁移去了大批中原人口。至元八年（1271 年），忽必烈派皇子那木罕在阿力麻里建北平王府，总领西北元军，抵御海都的势力。至元十二年春，伯颜率大军渡过长江，横扫沿江诸郡，征南元军打得正酣，就在这个时候，西北叛乱又起。忽必烈北上避暑时，叛军已逼近上都，直接威胁到大汗的安全。由于事起仓促，情况又十分危急，忽必烈才不得不紧急召回伯颜，又下诏让田忠良赶赴上都。

田忠良来到上都，很快被召见。忽必烈对他说："叛军散漫山陵，久而不去，你与和礼霍孙带人前去探视。"①

忠良来到山陵，开始并未发现异常，忽然叛军不知从哪儿冒了出来，里三层外三层地围了个水泄不通，和礼霍孙有些紧张，忠良却不着急。两天过去了，到了第三天夜晚，忠良带领众人悄悄溜出了包围圈，叛军竟然毫无察觉。和礼霍孙大为感叹，把忠良当作神人。忽必烈见他们平安归来，也很高兴，听了和礼霍孙的叙述，赏了忠良十两黄金。

忽必烈的忧虑仍然没有消除，最让他有安全感的还是伯颜能在身边。

---

① 《元史·方技》。

十二年五月底，伯颜到达上都。君臣见面后，忽必烈首先询问前方战事，主帅一一做了汇报，听说大军一路凯歌，忽必烈多少得到一些安慰。随即他向伯颜谈起叛军的情况，主帅分析说，从情势上看，叛军尚不至采取过激行动，西北的事情有缓，目前最要紧的是江南，战争进入了最后关头，临安朝廷已奄奄一息，实现南北统一指日可待，少则数月，多则一年，一旦江南平定，大军凯旋而归，到那时再挥师北上为时不晚。听了伯颜的分析，忽必烈悬着的心才沉下来，批准了尽快攻打临安、早日结束战争的计划。

尽管如此，他也没有立刻放伯颜南返，而是要他陪自己一阵子。伯颜留了下来，在上都陪伴圣上度过了整整一个夏天。

畏兀儿人阿里海牙奉命留守鄂州，在贾居贞、崔斌的协助下平定荆南。

伯颜大军东下后，阿里海牙一边安抚新降附的官兵及当地百姓，一边开始考虑长江中游的防卫措施。在对待这个问题上，畏兀儿人的聪明之处就在于没有采取消极防御的态度，而是主动出击，占领中上游南宋的江防重镇。这样做的结果，既保卫了鄂州的安全与稳定，同时也解除了东下大军的后患。

至元十二年二月，根据贾居贞建议，阿里海牙向朝廷申请发兵江陵，他在奏中说道："江陵是宋朝重镇，地处大江上流，屯精兵不下数十万，若不乘势攻取，一旦春水泛滥，鄂、汉之城恐怕难守。"[1] 接到奏请后，忽必烈表示同意，并派人前往江陵招谕南宋江陵府制置司。

三月，阿里海牙攻下岳州，俘虏知州高世杰。四月，攻克沙市，屠

① 《元史・世祖纪》，《元史・贾居贞传》。

城。驻守江陵的荆湖宣抚使朱祀孙、湖北制置使高达投降。阿里海牙“传檄郢、归、峡、常德、澧、随、辰、沅、靖、复、均、房、施、荆门及诸洞，无不降者”。荆湖北路相继平定。

五月，捷报送到朝廷。忽必烈又收到阿里海牙献上的荆湖全境的户口、财赋及一千名童男女、一万头牛，他对这位“小北庭人”在新战场上的胜利大为感动，设宴三天，以示庆贺。宴会上，忽必烈对大臣们讲：“伯颜领兵东下，阿里海牙孤军守鄂州，朕曾经深为担忧。倘若荆、蜀连兵顺流而下，鄂州新附，人心不稳，必会有人于城内策应，使我军根本动摇。谁料小北庭人竟能平定全荆，江浙闻之，怎不胆战心惊，我东下大军再无后顾之忧了。”①

阿里海牙还献上一幅江陵地图，请朝廷派一名重臣前去镇守。忽必烈连夜召辽东的廉希宪赴上都觐见，又派人转告阿里海牙，让他速还鄂州。忽必烈仍然不放心，又给原湖北制置使、新任行省参知政事高达下了一道诏谕，让高达帮助行省多出一些主意。他在诏谕中说：“过去我朝出征，所获城池，皆弃而不顾，未曾留兵屯守，以至连年征战不息。所谓夺取国家，不过取其土地、人民而已，虽得土地而无人民，谁来居住？今要保住新附城池，使百姓安居乐业，蒙古人知之不多，你熟悉此道，应当勤勉用事。湖南都是你的旧人，如何招降他们，如何使百姓安业，照你的想法去做。”②

与阿里海牙同是畏兀儿人的“廉孟子”一年前被派往北京行省，在那里干得不错，如今忽必烈又给他安排了一个新差事，去江陵配合同乡共同治理荆湖地区。

① 姚燧：《湖广行省左丞相神道碑》，《元文类》卷五十九。
② 《元史·世祖纪》。

来到上都，忽必烈让他坐下说话。圣上首先开口：“荆南入我版图，要使新附者感恩忘苦，未附者怀化效顺，宋人知我朝有如此大臣，足以降其心志。南方湿热，于你病体不宜，今以大事相托，料你不会推辞。”对这一安排，希宪本人倒没什么意见，只是自己身体不太好，荆南的气候也糟糕了一些，忽必烈知道这一点，希望他不要以此为理由拒绝赴任，还说可以拨出五十匹马给随行人员。希宪连忙说道：“臣每每担心才疏识浅，不能胜任大事，又怎敢以病推辞。”①

忽必烈见廉希宪答应了，授权荆湖行省有权任命三品以下官员，调陕西道劝农使许楫转荆湖行省，任左右司员外郎。许楫刚被派往商挺所在的陕西，这次又被调往荆湖，这位美髯公近两年倒和商挺、廉希宪结下了不少因缘。

希宪一路冒着夏日的酷暑到达江陵。阿里海牙率领大小官吏到郊外迎接，远远望见行省大员的人马驰来，阿里海牙和官吏们不顾飞扬的尘土候拜在道路两旁。当地百姓见征服他们的大将军对来人如此敬重，相互间交头接耳，悄声猜测着来人身份。

安顿好一行人，阿里海牙返回鄂州。

这年（至元十二年）夏天，威尼斯商人尼哥罗、弟弟马菲奥以及尼哥罗的儿子马可·波罗到达上都，他们是来向忽必烈皇帝交差复命的。

二十年前，尼哥罗、马菲奥离开威尼斯外出经商，几年后到达君士坦丁堡，又沿黑海来到钦察汗国，拜见钦察汗别儿哥。后来别儿哥与旭烈兀发生战争，归途受阻，兄弟二人遇见了旭烈兀派往上都的使臣，于是决定跟使臣一道东行，去东方碰碰运气。至元二年（1265 年），他们到

---

① 《元史·廉希宪传》，《元朝名臣事略》。

了上都。

忽必烈很高兴有远方的客人来，他向“黄发碧眼”的威尼斯商人询问沿途情况，最后派他们出使罗马教廷，还要求他们从耶路撒冷的圣墓上取回一些长明灯的圣油。

兄弟二人受命返回了西方，由于教皇去世、等待新教皇产生，耽误了很长时间。待一切办理完毕，再次踏上东进路途时，他们带上了马可·波罗。新教皇格里高利十世特命两名教士随行，途中两名教士因惧怕战乱，将教皇致忽必烈皇帝的信委托给尼哥罗兄弟，他俩则放弃了这次使命。

父子叔侄三人沿着东西方贸易交通线，经伊利汗国，穿越帕米尔高原，再取道南疆经过今甘肃、内蒙古、河北，历时三年半，第二次来到上都。

忽必烈接见了二十一岁的马可·波罗，见他相貌英俊，谈吐大方，觉得这位年轻人很可爱，用丰盛的酒肴招待了他。元朝皇帝也给年轻人留下了深刻印象，他“中等身材，修短适中，四肢匀称，整个体态配合得很和谐。他眉目清秀，英气照人，有时红光满面，色如玫瑰，更增加了他的仪容丰采。他的眼睛乌黑俊秀，鼻梁高直端正”[①]。这就是多年后马可·波罗在他那本著名的《游记》中对元朝皇帝的描述。

据马可·波罗称，他受到了忽必烈的重用，皇帝派他去云南、江南巡视，他还在扬州做了三年地方官，这些都是他引以为豪的经历。不过二十几年后，马可·波罗在热那亚监狱中向别人讲述他的东方之旅时，却丝毫没有提及中国的长城、书法和茶叶，而且在中国古代文献包括扬州地方文献中，也没有发现有关这位意大利人的任何记载。

---

① 《马可波罗游记》，陈开俊等译，福建科学技术出版社，1981 年，页 90。

这就成为当代某些欧洲学者对马可·波罗其人其事产生怀疑的原因。他们认为他也许根本没有到过中国，那本《游记》很可能是旅游手册的改写而已。[①] 当然，中国的马可·波罗学者坚持传统的观点，并找出颇为有利的史料来证实自己的结论。[②] 实际上，如果真有什么问题的话，也只能寄希望于对此感兴趣的专家、学者。但有一点不能忽视，《游记》中记述的有关忽必烈一朝的许多事件和人物，与历史事实基本相符，只是作者习惯使用夸张、渲染的手法罢了。

马可·波罗和父亲、叔叔在中国旅居达十七年之久。

---

① [英] 弗朗西斯·伍德：《马可·波罗到过中国吗？》，洪允息译，新华出版社，1997 年。
② 《中西文化交流先驱——马可·波罗》，商务印书馆，1995 年。

第八章

临安投降，中华江山一统

至元十三年（1276 年）正月，战争进入尾声，仓皇出逃与浴血奋战形成强烈反差。十八日，临安投降，统一大业基本完成。

焦山战役

主帅走后，阿术兵驻瓜洲（今扬州市南），距扬州城四十五里。他命人在扬子桥一带的河中竖起木栅，切断淮东粮道，派万户史弼守栅。至元十二年（宋恭宗德祐元年，1275 年）六月二十七日，淮东制置使李庭芝令扬州都统姜才、副将张林，领两万步骑兵夜袭扬子桥。史弼连夜向元帅求援，阿术闻讯后立即率军从瓜洲出发，次日凌晨抵达扬子桥。

身材短粗的姜才是李庭芝手下一员猛将，他知兵善任，战功卓著，在淮东军队中很有影响，只因早年被乱军掳掠到北方，属来归人，所以一直未能得到朝廷重用。李庭芝驻守扬州，姜才成了制置使抗元的得力助手。他与张林领兵来到扬子桥后，在河的北岸排出阵形，准备夺取扬子桥木栅，打通淮东粮道。

战斗打响了，张弘范带领十三名骑兵渡河冲击宋军，经过几番喊杀，宋军阵形丝毫不乱。张弘范掉马回撤，一名宋军骑兵挥刀奔弘范追来，后面的大队人马也呼喊着冲杀上来。阿术指挥士兵继续后退，当看到宋军只顾追赶而毫无防备时，他下令反击。宋军以为敌人败退，正得意地追赶，猛地见元兵杀了回来，一时乱了阵脚。张弘范回头一看，那名骑兵已经逼近自己，出手一枪将他刺下马，随即召唤自己的部队转身杀向宋军。阿术命令弓箭手发箭，瞬间万箭出弦，宋军士卒纷纷倒地。战斗从上午打到黄昏，宋军渐渐支持不住，许多士卒掉进河里溺死，不少步兵被自己的骑兵践踏而死，姜才的肩部被流矢射穿，带着少数士卒败回扬州城，张弘范一直追到城下才停了下来。

这场战斗宋军损失一万八千人，副将张林被元军俘虏。

扬子桥战斗后，宋军主战派将领并未罢休，积极筹备更大规模的军事行动。枢密都承旨张世杰、泰州知州孙虎臣约扬州李庭芝、常州张彦会兵焦山（今江苏镇江市），要与元军决一死战。张世杰想通过这次战役扭转败局，孙虎臣也想挽回自己在丁家洲丢失的面子，他俩乘元军主帅不在前线，以宋军擅长的水战迎敌，自信有胜无败。

七月一日，到了约定日期，张世杰、孙虎臣统帅数千艘战船陈列在焦山江面，等待扬州、常州的军队。可左等右等，李庭芝和张彦的人马始终没有出现，只有常州守将刘师勇召集了一支军队匆匆赶来。张、孙二人决定孤注一掷，誓死一战，张世杰下令每十条船为一舫，用铁索相连，横截江面，各方阵将船锚沉入江底，没有命令不得起锚。

第二天天明，阿术、阿塔海登上南岸的石公山，凭高眺望，见宋军船队横江而列，声势浩大，但船与船之间被铁链锁住，显得笨重、迟钝，失去了机动作战的能力。阿术认为可以用火攻，阿塔海微笑不语。

阿术采用元军传统战术，三面包抄，猛击中路。他命万户刘琛领水军沿南岸到焦山东北的夹滩，绕到敌人船阵后面，董文炳直抵焦山南麓，攻敌人右翼，招讨使刘国杰攻左翼，万户忽剌出打中路，张弘范领军自上流而下，直抵焦山北麓。阿术又派出一千名火弓手埋伏在南北两岸，随时待命。部署完毕，阿术下令进攻，一千名火弓手向宋军发射火箭，船阵顿时成了一片火海，各路元军同时发起了冲锋。

此刻，董士表还在急火火地向伯父请战，文炳劝他说："我和士选此战不回，还有士元、士秀替我们杀敌，你父只有你一个儿子，我怎忍心让你去。"[①] 董士表纠缠不放，文炳只好答应了他。董文炳在自己的船上设置起大将旗鼓，命次子士选、侄子士表各乘船一左一右，老少三人率手下将士呼喊着朝敌阵冲去。

战斗进行得异常激烈，元军小型战船在宋军船阵中间敏捷地来回穿梭，不停地发起一波又一波攻击。宋军打得也相当顽强，士兵们知道这一战是以命抵命，有死无生，人人都出了死力。可宋军的失算之处恰在自身战术，在江中摆下连锁船阵，既为对方制造了火攻机会，同时又束缚住自家手脚，丧失了水上机动作战能力。士兵们被限制在船上，不能出击，想同敌人在江中周旋，没有主将的命令不能起锚，只有被动挨打。成千上万的士兵经受不住大火烤灼，跳进江里逃命，水性差的被淹死，落在后面的被追上来的元军杀死，到了中午，江面浮满了尸体，连战船的行驶都受到了阻碍。

这是一场决战，既然双方以死相拼，无论交战的哪一方，指挥战役的主将都不能有丝毫畏惧，更不可临阵退缩。樊城的牛富，新城的边居谊，池州的赵卯发，他们都是战到最后，流尽最后一滴血，士兵们看见主将英勇无畏，才肯誓死相拼，绝不屈服，这是军人的本色。而焦山战役的宋军主将却没有坚持到战役结束，他们一旦发现敌人过于强大，就

---

① 《元史·董文炳传》。

像指挥丁家洲战役的贾似道、夏贵一样，只顾保全个人性命，全然不顾士兵们的死活了。刘师勇跑了，孙虎臣也跑了，张世杰跳上一只小船，顺江水朝焦山以东方向逃窜。张弘范、董文炳在张世杰后面紧紧追赶，又缴获了一批战船，董文炳直到把张世杰赶进了海里，才领兵撤回。

焦山战役之后，南宋再也组织不起大规模的军事战役了。

郝经与贾似道

郝经于至元十二年四月回到大都，忽必烈还在，圣体刚刚康复。国信大使久别而归，忽必烈唏嘘了好一阵，叫人摆上酒宴慰劳这位吃尽苦头的信使。吃过饭，忽必烈又叫信使入大内，君臣坐在一起谈了大半天。第二天，忽必烈要去上都，嘱咐信使去看医生，还要好好休息，不要再做其他事了。

实际上，郝经已经没有多余精力做什么事情了，整个夏天，他的健康状况一天不如一天，入秋以后病情就开始恶化。七月十六日，采麟看父亲快不行了，问父亲有什么话要说，郝经示意儿子把纸笔拿来。采麟拿过纸笔，郝经欠起身，吃力地睁开双眼，在纸上写下“天风海涛”四个字，就再也不说话了。[①] 时辰不大，郝经与世长辞。采麟侍奉父亲的棺木，在中书省差官的护送下，回保定将父亲安葬。

人们评价郝经这个人，说他性格耿直，疾恶如仇，不会看人脸色，所以屡屡遭小人中伤。而他被贾似道拘押十六年，绝非君子与小人之间的恩怨那么简单。郝经出使南宋时，贾似道正春风得意，做了宰相，郝经去世的时候，贾似道已风烛残年，南宋朝廷也已是大厦将倾，摇摇欲

① 苟宗道：《郝经行状》，见《郝文忠公陵川文集》。

坠。郝经一生身系两朝治乱兴亡，他的遭遇恰是历史变迁的见证。

贾似道留居扬州不归，朝臣们不肯罢休，一再弹劾他。德祐元年（至元十二年）七月，王爚入见太皇太后，他说："本朝权臣种下祸害的，没有人比似道更甚，朝野上下不知多少人上疏弹劾，都被陛下压了下来，如此置人言于不顾，何以谢天下！"[①] 谢道清迫于压力，将似道贬去婺州（今浙江金华市）。

婺州百姓听说贾似道要来，纷纷拥出城外，不许他进城，朝廷只好让似道去建宁府（今福建建瓯市）。有大臣上朝奏道："建宁乃是名儒朱熹故里，三尺孩童也粗知是非，听说似道要来，人人恶心欲吐，何况见其人！"[②]太皇太后见还有人反对，最后任似道为高州（今广东高州市）团练使，去循州（今广东龙川县）安置，并抄没了他的家产。

福王赵与芮一向痛恨贾似道，招募敢杀似道的人押送他去贬所，一个名叫郑虎臣的县尉应召。临要出发时，郑虎臣见贾似道坐在遮阳轿子里，身边还带了几十名侍妾和大量珠宝，一怒之下，将侍妾们驱散，没收了珠宝，他又叫人把轿盖撤掉，让似道顶着太阳坐在轿里。

路上，县尉让轿夫边走边唱起杭州一带流传的歌谣戏弄似道，甚至指名道姓地辱骂这位曾经不可一世的人物。走到一处古寺前，大家进寺里歇脚，县尉发现寺壁上留有被贾似道排挤出朝的前丞相吴潜的题字，大声问他："贾团练，吴丞相何以至此？"似道低头一声不吭。

八月，来到漳州（今福建漳州市）木绵庵，郑虎臣多次暗示贾似道自杀，他不肯，还气哼哼地说："太皇许我不死，有诏便死！"县尉轻蔑地看了他一眼，自言自语地说："我为天下杀似道，死而无憾！"说完，

---

①② 《宋史·奸臣四》。

抽刀将贾似道砍死在木绵庵。

常州的教训

伯颜在上都陪圣上度过夏天，忽必烈接受了他的意见，决定先打完南方的战争。忽必烈对前方的战绩非常满意，升伯颜为中书右丞相，命他“率诸军直趋临安”。伯颜为阿术请功，忽必烈又升阿术为左丞相。余下的事是有关具体的军事部署，君臣二人就战争的最后结局、各个战场的主攻方向以及淮西行院的安置等问题进行了细致磋商。忽必烈还让伯颜带上一份他给南宋朝廷的诏谕，如果临安的君臣识时务，主动向元朝投降，就可以保证赵氏宗族的平安，宗庙一切如故。

至于西北方面，忽必烈决定派右丞相安童协助北平王那木罕前去征讨叛军，并指示几位皇族成员一同前往。随皇子出征的几位宗王有：那木罕的弟弟阔阔出，蒙哥的儿子昔里吉，阿里不哥的儿子明里帖木儿、药木忽儿。对这几位人选，田忠良的心里颇有些不安，他提醒圣上，此次西北之行不吉利，怕会有人反目。忽必烈一听很不高兴，近臣见状奏请圣上治田忠良的罪，忽必烈犹豫了一下，表示缓一缓再说。

八月秋凉，早晚已有些寒意，伯颜整点好行装，向忽必烈辞别，于初五离开了上都。他先回到大都，然后取道山东去了益都，在淮东他还有些事情要办。

由益都南下，经临沂、涟、海等州，伯颜一路视察边防，检查用兵设备，要求驻军严加戒备，配合主力大军行动。他从淮东抽调一部分兵力，命都元帅博罗欢、副都元帅阿里伯带这部分军队溯淮而进，牵制淮南一线的宋军，使他们不能增援临安。

九月上旬刚过，伯颜、博罗欢、阿里伯率军来到淮安城下，准备夺取运河边上的这座城市，切断宋军南援的路线。但战斗打得并不顺利，在守军顽强抵抗下，元军只攻占了南城堡。伯颜不想在淮安消耗更多的时间和兵力，撤下了攻城部队，率军绕过淮安经高邮南下扬州。

十月，到达扬州附近的湾头新堡。主帅召集前线将领会议，向他们传达圣上的旨意。主帅告诉将领们，圣上已下令攻打临安，并命令阿里海牙打湖南，蒙古万户宋都歹，汉军万户武秀，兵部尚书吕师夔等人行都元帅府事，联兵攻打江西，扼制各地宋军入援临安，保证攻打临安的部队无左右之顾。关于发兵临安的时间和进军路线，主帅告诉大家不久他们就会接到命令。会议结束后，主帅留下博罗欢、阿里伯驻守湾头新堡，协助左丞相阿术围攻扬州。

伯颜到达镇江，他把淮西行院的官员召到一起，对他们说，圣上下诏罢淮西行院，阿塔海、董文炳同署行中书省事，行院所辖军队由行省统一指挥。布置完毕，主帅在镇江住了下来。

至元十二年十一月九日，伯颜下令元军兵分三路南下，会师临安。阿剌罕率西路军从建康出发，经溧阳（今江苏溧阳市）、广德（今安徽广德市），至独松关；董文炳、张弘范、范文虎领东路水军，从江阴出发，入海南下，然后西回，至澉浦（今浙江海盐县南）；伯颜、阿塔海统中路军，从镇江出发，一路经常州、无锡、平江、嘉兴。三路大军抵达目的地后，在临安郊外驻扎。

西路军的行进路线是距离临安最近的一条路线，也是临安周围较薄弱的一道防线。阿剌罕的骑兵经溧水进至溧阳，守军不敌，向南败退，阿剌罕挥兵追赶。到达护牙山时，遭到宋军的阻击，双方经过一阵激战，宋军阻击失败，继续向南败退。溧阳、护牙山两战，元军消灭宋军两万人，俘虏宋将七十二名。

护牙山战斗后，西路军进入广德，逼近独松关。广德军首将是这年三月杀害廉希贤、严忠范及五百元兵的张濡，他得知元军进入广德，便领兵自独松关北上，在安吉州的上柏镇迎击元军。阿剌罕率骑兵所向披靡，杀敌两千人，生擒广德军副将冯翼，并在军前将他处死。张濡战败逃跑，被元军追赶上杀死。[①]

西路军凭借骑兵的优势，以迅雷不及掩耳的速度进占独松关，先期到达临安郊外，时间是十一月下旬。

中路军的第一个目标是常州，将领们早已做好了打一场恶战的准备。

早在三月份伯颜进驻建康以后，曾派兵攻打常州，守将出城投降。但是城中军民并未屈服，一个叫王通的人给城外的刘师勇写了一封密函，约他发兵常州，自己做内应。刘师勇接到信后迅速起兵，与城中军民里应外合，歼灭了守城元军，一举收复了常州。临安命刘师勇、陈炤、王安节共同守城。城中居民自动地组织起义勇军，协同官军抗元，护国寺的万安长老召集弟子组成一支五百人的和尚兵，也加入了守城战斗。七月初刘师勇正是带领常州城的一部分宋军赶赴焦山参战的，战败后他又退回到常州。

夏秋以来，宋、元双方在常州附近不断有所接触，元军始终没能拿下该城。元军攻克了常州西北的吕城，宋将张彦马陷泥潭被擒，元军派张彦到常州城下招降，刘师勇出语相讥，张彦惭愧地离去。元军又派范文虎来招降，被埋伏的弓箭手一阵乱箭射了回去。几个月来，元军在常州城下屡屡不得手，将领们已是咬牙切齿。而对于守军来说，吕城的失陷使常州失去了前方屏障，完全暴露在敌人面前，显得有些势单力孤。

十一月十六日，伯颜率军兵临城下。十七日，主帅命人向城中射书

---

① 《元史·阿剌罕传》。

诏谕："常州是我大元已下之城，你们降而复叛。大丞相兵临城下，四面攻击，势如摧枯拉朽，念我主上好生恶杀，以招降为先，连日遣人召谕，未见听从。城中百姓，勿以降而复叛为疑，城中将士，勿以抗拒我师为惧，来日如能出城归降，前罪一概不问，决不妄杀一人，按照沿江已附城池旧例加赏，四民各令安业。如若执迷不悟，守城顽抗，城破之日，枕尸流血，老幼无遗。请速速审思，莫留悔恨。"①

然而，城中还是没有做出答复。主帅命人在南门下堆土筑台，上面安置大炮，朝城内猛烈轰击，城内建筑物燃起冲天大火。

正当双方打得难解难分之际，伯颜得到报告，临安派出的援军已经到达常州东南的伍牧，距常州城还有四十里。伯颜立即派出大将怀都带领几千名士兵赶赴伍牧进行阻击，不许援军接近常州。

这支援军是在守军不断催促下上路的。临安几次接到常州的报急，却迟迟没有派兵，伯颜大军南下，形势危在旦夕，这才抽调两千名淮兵前去增援。刚上任不久的平江知府文天祥见援军数量不足，派手下部将尹玉、麻士龙、朱华率领三千名广、赣兵，配合淮军首领张全一同赴援。

五千宋军到达伍牧，迎面碰上怀都的阻击部队，双方接上了手。尹玉等人指挥广、赣兵同元军展开激战，而张全率领的水军却停泊在运河岸边按兵不动，采取隔岸观火的态度，眼睁睁看着尹玉他们与敌人厮杀。

从白天到傍晚，战斗打得很苦，麻士龙战死，朱华败退，只有尹玉仍在坚持。败退下来的广、赣士兵跳进运河，拼命地朝水军的船只游去，希望水军弟兄能够救援他们。他们游到船只跟前，用尽全力扒住船舷想要上船，可让这些士兵至死都无法理解的是，张全命令水兵用刀砍断他们的手指，然后下令开船撤退，那些被砍断手指的士兵一个个掉进运河，

---

① 《经世大典序录·平宋》，《元文类》卷四十一。

无一生还。从战斗开始到下令撤退，淮军一箭未发。

尹玉搜集起五百名残兵拼死奋战，最后筋疲力尽，被元兵抓获，四名元兵用枪尖抵住尹玉的脖子，其他元兵上来用乱棍将他打死。剩下的宋兵不肯投降，与敌人展开夜战，一直打到天亮，结果五百人只活下来四人。①

尹玉牺牲的时候，常州城也打了整整一天了，元军仍然没能破城。十八日，伯颜再也沉不住气了，喝令帐前亲军率先登城，亲军不顾一切地攻上南门城头，竖起了帅旗。城下士兵发现主帅大旗插上城头，叫喊着“丞相已经登城！”跟着疯狂般地冲了上去。

城内，双方面对面的巷战开始了。守将陈炤的家人见元军入城，提醒他说：“东北门还能出入，可先去常熟再去临安。”陈炤不肯，对家人说：“去此一步，死非其所。”② 最后他战死在城中。

王安节带领一支敢死队在狭窄的巷子里与元军厮杀，他挥舞着双刀，左劈右砍，周围的元兵纷纷倒地。一名元兵趁他稍不留神，一刀砍下，砍中了他的臂膀，手中双刀落地，元兵蜂拥而上将王安节擒获。一位元军将领见王安节英勇无畏，问他是谁，他厉声回答：“我乃王坚之子王安节！”一听是王坚的儿子，元兵二话没说就把他砍死了。③

仗打得惨烈。一名妇女藏在尸体堆里，她看见六名宋军士兵背靠背互相保护着与元军厮杀，近百名元兵死在他们的刀枪下，直到再也没有力气打下去了，六个人全部壮烈牺牲。

刘师勇换了一身便装，边战边向城外突围，他的弟弟骑着战马坠入壕沟，挣扎着上不来，他顾不上搭救，挥手与弟弟诀别。后来，刘师勇

---

① 《宋史·文天祥传》《宋史·忠义五》。

② 《宋史·忠义五》。

③ 同上。王坚，宋合州守将，守钓鱼城。宪宗九年（1259 年），蒙哥汗攻打该城时阵亡。

随南宋小朝廷退到了海上，眼见大宋朝廷覆灭，自己又无力回天，想到弟弟的惨死，心情抑郁不振，他整日借酒消愁，抑郁而终。①

元军终于攻占了全城，而主帅伯颜的心里却不是滋味，怎么也高兴不起来。他一路夺城拔寨，横扫沿江州郡，大小战役不下几十次，也经历了不少恶战，还没有哪一次战斗像这次这样打得如此艰巨。常州一战也许是他渡江以来遇到的最硬的一场战斗，他轮番投入了近二十万人，②竟然没能迫使守军投降，元军不仅损失惨重，主帅还不得不出动亲军攻城，这对他来说简直就是耻辱，怎么高兴得起来呢？攻占全城后，他怒气未消，不顾忽必烈临行前“勿妄杀戮”的嘱托，下令屠城。一时间，城内哭喊声撕肝裂肺，不绝于耳，无辜的男女老少惨遭杀害，据说全城只活下来七八个人，都是由于藏匿严密而幸免于难的。

夏季以来，元军在几次重要战役中都受到了顽强抵抗，虽然最终取得了胜利，但代价也越来越大，不仅使进军速度放慢，而且对士兵造成很大的心理压力。出现这一变化的原因，是一部分元军为了抢掠财富，在战斗中恣意屠杀，使守军不敢投降，除去死战别无出路，于是仗也就越打越难。老臣姚枢在一份奏章中分析了这个原因，他说：“陛下颁布不杀人之诏，伯颜渡江，兵不逾时，西起川蜀，东到海隅，降城三十，户过百万，自古平南未有如此神速者。今年自夏至秋，一城不降，皆由军官不思国家大计，不体陛下深仁，图财剽杀所致，扬州、焦山、淮安，人都死战，我虽胜利，所伤亦多。临安所以不肯轻下，好生恶死，人之常情，只怕我招降不杀的信诺不坚定，不敢投降。应重申止杀之诏，使赏罚必立，恩信必行，如此圣虑不劳，军力不费矣。”③

---

① 《宋史·忠义六》“刘师勇”条。

② 参见高启：《高太史凫藻集·胡应炎传》；《武阳志余》；《宋元战争史》。

③ 《元史·姚枢传》。

离临安越近，这种变化所产生的后果就越发明显，常州是一个例证。另外，还有一点必须考虑到，离临安越近，如果不控制元军首领们的违纪行为，任凭他们继续那样做下去，临安朝廷很可能向南转移，从而延长进军路线，拖延战争结束时间。这一点是元朝无论如何不能接受的，因为西北方面发生了新的问题，形势日益严峻。

行省郎中孟祺看到了这一点，他为主帅分析说，眼下临安朝廷的退路，只有向福建逃窜。我军一些将领出于抢掠财富的心理，争着要打临安，如果以兵相逼，对方必将速速逃离，一旦临安盗寇四起，宋朝三百年积蓄，就会荡然无存。不如用计安抚，令其不惧，正如取果子，稍待时日而已。① 孟祺的分析正合伯颜的心思，他派人带着忽必烈给南宋君臣的诏书副本，前往临安招降，并传递出一条重要信息，如果临安归附元朝，将保证赵氏宗室的安全，不让赵家断了后代。伯颜的这一措施对于稳定南宋人心、按照他与忽必烈预期的设想结束南方战事，起到了关键作用。

屠城与安抚本是一对矛盾，可以说，伯颜正是看到了屠城的消极影响，才在屠城之后立即采取补救措施，防止消极因素扩大，这一软一硬恰恰体现出他作为三军统帅的深谋远虑。另一方面，伯颜也十分清楚屠城的积极意义，那些贪生怕死的宋朝军官会在元军滴血的战刀面前自动屈服，这样也会加速战争的胜利。当刘师勇跑出常州城时，诸将请求追杀，伯颜告诉诸将不必追赶，刘师勇所过之处，守城宋将一定会闻风丧胆。

向临安派出人的同时，伯颜分兵进军无锡、太湖、平江。不出所料，占领这一地区没有耗费更多力气，守将见伯颜大军来到，就主动投降了。

---

① 《元史·孟祺传》。

伯颜离开常州，于十二月五日到达无锡。临安派来的使臣柳岳带着太皇太后和恭宗的国书以及大臣们写给伯颜的信，也于这天到了无锡。

柳岳哭着向伯颜说道：“太皇太后年事已高，皇帝年幼，且在国丧之中，自古以来，礼不伐丧，恳请哀恕班师，我朝岂敢不每年进贡修好。今日事情落到这般地步，都是奸臣贾似道失信误国所致。”伯颜说：“我主即位之初，便派人奉国书修好，你朝拘我信使十六年，故而才兴师问罪。今年，又无端杀害廉希贤等信使，谁的过错？想要我停止不进，是要效仿钱王纳土，还是效仿李主出降呢？过去宋人得天下于小儿之手，如今也失于小儿之手，此乃天意，不必多言。”[①] 柳岳听罢，顿首哭泣不已。

十二月十一日，伯颜进入平江。他派囊加歹随柳岳返回临安，向南宋君臣转达元军主帅的态度和意见。几天后囊加歹回到平江，同他一道来的还有南宋尚书夏士林、侍郎吕师孟、宗正少卿陆秀夫。三人代表临安政府提出这样一个条件：如果元朝撤军，临安将称忽必烈为伯父，世代修子侄之礼，增加岁币，银二十五万两，帛二十五万匹。对于这个条件，伯颜丝毫没有动心，他再次派囊加歹随夏、吕、陆三人返回临安，督促南宋君臣尽快投降。

主帅下令，大军在无锡、平江一带驻扎休整。

就在伯颜进驻平江那天，东路水军抵达澉浦。东路军出发的时间要比中、西两路军晚一些日子，从江阴出发时，中路军已拿下常州，西路军已逼近独松关，不过东路军的进军速度非常快，这大概与沿途没有受到太多阻力有关。

---

① 《元史·伯颜传》。又，伯颜所谓“得天下于小儿之手”，指显德七年（960 年），宋太祖赵匡胤从后周八岁的恭帝柴宗训手中夺得帝位。

遇到的唯一麻烦是一支常年活动在海上的流寇部队。这支部队的首领一个叫朱清，另一个叫张瑄，他二人纠集了几千名贫苦渔民，在东部沿海一带靠打家劫舍为生，打劫的对象主要是大户人家。这支部队名气很大，战斗力也非常强，南宋曾派人招安，但没有成功。董文炳没有让东路军与这支部队发生正面冲突，他派儿子董士选前去招降，力求收编这支部队，如果收编成功，对于东路军来说，无论在时间上还是在声势上都非常有利。董士选将任务完成得相当出色，他只身来到张瑄的住所，与这位首领当面交谈，终于说服了对方。东路军不战而胜，不仅没有流血，还扩充了军队，得到五百艘海船。

抵达澉浦后，东路军放慢了进军速度，等待主帅的中路军从平江出发南下。

临安在做什么

从丁家洲跑回来的人当中少了一个人，右丞相章鉴逃亡，不知去向。谢道清根据大臣们请求，仍以王爚为左丞相，任陈宜中为右丞相，接替了章鉴的位置。

王爚与陈宜中不和，彼此钩心斗角，正事不做。留梦炎从湖南入朝，王、陈二人同时提出辞职，让留梦炎出任丞相。谢道清鉴于王爚年迈衰老，任陈宜中为左相，留梦炎为右相，王爚为平章军国重事。接到任命的当天，王爚就搬出了丞相府，找了一处民居住下来，将丞相府让给了陈宜中。陈宜中认为王爚有意叫自己在众人面前出丑，他找到太皇太后，说这“一辞一受，何以解天下之讥”，说完甩手而去。谢道清派人叫了几次，苦苦挽留，他才回来任职。

身为左丞相，主持一朝政事，又逢朝廷危难之际，不以国家社稷为重，为了一点点个人恩怨说走就走，置国事于不顾，陈宜中表现出来的政治品质的确再恶劣不过了。丞相如此，地方官就更不用说了，眼见元军大兵压境，人人临危自保，能跑的都跑了，没人为朝廷想一想。太皇太后谢道清伤透了心，她叫人在朝堂上贴出榜子，上面写道：我国家三百年，待士大夫不薄。我与幼君遭家多难，你们小大朝臣不能出一策以救时艰，在内辞官离次，在外委印弃城，避难偷生，还如何做人？又何以见先帝于地下？天命未改，国法尚存，凡在职者，尚书省给予提升一级，弃职逃跑者，御史台严加纠察。[①] 榜子贴出后，谢道清出了口恶气，但大小官僚逃跑的行为继续发生，在生与死面前，天命、国法也不能抑制人们求生的欲望。

焦山战役之后，南宋在军事上的失败已成定局，人们清楚地看到，临安连失败的机会也没有了。可朝廷内部，明争暗斗，一天也没有停息。王爚的儿子唆使一些太学生弹劾陈宜中，他们指责左丞相说：文天祥率兵勤王，宜中听信谗言，加以阻挠；贾似道丧师误国，他明里请求处罚，而暗中庇护；元兵逼近国门，勤王之师被他滞留京城不遣；丞相应当出城督师，宜中畏缩犹豫，只说不做；吕师夔狼子野心，他却派人与之求和；张世杰步兵而用于水战，刘师勇水兵而用于步战，指授失宜，所以失败。臣等认为，误国之人将不止一个贾似道！[②] 陈宜中被王氏父子比作贾似道，令他气愤不过，再次甩手而去，这回任凭太皇太后三番五次召请，他执意不露面了。

进入秋季，元军主帅从上都返回前线，元军重新擂起战鼓。临安承受的压力越来越大，谢道清一面调集各地勤王部队，一面派人四处寻找

① 《宋史・后妃下》。
② 《宋史・陈宜中传》。

陈宜中，请他回朝做宰相，最后她通过陈宜中的母亲好不容易找到了左丞相。

十月，陈宜中回朝，他与留梦炎调了个位置，梦炎任左相，他任右相。新上任的右丞相第一个举动就受到人们的嘲笑，他在临安招募兵丁，十五岁的孩子也被迫当了兵。兵丁不足，想守也守不住，谢道清给夏贵写信，让他增援临安，她在信中恳求说：我母子不足念，难道不报先帝之德吗？[①] 信送出去了，却不见回音，也不见夏贵的人影。

十一月，常州城破。当月左丞相留梦炎跑了，先后跑的还有权礼部尚书王应麟、权吏部尚书丁应奎、左侍郎徐宗仁。

与这些人形成鲜明对照的是张世杰、文天祥，他二人倒不愧为义气男儿。

范阳（今河北涿州市）人张世杰，早先在张柔部下，后因有罪，南下投奔宋朝。他是最早响应勤王的人，一度攻取浙西，收复了平江、安吉、广德、溧阳等城，兵势颇振。七月，他趁元军主帅不在军中，策划与元军决战，以挽救宋军一败再败的颓势。由于宋将之间心思不一，各怀主张，有参战的，也有无故不来的，致使焦山战役未能实现预期的计划，张世杰也因战败在名声和实力上受到了损伤。但朝廷没有因焦山一战怪罪他，不久便任他为神龙卫四厢都指挥使，统率都督府兵马，十月又任他为沿江招讨使、沿江制置副使、知江阴军。临安告急，他被召入卫，保卫临安。

庐陵（今江西吉安市）人文天祥，相貌俊美，才高风流，前丞相江万里十分赏识他。一次二人谈起国事，老丞相神色黯然地说：我老了，观天时人事，怕会有变故。我见过很多人，拯救世道的责任，难道不在

---

① 《宋史·后妃下》。

于你吗？你要努力做事呀！[①]

咸淳十年（至元十一年，1274年），文天祥出任赣州知州。第二年，丁家洲战役后不久，元军一支偏师攻克饶州（今江西鄱阳县），住在城里的七十八岁的江万里跳入家中池塘自杀。

太皇太后下诏勤王，文天祥捧诏流涕，发动郡中豪杰，纠集起上万人，准备去临安入卫。一位朋友劝他："元军三道并进，破边防，侵内地，你以一万乌合之众抗敌，岂不是驱群羊去斗猛虎吗？"天祥回答："我知道会这样，但朝廷养育臣民三百余年，一旦有急，征天下兵马，竟无一人一骑入关，我痛心啊！所以才不自量力，以身许国，或许天下忠臣义士会闻风而起。义胜者谋立，人众者功成，大宋江山如此才能保住。"文天祥决心已下，拿出全部家产充作军费。[②]

德祐元年（至元十二年）八月，文天祥提兵来到临安，任平江知府。陈宜中还没有回朝，天祥暂时留在京城。十月陈宜中回朝，天祥起程赴平江，临行前他给朝廷上书说："朝廷姑息牵制太多，奋发刚断太少。"又说："宋惩五季之乱，削藩镇，建郡邑，一时虽足以矫正尾大之弊，但国家日益孱弱，以致敌人到一州则破一州，到一县则破一县，中原陆沈，痛悔何及。今日应分天下为四镇，建都督统治其中，以广西、湖南建府于长沙；以广东、江西建府于隆兴；以福建、江东建府于番阳；以淮西、淮东建府于扬州。命长沙取鄂，隆兴取蕲、黄，番阳取江东，扬州取两淮，以其地广人多，足以抗敌。约定日期，同时起事，有进无退，日夜图之。敌人兵力分散，疲于奔命，而我豪杰之士乘机出于其间，如此则败敌不难。"[③]面对这番慷慨陈词，大臣们觉得文天祥海阔天空，不着边际，没人支持他的主张，奏书也被扣了下来。

①②③《宋史·文天祥传》。

到平江不久，元军中路军开始攻打常州，文天祥派尹玉、麻士龙、朱华增援常州，结果兵败伍牧，朝廷派出的张全在伍牧战场一箭未发，领兵撤退。常州失陷后，临安吃紧，陈宜中让天祥放弃平江，速回京城。回到临安，天祥提出杀张全，陈宜中置之不理。

三路元军逼近临安，人们束手无措，朝廷一派凄凉景象。陈宜中除了一再派人向伯颜请和外，也拿不出任何办法来。

他派柳岳到无锡请和，遭到伯颜的拒绝，又派陆秀夫等人去平江请和，至今尚无音讯。陈宜中心里明白，仗根本打不下去，南宋主力已被消灭，元军所到之处，守将或降或逃，没人肯为朝廷卖命。两淮的夏贵、李庭芝手里还有一部分军队，战斗力也比较强，可这部分军队已被元军死死地困在扬州，无法南下，根本指望不上。至于请和，成功的可能性也不大，柳岳被打发回来，估计陆秀夫这趟也是白费力。看来伯颜执意要攻打临安，那时候不仅城中百姓要遭殃，恐怕太皇太后、恭宗以及朝中所有大臣都难以幸免。

想到这些，陈宜中犯愁了。他本人并不想有什么大作为，说是临危受命，也是出于一己之私，倘若任宰相期间，能使元朝息兵讲和，临安得以苟延残喘，也算为大宋立下再造之功，也自然名垂千古。可眼下这一愿望不大可能实现，得赶快想一个办法避免随时会到来的杀身之祸，弄不好的话，别说流芳千古，怕还要落个亡国之臣。

依目前形势看，唯有南迁是个办法。他带领群臣入宫面见太皇太后，请求迁都，谢道清不想离开临安，没有答应他的请求。陈宜中失声痛哭，坚持要太皇太后准奏，如果不准，他就痛哭不止。谢道清见这般情景，觉得实在无能为力，就同意了迁都。

太皇太后叫人收拾行李，安排车马，又发给百官路费，然后等待陈宜中带她上路。她从上午等到中午，又从中午等到下午，始终不见陈宜中的人影。天色渐渐暗淡，太阳要落了，她越等越着急，一肚子火气涌上心头，脱下簪珥摔在地上，起身回宫，不管是谁一概闭门不见。原来，陈宜中打算第二天上路，慌乱之中忘了向太皇太后说明出发的时间，害得老太后苦苦等了一天。迁都的计划就此搁浅。

临安就在这样一种状况下即将迎来新的一年。年末，元军主帅率领中路军从平江出发，向嘉兴挺进，三军会师的日期不远了。

李芾血溅熊湘阁

德祐元年（至元十二年）除夕，潭州。

城头上的喊杀声越来越响，从声音判断出元军已登上城头，双方士兵正在殊死搏斗。不一会儿，声音渐渐小了，最后平息下来，城头上一片寂静。不知过了几个时辰，喊杀声再次响起。

知州李芾和尹谷等潭州守将的脸上掠过一丝悲哀，他们坚守了七十天的城市，眼看就要落到敌人手里了。对将领们来说，死亡并不可怕，自从决意死守这座城市的那一天起，他们就把生命交给了自己的职责，也把死神请到了身边。可家人怎么办，也要同自己一道死吗？还有全城的百姓，他们又将面临怎样一种命运呢？

李芾（音福），衡州（今湖南衡阳市）人，宋度宗咸淳元年（1265年）任临安知府，后因触犯贾似道被免职，咸淳十年（1274年）元军攻下鄂州后，起任湖南提刑，贾似道兵败芜湖，他被任命为潭州知州兼湖南安抚使。

赴潭州上任前，友人提醒他，湖北已经陷落，你若非去不可，最好一个人去，不要带上家眷。李芾含着泪说，我难道不知为自己考虑吗，可身受国恩，即使免职在家也念念不忘报国，如今我有幸被重新起用，就要以家许国。他的爱女刚刚去世，李芾强忍着悲痛，留下一个儿子作为李家后代，然后带领全家去了潭州，踏上了一条不归之路。

德祐元年七月，李芾一家到了潭州。此时的潭州军备已相当虚弱，大部分守军被调往临安，剩下不足五百人，多半是些老弱病残，将领也十分缺乏。元军游骑已进入湘阴等县，像一群群饥饿而富有经验的狼，在州境内四处游荡，不时地窥视着潭州城。

李芾到任后，着手整顿军防，他派人修缮城池，储备粮食，招募来近三千名兵丁，命刘孝忠指挥这支军队，又联络附近的少数民族作为声援。为了解决将领不足问题，他请湖北来的吴继明、四川来的陈义留在城中，与他共守潭州。潭州人尹谷新任衡州知州，尚未赴任，李芾也请他留下来，当军事参谋。李芾丝毫不敢松懈，尽量把防御措施落实妥当，他知道自己的对手不容易对付，他是几个月前攻下江陵的蒙古都元帅阿里海牙。

“小北庭人”阿里海牙安顿好行省长官廉希宪，从江陵回到鄂州，开始筹划下一步的军事行动方案。他派人先去潭州招降，李芾不予理睬。

十月，都元帅阿里海牙、行省参政崔斌率军抵达潭州。元军向城中射书，催促守军投降，并威胁说如果敢于顽抗，元军将屠城。李芾依旧不予理睬，都元帅下令攻城。

此后两个多月里，大小战斗几十次，在三千守军顽强的抵抗下，潭州城岿然不动。阿里海牙的胸部被流箭射中，伤势严重，不能再指挥部队攻城。

除夕这天，崔斌领兵登上了城头，很快又被打了下来。这位行省参政把将领召集到一起，对他们说：宋军小胜之后斗志松懈，我们烧他的角楼，断他的援道，如此一来必能破城。[①] 崔斌派人火烧城的角楼，又在城下竖起云梯，他手持盾牌率先冲上城头，后面的将士跟着冲了上去。

城内，尹谷见元军登上了城楼，增援部队迟迟不见，思忖着潭州城守不住了。他把妻子叫来，语气庄重地说：我以一介寒儒受朝廷恩典，管一州之事，事到如今，应当为朝廷尽忠，你们也要和我一道尽忠才是。[②] 妻子点头答应。他又把弟弟岳秀叫到跟前，让他赶快出城，为尹家留下后代。岳秀哭着不肯离去，死也要同哥嫂在一起，尹谷见弟弟坚持要留下，也就没再说什么。

他穿上朝服向临安方向拜了几拜，烧掉历官告身，点燃房间四周已经布好的干柴。一家老小进到房内，将门反锁，全家四十多口，连同奴婢在内，大家席地而坐，默默地注视着升腾起来的火焰。邻居见尹家起火，赶过来抢救，火势太猛，人无法靠近，人们瞧见尹谷正襟危坐，毫无惧色。不大工夫，房子被大火吞噬，一家老小从容就义。[③]

听说尹谷一家自焚的消息，李芾叫着尹谷的号叹道："好个尹务实，真男子也！"潭州城内数百名"三学生"来到尹谷家哭祭。潭州读书人重视学问，州学生每月一次考试，积分高的升为湘西岳麓书院生，积分再高的升为岳麓精舍生，人称"三学生"，战争开始以来，"三学生"聚居州学，不废学业。潭州城被攻破后，大多数"三学生"以尹谷为榜样，选择了自尽这条路。

夜晚，李芾与部下、宾客在熊湘阁饮了一个通宵，他借着酒劲写下"尽忠"二字，表示一死的决心。此刻，一幕幕艰苦卓绝的场面浮现在他眼前，怎么也抹不去：围城以来，他和将领们登上城头，冒着雨一般的

---

① 《元史·崔斌传》。
② 《宋史·忠义五》。
③ 《昭忠录·尹谷》。

箭石来回督战；百姓们不分老幼从家中走出来，谁也没有命令他们，百姓自己组成队伍帮助军队作战；箭射光了，用过的箭羽已经残破，为了修复这些急需的武器，百姓搜尽了家中的羽扇；城内缺盐，他下令烧掉盐库铺盐的旧席取盐，分给士兵和百姓；负伤的士兵从城头撤下，他上前慰问，鼓励将士们坚持到底；有人想退缩，他立下军令，退而不前皆杀无赦；刘孝忠负伤了，不能再指挥作战，尹谷全家自焚了，参议杨霆跳池塘自溺，他的妻妾呼救不及，也跟着跳进水里，吴继明、陈义他们仍在做最后的拼搏……

东方泛白，李芾请大家不要再喝了，众人陆续散去。他独自坐在熊湘阁上，叫来亲信沈忠，吩咐说：我没有力气了，本分当死，我的家人也不能被俘受辱，你去把他们全杀掉，再来杀我。[①] 沈忠跪在地上，苦苦求知州不要这样，李芾态度强硬地命令他，沈忠没办法，含着眼泪退了下去。

沈忠拿来酒，让知州的家人喝得酩酊大醉，将他们一个个砍死，随后来到知州面前，李芾早已做好准备，静静等待着最后的时刻，沈忠执行完命令，一把火点着知州的房屋。他回到自己家，杀死妻子，转身又来到知州家，望着地上一具具尸体和熊熊烈火，这位早已红了眼的汉子举刀朝自己的脖子狠狠地抹去。

潭州百姓听说知州一家自尽，纷纷举家自杀，城内各处的井里填满了尸体，树林中也挂满了上吊的人。

崔斌首当其冲攻占了城头，阿里海牙非常高兴，见崔斌从城头下来，他端着酒杯上前慰劳，夸奖参政说：“夺取此城，是公的功劳！”崔斌对都元帅说道：潭州人已经吓坏了，若暂时停战，让他们来投降，土地和

---

① 《宋史·忠义五》。

人民就都是我们的，往南还有几十座城池，可以不战而胜。如果继续攻杀，对方无一活口，得到一座空城又有何用。[①]阿里海牙点头赞成，派人进城招降，吴继明、刘孝忠向元军投降，陈义在突围中被杀，潭州陷落。元军开进城时，也有不少百姓从城里“争门出走，死于城外者，又不计其数。外十县先被屠掠，尸骨遍野，十里无烟”[②]。

被守军的誓死抵抗激怒已久的将领们请求立即屠城，行省郎中和尚劝阻说：抗我者是宋将，百姓有何罪，既然已经投降，就是我朝子民，怎忍心杀害。湖南各地未下者尚多，降了又杀，反坚其必死之心。[③]崔斌一旁道：“郎中所言极是。”将领们还不肯罢休，说百姓可以不杀，士兵必须杀掉，崔斌耐心地向他们解释：人各为其主，应当褒奖才对，以此来劝服未降之人，况且杀降不祥啊！[④]

听着这些人争论，阿里海牙心里已有了决定，和尚、崔斌说的话正是他想要说的。潭州城已经攻下，面对屈服的宋兵和手无寸铁的平民百姓，大开杀戒又有何益处，除了激起更多的仇恨，没有任何好处。元军要做的事情很多，还有许多城市得去攻打，要想杀人有的是机会。都元帅下令：“国家有制，拔城必屠。但该州生齿繁多，有数百万口，全部杀掉，有违圣上告诫伯颜不杀之旨，今日屈法生之。”[⑤]都元帅还下令，开仓放粮，赈济饥民，传檄各道，招降未附城市。

潭州很快稳定下来，湖南各地州郡也相继投降。不出半个月，阿里海牙得到一府、六州、二郡、四十县，民户五十六万，人口一百五十三万。

---

① 《元史・崔斌传》。

② 《昭忠录・李芾》，《宋元战争史》。

③ 《元史・和尚传》。

④ 《元史・崔斌传》。

⑤ 姚燧：《湖广行省左丞相神道碑》，《元文类》卷五十九。

正月十八日

德祐二年（至元十三年，1276年）正月初二，陆秀夫返回临安，他带回的消息令太皇太后和陈宜中大失所望，提出向大元皇帝称侄子，伯颜没有接受，又提出称侄孙，伯颜还是没有接受。这一消息震动了临安朝野，人们议论纷纷，每个人心里都充满了恐惧。谢道清不甘心，让陈宜中去见伯颜，宋朝向大元皇帝称臣。陈宜中面露难色，他不愿意也不敢去见伯颜。谢道清落泪了，她开导陈宜中，只要能保存社稷，作为大臣就不要计较这些。陈宜中犹豫不决，一时拿不定主意。

初三，元军进入嘉兴，安抚使刘汉杰投降。初四，同签书枢密院事黄镛、参知政事陈文龙逃离临安。谢道清任谢堂为两浙镇抚使，文天祥任临安知府，全永坚任浙东抚谕使，又任吴坚为左丞相兼枢密使，常茂为参知政事。初五中午，在慈元殿宣读新丞相的任命诏书时，在场的文臣只剩下六人，从前在朝廷风光无限的文人们，躲的躲、逃的逃，谁也不知他们去了哪里。以后几天，逃跑的人还有：左司谏陈孟虎，监察御史孔应得，参知政事常茂，签书枢密院夏士林。陈宜中见此光景，只好同意谢道清的意见，向元帝称臣纳贡。

伯颜到嘉兴没几天，陈宜中派出的信使接踵而至，这些人带来的信息是相同的：临安君主称臣请和的表章。对此伯颜根本不予理会，元军兵临城下，息兵讲和已不可能，临安唯一的选择是无条件投降。不过伯颜答应了信使提出的一个请求，前往长安镇会见陈宜中。

十二日，伯颜从嘉兴起程，十六日到达临安东北的长安镇，董文炳率领西路军自澉浦来与中路军会合。而要见的人没有来，陈宜中失约，没有按约定来见伯颜。十七日伯颜、董文炳率军进至临平镇。

临安城内，文天祥、张世杰请求太皇太后、恭宗及皇室成员移驾海上，由他们率领城内二十万军民背城一战，谢道清没有同意。她把恭宗赵显九岁的哥哥赵昰（音士）、六岁的弟弟赵昺（音丙）叫来，封赵昰为益王，判福州、福建安抚大使，赵昺为广王，判泉州兼判南外宗正事，命陆秀夫、杨镇、杨亮节、俞如圭护送二王出嘉会门，先去婺州，然后南下温州。她与恭宗留在宫中。老太后做好了最坏打算，自己死之前要让赵家后继有人。

当晚，群臣聚在殿上讨论着最后决定，你一言、我一语，直到半夜仍然没有结果。伯颜的使臣孟祺在一旁等候，见这些人事到临头拿不出个主意，早就不耐烦了，一再地催促，他对大臣们说：事已至此，还等什么！[①]群臣只好入宫请示过太皇太后，决定无条件投降。

十八日，伯颜、董文炳到达离临安城仅三十里的皋亭山，阿刺罕率领西路军赶到，三军大会师。谢道清派出皇家宗室保康军承宣使赵尹甫、和州防御使赵吉甫和贾余庆等人，携带十二枚传国玉玺及降表来到皋亭山向元军投降。

降表是以恭宗的名义写的。表云：

> 大宋国主显，谨百拜奉表于大元仁明神武皇帝陛下：臣昨尝遣侍郎柳岳、正言洪雷震捧表驰诣阙庭，敬伸卑悃，伏计已彻圣听。臣眇焉幼冲，遭家多难，权奸似道，背盟误国，臣不及知，至勤兴师问罪，宗社阽危，生灵可念。臣与太皇日夕忧惧，非不欲迁辟以求两全，实以百万生民之命寄臣一身，今天命有归，臣将焉往。惟是世传之镇宝，不敢爱惜，谨奉太皇命戒，痛自贬损，削帝号，以两浙、福建、江东西、湖南北、二广、四川见在州郡，谨悉奉上圣

① 《元史·孟祺传》。

朝，为宗社生灵祈哀请命。欲望圣慈垂哀，祖母太后耄及，卧病数载，臣茕茕在疚，情有足矜，不忍臣祖宗三百年宗社遽至殒绝，曲赐裁处，特与存全，大元皇帝再生之德，则赵氏子孙世世有赖，不敢弭忘。臣无任感天望圣，激切屏营之至。[1]

大意：奸臣贾似道毁约误国，以致大元皇帝兴师问罪。如今为百万生民请命，受太皇之命奉上传世国宝。大元皇帝再生之德，赵氏子孙世世不忘。

这是南宋德祐二年，大元至元十三年（1276年）正月十八日。征南主帅伯颜接受了降表、玉玺，并派囊加歹随贾余庆回临安，召南宋丞相吴坚、陈宜中来军营，面议有关投降后的具体事宜。临安投降了，伯颜的使命即将完成。

临安流传着一句民谣："江南若破，白雁来过。"[2] 元代思想家、诗人刘因作过一首《白雁行》："北风初起易水寒，北风再起吹江干。北风三吹白雁来，寒气直薄朱崖山。乾坤噫气三百年，一风扫地无留残。万里江湖想潇洒，伫看春水雁来还。"[3] 诗中所谓"北风"指蒙古，"白雁"是伯颜的谐音。诗的大意是，宋朝三百年基业，被伯颜一扫而光，面对万里江山，遥想前朝故事，人们只有停下脚步，眼望着大雁冬去春来。

---

① 《元史·世祖纪》。

② 《西湖志余》。

③ 《静修遗诗》；《元文类》卷四；《元诗选》；《元诗纪事》。

第九章

江南初定，西北烽烟又起

国与家的不幸遭遇，尊贵与低贱的角色转换，让人感叹命运在捉弄人。人们不愿承认或不能理解的事情，便将它们归诸于天意。江南的抵抗尚未平息，“黄金家族”内部争斗又起，解决问题的办法仍然传统而简单：战斗。

一代王朝覆灭，不外乎两方面原因，外部军事力量的介入和内部政治机体的腐朽。就南宋而言，两方面原因同时存在，后一个原因又是主要的。

战争开始阶段，双方兵力对比并不平衡，元朝在兵员上占劣势。襄樊围城战之后，阿术、阿里海牙等元军高级将领力主渡江伐宋，但同时感觉兵员不足，忽必烈在中原地区签军十万。伯颜统军南下，所率大军也不过二十万人，“伯颜深谋善断，率二十万众伐宋，若率一人，诸帅仰之若神明”[①]。考虑到各战场投入的兵力总额，人员数字可能会大一些，“仅忽必烈一代先后签发的汉军已在二十万人以上，加上太宗、宪宗列

① 《元史·伯颜传》。

朝所签，总数至少应在三十万以上”[1]。

元朝兵员匮乏有几个原因，首先是除战争所需兵员外，还要留下一部分守卫大都和上都；其次是战场分布，除伯颜大军开辟的长江中游战场外，上游川蜀、下游江淮两大战场也分散了不少兵力；第三，元军南下后一路夺城拔寨，每下一城都要派兵留守，尽管充分利用了新附军（南宋降军）的力量，毕竟消耗去一些元军力量。至元十二年（1275 年）五月，正阳万户刘复亨向朝廷报告：“新下江南三十余城，皆派兵把守，及江北、淮南、润、扬等处未降，军力分散，调度不给，以至镇巢军、滁州两处复叛。请签河西等户为军，并力剿除，可无后患。”[2] 六月，朝廷下令征平阳、西京、延安等路达鲁花赤子弟从军。据说，忽必烈还将两万金朝囚犯送上了前线，可见兵员紧张。[3] 八月，伯颜南返，先去了山东，一个重要任务就是调整两淮战场的兵力。此外还有一个因素，西北宗王的叛乱也牵制了相当一部分蒙汉军队。

南宋方面，就军队人数来说，从 13 世纪 40 年代以来始终保持在七十万左右，远远超出元军人数，而且占据着长江天险。即使到了战争后期，据兵部尚书汪立信的统计，除去老弱病残，十分汰二，仍有五十至六十万军队。[4] 元军逼近临安，城内尚可组织起二十万人。临安投降后，文天祥仍然没有丧失抵抗信念，他对伯颜说，如果继续打下去，谁胜谁负还很难说。

由此可见，宋元双方的胜败并不取决于兵员数额这一军事指标的差

---

① 陈高华：《论元代的军户》，载《元史论丛》第 1 辑，中华书局，1982 年。参《宋元战争史》，页 364。

② 《元史 · 兵制》。

③ 《史集》卷二。

④ 《宋史 · 汪立信传》，《钱塘遗事》卷二《紫原三策》。

异，主要由于其他原因。人们只能从政治上，确切地说从封建专制制度的特殊性上去寻找这些原因的根源，这方面情况读者在前面已经看到不少了。

宋室北上

伯颜派出囊加歹随贾余庆进临安，正月十九日他率军继续向临安进发，在临安以北十五里处停止了前进。时间不久，囊加歹回来了，他向主帅报告说，陈宜中、张世杰、苏刘义、刘师勇已带着益王、广王出嘉会门南逃，只有太皇太后和小皇帝留在宫中。伯颜一听，立即命阿剌罕、董文炳、范文虎率东、西路军封锁钱塘江口，防止临安城内的宋人出城南逃，同时又派出五千精兵过浙江追赶陈宜中、张世杰等人。然而，囊加歹的情报并不准确，追兵见不到逃跑人的踪影，只好放弃了追赶。

实际上这些人逃跑的时间和路线并不一致。陈宜中在前一天夜里就出了城，第二天张世杰去了定海（今浙江镇海区），杨镇、杨亮节、俞如圭带着二王和杨淑妃朝婺州方向逃去。伯颜很快知道了二王的去向，派范文虎带兵追赶。杨镇见追兵来得急迫，便对其他人说，我去拖住追兵，你们赶快走，说完他只身一人去见范文虎，束手就擒。杨亮节、俞如圭背着二王在山里躲藏了七天，宋将张全带着几十名士兵赶了上来，二王身边这才有了一些护卫。陆秀夫、苏刘义得知二王出逃，也急急忙忙追了上来。

临安城内果然出现了混乱。南宋三司卫兵白昼杀人，留在城中的张世杰的部下四处疯狂抢掠，流民盗寇也乘机作案。伯颜派遣吕文焕在城内贴出黄榜，告示军民保持秩序，买卖生计如故，不得违法乱纪；同时下令禁止元军入城，违者按军法处置。黄榜贴出后，城内秩序有了好转，百姓们松了一口气。伯颜又派遣程鹏飞、囊加歹入宫去见谢道清和赵显，安慰他们不要惊慌失措，元军不会杀进城里来。

陈宜中、张世杰跑了，留梦炎一直没有下落，面对眼前的残局，谢道清愁苦不堪，好在左丞相吴坚还在，右丞相缺席，她任文天祥为右丞相兼枢密使。二十二日，谢道清派吴坚、文天祥、谢堂及贾余庆出使元营，磋商战后事宜。

一行人在明因寺见到伯颜，文天祥看着这位威震江南的元军主帅，口气生硬地说：北朝若以宋朝为属国，就请退兵平江或嘉兴，议岁币与犒师，北朝全兵以还，此为上策。若要毁灭宋朝宗社，则两淮、浙江、福建、两广尚多未下，利钝未可知，胜败未可料，如果兴兵再战，兵连祸结，灾难从此而始。[①] 伯颜吃惊地听完这番话，没想到宋朝宰相中还有如此强硬的人。他没有和对方争辩。

伯颜告诉对方，降表中不称臣，仍然写着大宋国号，这是元军不能接受的。他让程鹏飞随同宋使回临安修改降表，并告诉对方，文丞相不能走，得留下来。吴坚等人走后，伯颜移师湖州（今浙江吴兴区），派囊加歹携带宋朝传国玉玺北上京师。

伯颜的决定激怒了文天祥，他请求回临安，伯颜笑而不答，文天祥气愤地说：我来是为两朝大事，放他人回去，为何留我？伯颜说：丞相休要生气，你身为宋朝大臣，责任不轻，今日之事，正当你我共同商量。[②] 天祥坚持要走，伯颜干脆不予理会，命人仔细照看好文丞相。

二十四日，在高级将领陪同下，伯颜巡视临安城，观赏钱塘江大潮，南宋宗室大臣前来拜见，傍晚伯颜返回湖州。第二天，程鹏飞领着吴坚

---

① 《宋史纪事本末》卷一〇七《元伯颜入临安》；《申斋刘先生文集》卷十三《文丞相传》。
② 《元史・伯颜传》。

等人带着修改后的降表，及谢道清、赵显写给未降州郡守将的诏书回到军中。伯颜请吴坚等人吃了饭，又派人送他们返回临安。伯颜下令，解散文天祥招募的两万义兵；加强临安城四周的戒备；将宋朝禁军部队安置在各翼万户军中；派人持谢道清手诏招降各地未下州郡。

至元十三年（1276年）二月五日，赵显率文武百官在祥曦殿向北方朝拜，正式颁布降表。随后，文武百官出临安城，前往湖州拜见伯颜及行省官员。伯颜在临安成立两浙大都督府，任忙古歹、范文虎为都督。行省右丞张惠，参政阿剌罕、董文炳、吕文焕进入临安城，核查户籍、钱粮，清点仓库，没收百官诰命、符印、礼寺图书，封各府衙门，并将赵显搬出寝宫，另找房间安置。伯颜还下令，任何人不得破坏赵氏陵墓。

二月六日，谢道清让吴坚、贾余庆[①]、谢堂等作为祈请使，杨应奎、赵若秀作为奉表押玺官，北赴元廷，向大元皇帝献降表。

伯颜上平江南表，向忽必烈祝贺。没过多久，忽必烈颁发的安谕临安军民诏也到了伯颜军中。诏曰：

> 间者，行中书省右丞相伯颜遣使来奏，宋母后、幼主暨诸大臣百官，已于正月十八日赍玺绶奉表降附。朕惟自古降王必有朝觐之礼，已遣使特往迎致。尔等各守职业，其勿妄生疑畏。凡归附前犯罪，悉从原免；公私逋欠，不得征理。应抗拒王师及逃亡啸聚者，并赦其罪。百官有司、诸王邸第、三学、寺、监、秘省、史馆及禁卫诸司，各宜安居。所在山林河泊，除巨木花果外，余物权免征税。秘书省图书，太常寺祭器、乐器、法服、乐工、卤簿、仪卫，宗正谱牒，天文地理图册，凡典故文字，并户口版籍，尽仰收拾。前代

---

① 因文天祥被留元营，贾余庆上任右丞相兼枢密使。

圣贤之后，高尚儒、医、僧、道、卜筮，通晓天文历数，并山林隐逸名士，仰所在官司，具以名闻。名山大川，寺观庙宇，并前代名人遗迹，不许拆毁。鳏寡孤独不能自存之人，量加赡给。①

大意：凡归降前的犯罪全部赦免，政府机构、诸王宅邸各自安居，文物图书、人口户籍要整理妥当，各类人才具名上报，山川寺庙、名人遗迹要保留完好，对鳏寡孤独之人要给予抚恤照顾。

这篇诏文既是安谕临安军民的，也是忽必烈下给伯颜的一道处理善后事宜的指示。伯颜接到诏书，立即派人入宫，没收衮冕、圭璧、符玺以及宫中图籍、宝玩等物，又派人去招降淮东制置使李庭芝、淮西制置使夏贵，命他们率所辖州县军民归附大元。那位募人杀贾似道的福王赵与芮托人送来一封信，言辞恳切地谈了自己的一些想法，伯颜叫人转告福王，宋朝已经投降，南北共为一家，福王不要再疑虑，请速来共商大事。

夏贵收到谢道清的手诏，表示"我主已降，我自然也降"。没过几天，传来淮西投降的消息。不过事情出现了一段小曲折，曾当过夏贵家童的镇巢军统制洪福，在夏贵投降以后，带领儿子大渊、大源和一批将领再次叛元，占据了镇巢（今浙江巢县）。元军发兵攻打，不克。夏贵派侄子前去劝说，被洪福杀死。元军再次发兵攻打，仍未得手。最后夏贵想出一个办法，他要亲自到镇巢劝降。

来到城下，他对洪福好言相劝，申明利害，希望洪福看在从前主仆的面上，能听他一句话，见洪福有些心动，他提出打开城门放他一人进城。洪福相信了夏贵的话，叫人打开城门，城门一开，事先埋伏在城下

① 《元史·世祖纪》。

的元兵一拥而进，将洪福父子及反叛将领全部抓获。夏贵下了狠心，这些人一个不能留。临刑前，大渊、大源质问夏贵：按律只杀首犯，为何要杀全家？洪福喊住儿子：以一命报答宋朝，有什么可求饶的！[①]说完大骂夏贵贪生怕死，对朝廷不忠。夏贵监刑，洪福父子面朝临安方向英勇就义。

伯颜收到囊加歹带回来的圣旨，忽必烈命他押解南宋君臣北上觐见。伯颜派董文炳进入临安，召集城内的太学生一同北上。

太学生徐应镳（音标）不肯走，和子女们商定死也要死在临安。儿子徐琦、徐崧，女儿元娘，带上祭品跟随父亲来到设在名将岳飞故邸的太学。在岳飞祠前，摆好祭品，徐应镳说道：天不辅佐大宋，国破家亡，应镳以死报国，誓不与诸生北上。我死后，魂魄将陪伴大王，与大王的英灵万世永存！[②]父亲讲完后，徐琦赋了一首诗，表达了子女与父亲同生共死的决心。

祭奠完毕，徐家父子把带来的酒肉犒劳给随同家仆，家仆们吃过酒肉，一旁睡去了。徐应镳带领子女走入梯云楼，把各房的书籍和一些小箱子搬来，堆放在四周，又将这些东西点燃，一家人端坐在火中。火烧了起来，发出噼噼啪啪的响声。一个小家仆没有睡着，听到响声后，爬起身来到梯云楼，见房内起火，他从窗子往里观看，看到主人一家坐在火当中，神情肃穆，一动不动，好似庙里的塑像一般。他急忙跑回去叫醒酣睡的家仆们，把他看见的告诉给了他们。家仆们一听主人要自焚，慌慌张张地跑到梯云楼，门反锁着，众人破窗而入，奋力将火扑灭。

徐应镳和子女们怏怏地走了出来，众人忙于清理房间，谁也没注意

---

①② 《宋史・忠义六》。

他们去了哪里。第二天，人们在祠前的一口井中发现了一家人的尸体，家仆们用棺材将尸体收敛，葬在西湖金牛僧舍。十年后，徐应镳的同窗刘汝钧带领五十多名儒生将尸骨重新收敛，葬在了方家峪。

二月底，就在徐应镳一家四口投井自杀的同时，先期出发北上的队伍中传来一个令主帅伯颜大为吃惊的消息：祈请使团走到镇江，文天祥及其门客杜浒等十二人不知去向，士兵四外搜索，一无所获。

主帅顾不上追究，现在最重要的是全力保证这次北上之行的安全和顺利，千万不能再出现纰漏或闪失，否则无法向圣上交代。伯颜深知自己肩上的担子有多重，战争虽然结束了，可处理战后事宜的任务仍然十分复杂繁重，不比指挥一次大战役更轻松，如果处理不好，后果不堪设想，要知道淮东还有数万没有投降的宋军呢。

三月二日，伯颜进入临安，再次派孟祺清点南宋秘书省、国子监、国史院、学士院、太常寺所藏图书、祭器。在这点上，伯颜表现出了其他蒙古将领所缺乏的远见和视野，他非常重视对江南文物的收缴与保管，尽量避免文物的遗失和损坏。他这样做自然是因为忽必烈有所指示，另外也可能受到一些汉人将领的影响。董文炳就曾嘱咐进入临安的翰林学士李槃说："国可灭，史不可没。宋朝十六主，有天下三百余年，其太史所记均在史馆，应全部收缴以备典礼。"① 元人从临安收缴的包括史书在内的各类图书就多达五千余册。

当然，进入临安的元军将领还有一项重要任务，就是收集南宋宫廷以及那些大臣们多年积攒的金银珠宝，在他们眼中这些东西更有意思。除了以官方名义收缴外，将领们也没有忘记把个人腰包装得满满的，他们以胜利者的身份毫无顾忌地接受南宋宗室成员及大臣们的贿赂，条件

---

① 《元史·董文炳传》。

仅仅是为这些人提供一两个在平日无足挂齿的小方便。三月九日，福王赵与芮来见伯颜，随后又同赵显一起北上，在离开临安之前，他为了得到路途上的照应，免受饥饿劳累之苦，不惜花重金送礼，除董文炳等个别将领外，许多元军上层人物都接受了他的贿赂。

三月十日，伯颜从临安出发北上，出发前他做出如下部署：董文炳负责处理临安军政事务，并经略福建、广东；李庭护送南宋君臣北上；派将镇守浙西、浙东。谢道清提出见一见大名鼎鼎的元军主帅，遭到了拒绝，伯颜让人转告她，在见到大元皇帝之前，他本人不宜接见宋朝君臣。

三月十二日，阿塔海、阿剌罕、董文炳、孟祺进入皇宫，请赵显及母后全氏上路，行省郎中孟祺向赵显和全氏宣读了大元皇帝给他们的诏书，其中提到“免系颈牵羊”，即不使用押解犯人的方式。孟祺读完诏书，全氏边哭边带着赵显朝北方跪拜，感谢元帝的圣恩，拜谢完毕，母子起身出了皇宫。谢道清因病暂时留在临安。一同出宫的还有福王赵与芮及一百多名宫人，不少宫女不愿意离别江南，或害怕北上后的命运，采用各种方式自杀。

北上的队伍还包括临安各司的文武官员和太学生，大约有三四千人。当晚，这支队伍就起程了，到运河上船，水陆兼程，浩浩荡荡地开始了由南向北的艰苦历程。

这是一次政治与文化的大迁移，整个南宋朝廷连同它的物质财富及精神文明，完成了一次数千里的迁徙。只是迁徙者本身并非出于自愿，他们作为战争的失败者被迫离开故土，去到遥远的给他们带来耻辱与哀伤的寒冷的北方。迁徙过程没有显现出丝毫悲壮格调，既没有反抗，也没有大规模逃亡，人们看到的更多的是一些凄惨场面，或者是绝望后的沉默与行为上的堕落。一些官员利用金钱和征服者混在一处，像聪明的小狗似的讨主人的欢心，那些拿不出钱为自己换取短暂自由的人，只好跟大多数人一起经常地忍饥挨饿，甚至遭受到一顿毒打。一百多名太学生是队伍中运气最差的人，他们有一肚子学问，却囊袋空空，读书人的自尊与非人的待遇造成他们近乎崩溃的心理；虚弱的体质也使得他们难以承受长途跋涉的劳累。不少人在半道倒下了，尸体被轻蔑地抛进了荒野，到大都时，一百多名太学生剩下不到五十人。

走到瓜洲，队伍停了下来，几名使者带着谢道清给李庭芝的手谕前往扬州城。一个月前，谢道清诏谕李庭芝和夏贵，让他们投降，夏贵接到诏谕后，听从了谢道清的话，很快去见伯颜，办理淮西的交接手续。而李庭芝的态度截然相反，他登上城头，对来人喊道：我奉旨守城，不曾听说有诏投降！[①] 那次招降对淮东没有发生作用。李庭芝和矮个子姜才打算坚守扬州，继续抵抗元军。决心虽然下了，但城内的情况并不乐观，由于元军切断了由南向北的粮道，实施长期围困的政策，城中粮食紧缺，每天都有饥民饿死在道旁，成百成百的人因生活无望跳进濠水自尽。食物匮乏成为扬州城面临的最大威胁，也是守将肩负的最沉重的压力。

几名使者来到城下，向李庭芝宣读手谕，谢道清在手谕中讲道：曾诏卿归顺大元，一直未见回音，难道没有领会我的旨意，还要固执下去吗？如今我与皇帝都已经臣服，卿还在为谁守城？[②]李庭芝闻而不答，命令箭手放箭，一名使者当场毙命，其余的人迅速撤离城下。

姜才哭着发誓一定要夺回两宫，他和李庭芝取出库中金银全部散发给将士，请求大家拼死救出皇帝和太后，将士们被主帅的一片赤诚感动，许多人掉下了眼泪。到了夜晚，姜才组织起一支四万人的军队，乘黑出了扬州城去突袭瓜洲，企图从元军手里抢回赵显和全氏。元军迅速集结

---

①② 《宋史・李庭芝传》。

起来与扬州军展开激战，另一部分元军则机警地簇拥着赵显一行人上路，急速朝北走去。元军的阻击非常顽强，军队也越集越多，扬州军虽然奋勇厮杀，却难以击溃敌人。姜才见夺宫无望，再打下去只会消耗有限的兵力，只好下令收兵，率军撤回到扬州城里。

沿途受到的袭击和骚扰并不构成太大危险，因为双方在两淮的兵力对比已经发生了根本性变化，真正让元军感到头疼的是这次迁移的规模和责任，谁也不敢有半点疏忽。队伍中有这次战争的主要战利品——恭宗、全后、福王，还有朝廷大臣、太学生、宫女、乐人等。太学生死几个无所谓，可赵显、福王他们却不能出半点差池，虽是俘虏，也要细心照看，保证把他们平安地送到大元皇帝面前。其次是几千名大小官员，这些人固然不会闹事，但如此庞大的队伍在食品供应、运输、宿营、看管等各个方面，都要花费许多精力，少不了一些周折。此外，数以千计的装有史册和各类宝物的箱子，更需精心照料，丢失哪一件都要受到朝廷追究，为了解决扛运和警卫问题，元军沿途征调了大批民工。

新任卫辉路（今河南卫辉市、辉县市等地）总管的董文用，见道路上运送图书、礼器、财宝的车马日夜不绝，每天征用几千名民工，民工被迫放弃田里的庄稼，去为官军服役。他感到这样下去不行，刚经历过战乱的农家需要休养生息，田里也正是需用劳力的时候，不能再加重农家负担。他找到转运官，对他说：州县的吏卒足够用了，不必再烦劳农家。[①]转运官也赞同总管的意见，只是担心万一发生不测，无法承担责任，董文用当即给他立下一个字据，以自己的官职做担保。由于董文用的干涉，不少民工返家务农，运输也没有因此受到影响。

① 《元史·董俊传》。

盛大的诈马宴

闰三月，先后离开临安的祈请使团、伯颜、赵显三路人马依次抵达大都。伯颜到大都的时间是二十一日，两天后便离开大都赴上都。祈请使团和赵显一行人在大都逗留了差不多一个月，四月中旬才分别起程赴上都。

忽必烈命所有在上都的官员到郊外迎候凯旋的征南主帅，平章政事阿合马又比其他官员多走出一段路，最先迎到了主帅。伯颜见圣上身边的这位大红人走出这么远来迎接自己，随手解下身上佩带的玉钩条递了过去，歉意地说：宋朝宝玉虽多，我确实一无所取，莫嫌此物微薄。[①]

这也许是伯颜另一个让人称道的品质。在临安时许多将领争先恐后向宋人索取宝物，宋人也主动赠送，想必送到主帅帐下的各种宝物也不在少数，而作为功勋卓著的三军统帅，伯颜对自己能有如此把持，确实不是件容易事。他曾写过一首诗，提到了这方面情况，他写道："马首经从庾岭回，王师到处悉平夷。担头不带江南物，只插梅花一两枝。"[②] 此诗是否伯颜所作，尚未考证，如果属实则它印证了伯颜对阿合马说的话确是事实。

伯颜进上都宫殿见圣上，忽必烈对他夸奖不已，伯颜忙跪下拜谢，他说：奉陛下成算，阿术效力，臣没有什么功劳。[③] 忽必烈点头微笑。他又说道：臣奉天威平宋，宋朝已平，招徕安抚之功，董文炳居多。忽必烈说：文炳乃我家旧臣，他的忠勤朕向来知道。[④] 一番谈话过后，忽

① 《元史·伯颜传》。
② 伯颜：《过梅岭岗留题》，《元诗纪事》卷四。
③ 《元史·伯颜传》。
④ 《元史·董文炳传》。

必烈嘉奖功臣，伯颜再拜同知枢密院，获得银鼠青鼠质孙服二十袭，一百二十三名将校也分别得到不同的赏赐。

四月下旬，祈请使团抵达上都，月底，赵显、全后、福王等人也到了上都。忽必烈御临大安阁，在那里接见了亡宋小皇帝，授赵显开府仪同三司、检校大司徒，封瀛国公。

忽必烈又命伯颜在上都近郊举行祭祖仪式，并通知亡宋君臣一道参加。五月初一一早起来，赵显、全后带着祈请使团成员出上都西门，来到五里外的太庙。人们见北边设了一座用紫锦裹的蒙古包，所谓“罘罳”（音福思），是元帝的家庙，全后按蒙古族方式跪拜（胡跪），福王及大臣按汉人礼仪跪拜，一人在庙前致辞，然后拜两拜退下。一份史料记载了这次活动的场面：“北边设一紫锦罘罳，即家庙也。庙前两拜。太后及内人各胡跪，福王、宰执如南礼。又一人对罘罳前致语，拜两拜而退。”①

次日，一行人又到上都南门外十多里处的行宫，接受忽必烈召见，初见进贡礼仪。

这一套纯粹出于政治意义的仪式完毕之后，人们期待的便是丰盛的美酒佳肴了。盛大的“诈马宴”接二连三地举行，出席大宴的官员都要身着圣上赐予的颜色相同的服装，即所谓质孙服（波斯语中“质孙”读作“诈马”）。这种宴会具有浓厚的象征意味，它是征服者欢庆的盛典。蒙古人的生活中有三件头等大事：征伐、狩猎、宴飨。②蒙古人认为，举行盛大的宴会是胜利之后不可或缺的一件事。亡宋君臣被邀请出席宴会，他们的心情肯定与狂饮的蒙古人的心情大不一样，对食物以及进食方式也未必习惯，尽管如此，他们还是被那种铺张的场面特别是蒙古人的食

---

① 严光大：《祈请使行程记》，《钱塘遗事》卷九，嘉庆四年扫叶山房本。参叶新民：《元上都研究》，内蒙古大学出版社，1998 年 7 月，页 95。

② 王恽：《吕公神道碑》，《秋涧先生大全集》卷五十七。

欲和酒量惊呆了。

忽必烈、察必、真金及众多妃子也出现在宴会上，同大家一起就餐，忽必烈还不时地向众人劝酒。端上来的食物有羊肉、马肉、鹿肉、熊肉、鹌鹑、野鸡，另一类是奶酪、韭葱、粥，喝的主要是葡萄酒、奶酒。乐工奏响宫廷乐曲，宫女们扭动着腰肢翩翩起舞。忽必烈把伯颜手下部将李庭叫到跟前，让他坐在自己左手诸王之下、百官之上的位置，并对他说：刘整在世时，不曾坐过此位，因你有功，所以特加优待，你的子孙可要牢记不忘啊。[①]圣上又赐给他黄金百锭，李庭跪下来谢恩。

出席宴会的原南宋军事将领们的心情恐怕更不是滋味，眼前君臣同乐的情景使他们感到羞愧，多少悟出了一些自己究竟为什么会失败。一次忽必烈召见他们，不解地问：你们为何轻易就投降呢？他们回答说：权臣贾似道当国，重文士而轻武官，臣等久积不平，离心离德，毫无斗志，所以大军一到，争相解甲归顺。忽必烈问身边的董文忠：你看此话如何？董文忠毫不客气地对他们讲：即使贾似道轻待你们，只是似道一人之过。而皇帝给你们官职，发你们俸禄，使你们富贵，从未亏待你们，如今你们怨恨似道，却置主君不顾，不肯一战，眼看着亡国，你们臣节何在！如果真像你们所说，不正说明贾似道早知你们不足依靠吗？他轻待你们倒也没什么错。[②]忽必烈听后，点头不语。

宴会上还有一个人的心情与众人不同，她不是被邀请来的宋人，而是忽必烈身边最亲近的人。忽必烈见诸王国戚、文武百官开怀畅饮，欢声笑语不绝于耳，心里也十分高兴，可他注意到皇后察必坐在一旁闷闷不乐，觉得很是奇怪，他问皇后：如今我平江南，从此不再用兵，人人

---

① 《元史·李庭传》。

② 《元史·董俊传》《元史·世祖纪》。

欢喜，为何你独自不乐？察必幽幽地回答：妾听人说，自古没有千岁之国。宋朝已亡，莫使我们子孙落到这般地步便是大幸了。虽然忽必烈也经常思考这个问题，可现在他不想破坏自己的心情，他陪着皇后走下殿堂，让她观看殿堂上陈列的从临安收缴来的各类宝物。察必看了一遭，什么话也没说，转身离去了。忽必烈叫人追上去，问皇后看中了哪样东西，察必说道：宋人积蓄这些东西是为了留给子孙，子孙不能守，尽归于我朝，我如何忍心取一物！[①] 察必触物伤情，忽必烈没再吭声。

这样的大宴通常要闹到深夜才结束，直到人们喝得醉醺醺为止。

亡宋君臣在上都住了些天，又被送回大都。接下去便是漫长而乏味的日子，北方干燥、寒冷的气候经常会引起人头痛，单调的食物也让人感觉厌恶和烦躁，江南来的人很难一下子适应，他们整日里叫苦不迭。皇后察必听说全氏不习惯北方水土，请忽必烈放她回江南，忽必烈没有批准，察必再三奏请，忽必烈有些不满地说：你这妇人无远虑，若放她南还，流言一起，家毁人亡，这哪是爱护她。真要爱护她，经常给些抚恤，让她安逸方便地过日子。[②]这么一说，察必不再坚持。平日里她时常给些照顾，让这些人尽量过得好一些。一同北上的宫廷琴师汪元量在一首诗中特意提到这一点，他写道："大元皇后来相探，特赐丝绸二百单。"[③]有皇后的关爱，江南人在衣食方面倒没受太大委屈。

但丰衣足食抹不去亡国的耻辱，全氏看淡了世间恩怨，到正智寺当了尼姑，后来死在寺中。这年八月，老太后谢道清也被接到了大都，被封为寿春郡夫人，七年后病故，终年七十四岁。福王赵与芮被授予金紫光禄大夫、检校大司农，封平原郡公，他一直住在大都。年仅六岁的赵

---

①② 《元史・后妃一》。

③ 汪元量：《湖州歌九十八首》，《增订湖山类稿》卷二。

显在新环境里一天天长大，他必须忘掉从前的尊贵与浮华，需要记忆一些新知识了。

六月，通江南贸易。罢两浙大都督府，在鄂州、临安设立行中书省。

流亡小朝廷

文天祥在押解途中逃脱，不能不说是一桩传奇事件。二月上旬，祈请使团由临安出发北上，十八日抵达镇江，由于要给扬州的李庭芝送投降诏书，使团暂时住了下来。在镇江的日子，文天祥加紧筹划逃跑行动，计划的执行者主要是杜浒、余元庆二人。据说他俩不仅确定了逃跑路线，搞到一条小船，而且还搞到一盏用于夜间通行的“官灯”。二十九日夜晚，文天祥骗过守卫，同杜浒、余元庆等共十二人手提官灯，按预定路线来到江边，乘船入江离开了元营。

他们向西到了真州（今江苏仪征），真州守将苗再成一听来人姓名，惊喜地将他们迎进城里。苗再成激动地对文天祥说，眼下凭两淮兵力足以复兴大宋，只是淮西夏贵、淮东李庭芝二帅不和，难以齐心合力。[①]文天祥问他有什么具体打算，苗再成接着说道，先约淮西军队打建康，元军必定全力以赴，再调通州（今江苏南通）、泰州军队攻打湾头，以高邮、淮安军队攻打扬子桥，扬州军队攻打瓜洲，我率领水军直捣镇江，同日大举，必能取胜，等拿下瓜洲，淮东兵入京口，淮西兵入金陵，断绝元军北上归路，一举歼灭他们。文天祥听完大声叫好，立即给夏贵、李庭芝写信，派人四处联络两淮军队。

事实上，苗再成的计划根本不可能实现，夏贵投降使得计划中的主

① 此时淮西制置使夏贵已降元，苗、文二人似乎尚未得到这一消息。

要部分变得毫无意义。而令文天祥痛苦的不是计划的破产，是自己被一个阴谋搞得狼狈不堪，在后面几十天里，他成了被交战双方共同追杀的逃犯。

文天祥从镇江逃脱后，扬州得到一个情报，说元军秘密派出一名原宋朝宰相到真州劝降。李庭芝确信情报无误，派人通知苗再成只要见到这位宰相就将他除掉。苗再成接到通知大惑不解，这位宰相不正是文天祥吗，难道他是元军的奸细？制置使命令处死文丞相，可他下不了手，而让文丞相继续留在真州也不大合适。苗再成思前想后，终于做出决定，他把文天祥等人骗到城外，拿出制置司的公文叫他们看过，然后转身进了城，吩咐人将城门紧紧关闭。

放走了文天祥，苗再成心里还不踏实，又派出两名军校分头跟踪这些人。两名军校先后找到文天祥，想从谈话中摸清底细，如果真是来劝降的，就干脆把他杀掉。交谈中，二人并未发现可疑之处，反而被文天祥的忠诚所感动，他俩从带来的士兵中抽出二十人护送文天祥一行人去扬州。

到扬州时已是半夜，这些人不敢贸然进城，躲在城下观看动静。在城下，听见守城人在聊天，说的正是制置司已下令急捕文天祥。大家一听，互相望着吐了吐舌头，暗自庆幸没有闯进城去。扬州不可久留，众人起身继续朝东走。路上，余元庆和另外三个人卷着钱财溜走了。

剩下的八个人计划东入大海，再走海道南下温州。这是一段非常危险的旅程，尽管一路上保持高度警惕，文天祥一行人还是碰到了不少险情。一天，他们意外地遇上一队北上的元兵，八个人躲在一处破败的围墙里，等元兵队伍过去，才继续上路。第二天，又遇到一队元兵，大家迅速钻进附近的矮树丛，不料被元兵发现，八人中杜浒和一个叫金应的被抓获。他二人使了个心眼儿，从怀里掏出一些银两塞给元兵，侥幸又被放了回来。经过这次遭遇，八人中有一人负伤，一只眼睛被箭射中，身上挨了两枪。饥饿也是导致危险的一个因素，身体长时间得不到食物补充，行进速度明显放慢，越过敌人集中的地区的时间也就拖长了。

直到三月下旬，文天祥腹背受敌的处境才开始改变，元军四处通牒、捉拿文丞相，使宋军将领确信文天祥是无辜的。文天祥和杜浒等人进入通州，恭宗的两个弟弟，赵昰、赵昺二王已去了温州，他们乘海船南下，四月上旬赶到温州，可二王又去了福州，于是天祥暂时在温州住下来。

从临安出来追赶上二王后，陆秀夫带着赵昰（音士）、赵昺（音丙）、杨淑妃及随行军士逃到温州，派人去召陈宜中、张世杰。不久陈宜中来了。

张世杰在定海。一个叫卞彪的都统来见他，世杰以为他要随自己南下，很是高兴，杀了头牛为卞彪接风。诸将落座，边吃边聊，酒喝到一半，卞彪讲出了此行目的，他劝世杰投降。张世杰恍然明白原来卞彪是个说客，不由得大为恼火，叫人割下卞彪的舌头，再将他分尸处死。接到了二王召令，张世杰率军队也赶到温州。

当年宋高宗为躲避金兵入侵，南下途中到过温州的江心寺，传说寺内还保存有高宗皇帝用过的御座。如今二王又来到此地，而且也是在逃亡途中，众人抚今忆昔，禁不住悲伤起来，围着御座痛哭了一场。陈宜中、张世杰、陆秀夫奉赵昰为天下兵马都元帅，赵昺为副帅，然后派人前往福州，为二王入闽做先期准备。

因病留在临安的谢道清听说二王已到温州，派两名宦官带上八名军士前来召二王回临安。陈宜中不同意，将老太后派来的人沉进了江里。当初谢道清安排二王出逃，如今又匆匆忙忙要召回去，或许她以为自己会在临安住下去，与其骨肉分离，不如把两个小孙子叫回来一起住。可她哪里知道，刚过了这个夏天，大元皇帝派来的人就把她接去了北方。忽必烈用心深远，他不能让亡宋宗室成员留在江南，那里尚未完全平定，一旦有风吹草动，这些人就会成为叛乱者招摇的旗帜。他要让这些人留在自己身边，永远失去他们的作用。

五月初一，益王赵昰在福州被立为新皇帝，改元景炎，册封生母杨淑妃为皇太后，封广王赵昺为卫王，陈宜中任左丞相兼都督，遥授李庭芝为右丞相，陈文龙等人任参知政事，张世杰任枢密副使，陆秀夫任签书枢密院事，改福州为福安府，温州为瑞安府，一个流亡中的小朝廷就这样草草建立起来了。也就是同一天，当福州的文武大臣跪下来向新皇帝叩首称贺时，在北方草原大元皇帝的家庙前，他们从前的皇帝、皇太后正在向蒙古人的祖先行着祭拜礼。

这月下旬，文天祥到了福州，拜右丞相，小朝廷又多了一个坚强不屈的大臣。

从一开始，内部不和就给这个脆弱的政权埋伏下深刻危机。身为首相的陈宜中，心胸狭窄，自私自利，容不得别人与他合作。陆秀夫是个满身书呆子气的谨慎人，陈宜中也容不下他，暗中使人弹劾，罢他的职。张世杰实在看不下去，责备陈宜中眼下是什么时候，还动不动就搞这一套。陈宜中见掌握兵权的人反对自己，多少有些害怕，又把陆秀夫请了回来。文天祥到后，也看不惯他为人耍心术的做法，主动提出去江西。七月，文天祥离开福州，收兵入汀州（今福建长汀县）。

小朝廷在内外交困、风雨飘摇之中，开始了它先天不足的生命历程，张世杰手里的十几万军队是这个政权赖以生存的基础。

扬州，静江

这些日子以来，阿术一直在扬州城下与李庭芝对峙。

扬州位于长江北岸，南面是镇江，西南是真州，北面是高邮、宝应，东和东南是泰州、通州。淮西制置使夏贵投降以后，阿术对扬州的形势做出了冷静分析。在他看来，宋朝已经灭亡，江北唯独李庭芝坚守不降，原因是扬州得到了周围府县的支援，在这种情况下，必须断其粮道，绝其声援，迫使扬州不战自溃；这样一来，也可能逼迫李庭芝放弃扬州，东走泰州、通州，逃命海上。阿术做出部署：在扬州西北的丁村竖栅，阻止高邮、宝应至扬州的粮运；在东北的湾头堡储粮，以备军饷；在离泰州不远的新城屯兵，监视泰州城。阿术命千户伯颜察儿率三百名精锐骑兵作为机动，吩咐他说，李庭芝水路已绝，一定会走陆路，要严加戒备，如果丁村报警，要赶去接应。

战争后期，淮东制置使李庭芝为了保存实力，退守扬州，结果被元军困在城里。他的处境一天比一天恶化，最要紧的还是粮食问题。为了保证军粮供应，他让城中居民出粮，居民的粮食吃光了，让官员出粮，官员的粮食吃完了，他又下令将校们出粮。扬州在这种严重的威胁面前，坚持了一天又一天，“兵有烹子而食者，尤日出苦战”[①]。元军使者带着大元皇帝的诏书进城招降，李庭芝杀死使者，烧毁诏书，表示只有一死。

城内没有粮食，只能从城外想办法。入夏以后，姜才几次带兵攻打湾头堡，想从敌人手中抢到些粮食，可一次也没有成功。六月的一天，他获悉从高邮运来的一批米快到了，连夜带上五千军兵出城，先去攻打丁村，疏通粮道。驻守丁村的万户史弼与姜才发生了战斗，双方打到次

---

① 《宋史·李庭芝传》。

日黎明，史弼渐渐支持不住，眼看丁村要失守。天亮时伯颜察儿赶到了，他指挥的三百骑兵都是阿术帐前亲兵，打出的旗帜也是画有双赤月的阿术帅旗，丁村元军见到援兵旗帜，大喊“丞相来啦！”扬州军也认识阿术的帅旗，以为阿术亲自领兵杀来，顿时锐气大减，有人开始朝扬州撤退。后面的战斗持续时间不长，结果显而易见，姜才重新退回城里，史弼得救了，还截获到五千石大米。

失去了外援，日子越来越难挨，士兵们很少能吃到纯粹用粮食做成的食物，这不仅对人的身体危害很大，而且极大地削弱了士兵的抵抗意志。身为主帅的李庭芝感到一种绝望正在吞噬着自己，他有些动摇了。这天他把姜才找来，同他商量最后的出路问题，左右护卫、谋士被关在门外。两人在屋里待了很久，谁也不知道谈话的具体内容，门外的人只听姜才大声喊道:“主帅不过再忍片时痛苦！”[①]听的人紧张得额头上冒出了汗。那以后，李庭芝住所外面增加了士兵守卫，据说他们是姜才手下的人。

进入七月，李庭芝先后收到两份诏书，一份是大元皇帝赦免他焚诏之罪的诏书，另一份是福州新皇帝的任命诏书，任他为少保、左丞相，任姜才为神龙卫四厢都指挥使、保康军承宣使，命他二人速往福州。对前一份诏书，李庭芝未予理会，他同姜才紧急磋商突围计划以及扬州的留守人选。

一切安排好后，李庭芝、姜才率七千军兵冲出扬州，马不停蹄地奔往泰州。他们进入了泰州城，准备继续向东经通州入海南下。

这一路线恰在阿术的预料之中，七千人离开扬州不久，阿术率骑兵就追了上来，右丞阿里、万户刘国杰也领兵追赶。从扬州至泰州这段路

① 《宋史·忠义六》。

上，骑兵占尽了便宜，那些奔跑速度远远不如骑兵的步兵受到追兵的肆意屠杀，大约有一千人死在半道。元军又将泰州城围了个水泄不通，阿术把守城东南，阿里、刘国杰守城西。

留守扬州的将领叫朱焕，主帅突围后，他便寻思着向元军投降。他心里明白，剩下的部队都是些残兵败将，城里又没有粮食吃，打不能打，逃不能逃，即使敌人不攻城，自己和这些人早晚死路一条，与其坐以待毙，不如求条生路。胜败乃兵家常事，打不赢就投降，这有什么不可以呢，况且大宋已亡，连皇帝、太后都被押解去了北朝，江南已不再姓赵，自己在这里拼死抵抗究竟又为了谁呢？一年前，早已降元而多年未见的好友陈楚客，请求大元皇帝给朱焕下一道诏谕，保证他投降后的性命及前途富贵。朱焕收到诏谕后没做任何表示，他碍于李庭芝、姜才的威信，悄悄地将诏谕收藏了起来。如今李、姜二人先跑了，自己还等什么，那份诏谕也该派上用场了。[①] 七月十二日，朱焕向元军敞开了扬州城门。

阿术把留在城里的宋军将领的妻子、儿女驱赶到泰州城下，威胁这些将领投降。这一招发生了明显效果，妻儿在城下的将领们，不愿再为福州那个前途未卜的小朝廷牺牲家人性命，也不想继续进行毫无希望的抵抗了。二十二日，孙良臣等一批将领打开城北门，向元军投降。李庭芝听说部下发动兵变，跳进莲池自杀，由于水浅自杀未遂，被元兵抓获。姜才因病卧床不起，不知道外面发生了什么，当一个叫曹安国的都统把他从床上绑起来，押送到阿术面前时，他才意识到一切都结束了。

面对眼前这位身材并不高大的对手，阿术的心里充满了憎恨，同时又有些敬佩，他提出如果对方肯归顺，还可以得到任用。姜才根本不理睬阿术的许诺，不停地破口大骂，阿术斥责李庭芝为何这么长时间不投

---

①《汉儿字圣旨》，见陶宗仪：《南村辍耕录》卷二十，《元明史料笔记丛刊》，中华书局版。

降，姜才告诉阿术真正不降的是我姜某。阿术下令，将李庭芝、姜才押回扬州。

阿术没有立即处死二人，还想等待他们屈服，否则他不会把事情拖到八月中旬。朱焕不肯放过，他催促阿术说：扬州用兵以来，尸横遍野，都是庭芝与姜才所为，不杀他们还等什么？[①] 八月十三日，阿术下令将二人斩首。

持续了一年的扬州围城战，以李庭芝、姜才被杀宣告结束，亡宋在淮东地区的最后一个据点被拔除了，很快通州、滁州、高邮等地相继降元，两淮战火平息了下来。

冬日，阿术回到大都，在大明殿拜见圣上，他和手下二百三十九名将士获得嘉奖。

伯颜、阿术在江南的使命完成了，阿里海牙还要在那里待上一段时间。闰三月，也就是伯颜从南方回来的那个月，阿里海牙应召赴上都，崔斌留守鄂州。六月，忽必烈命他出征广西，他提出兵员不足，皇上拨给了三万士卒。七月，忽必烈又将他由行省右丞提升为平章政事，并授史格为定远大将军，命他从征广西；同时诏谕广西路静江府官员投降。入秋后，阿里海牙、史格起程返回鄂州。

广西的对手叫马塈（音既）。宕昌（今甘肃宕昌县）人马塈出身名将世家，咸淳年间，任钦州（今广西钦州市）知州，后改任邕州（邕：音庸。今广西南宁市）。邕州与云南、安南接壤，少数民族众多，情况复杂，治理稍有不慎，就会闹出乱子。马塈到任后，镇抚诸民，修治关隘，治理得有条不紊，一时间边境井然。马塈因治边有功，以左武卫将军奉

① 《宋史・李庭芝传》。

诏入朝，路上他听说临安投降，便滞留在了静江（今广西桂林）。

入秋以来，静江府接连收到来自元朝及临安的旨意，要求守将投降。阿里海牙派人进城招降，被马塈处死，谢道清也派人到静江传谕她的手诏，也被马塈杀了。阿里海牙仍想不战而胜，多次给马塈去书，反复陈述天命、地利、人心等道理，不惜许以广西大都督一职，但均未打动马塈。

十一月，元军先头部队开进严关（今广西兴安县以西）。马塈留下一部分官军，又组织起一支少数民族军队，让这些军队守卫静江，他率三千人开赴严关。元军在严关受到猛烈阻击后，没有一味攻打，一支元军绕过严关，长驱南下到达平乐（今广西平乐县），然后掉头顺漓江北上，过临桂（今广西临桂县），从后面夹击严关。为避免前后受敌，马塈被迫退守静江。

阿里海牙让人抄录了一份忽必烈给静江军民的诏书，派人送给马塈，但再次遭到拒绝。看来流血和死亡不可避免了，平章政事下令攻城。不出所料，这又是一场恶战，元军发动了上百次进攻，一直没能取胜。

三个月后，元军调整了战术，主力部队佯攻静江西门，一支精兵乘夜攻打东门，攻破静江外城。马塈率部队退守内城，与元军展开巷战，不幸受伤被俘，没有战死的将领大部分投降。

部下娄钤辖还不肯放下武器，他带领二百五十人占据着月城，发誓死也不降。阿里海牙命令部队将月城团团围住，他笑着对左右说道："这些人不值得再打了。"

僵持了十几天。十几天过后，娄钤辖登上月城墙头，向外面喊话：我等饥饿不堪，不能出降，请送些粮食来，我们悉听尊便。① 元军果然

① 《宋史 · 忠义六》。

送过去几头牛和几袋米，一名部将从里面出来，取走粮食重新将大门关闭。

一些元兵想看热闹，爬到高处朝里面张望。那名部将把牛和大米带进去后，月城里的人迅速把米分掉，还没等大米煮熟，他们就着生牛肉大吃起来，不大工夫便吃得干干净净。观看的元兵大笑不已，敌人这付可怜的模样让他们感受到了胜利者的骄傲。突然，笑声戛然而止，刚才还满脸笑容的元兵此刻表情僵木地望着下面。月城里响起了鼓号声，二百五十人紧紧围住一座火炮，一人将火炮点燃，随着一声巨响过后，一切又都恢复了平静。

硝烟散去，月城内满是残破的肢体。

倒霉的皇子和丞相

忽必烈一朝的政治、军事斗争，在四条战线上同时展开："黄金家族"内部保守势力与革新势力之间的斗争；元朝与南宋之间的斗争；大元帝国与周边小国之间的斗争；忽必烈政权内不同派系之间的斗争。这些斗争在时间上纵贯忽必烈一朝，在性质上则较为复杂。元灭南宋是一场大规模的统一战争，具有历史意义，而出兵弱小国家则是一种征服行为，是蒙元贵族的政治野心膨胀的表现。在形式上，这些斗争都导致了流血冲突，最典型的方式就是战争。

"黄金家族"内部的斗争无疑是革新力量同守旧势力之间的激烈较量，忽必烈建立元朝在蒙古族发展史上是关键一步，对于蒙古族的政治、经济、军事、文化乃至种族人口等，均具有重大而深远的意义。但是，以正统自居的保守派却不愿意放弃本民族一贯的生存方式，不能容忍蒙古人与汉人的结合，这就导致保守派与汉法派在数十年时间里，不停地相互指责甚至以死相拼。

本朝旧俗与汉法不同，如今留居汉地，建都邑城郭，仪文制度，遵用汉法，这到底是为什么？[①] 这是西北宗王曾经派遣入朝的一位使者向忽必烈提出的质询，这个问题恰恰反映出了“黄金家族”内部保守的正统派与革新的汉法派之间的分歧所在。忽必烈效行汉法，重用汉人，大胆改革蒙古旧俗，放弃游牧生活，甚至把都城迁到中原汉地，引起正统派势力的疑惑和愤慨，对此他们有权利要求得到充分而合理的解释。

一年多以前，至元十二年七月，忽必烈派右丞相安童协助北平王那木罕出兵阿力麻里，抵御海都叛军。算卦先生田忠良心存疑虑，提醒皇上此次西北之行凶多吉少，怕会有人叛变。忽必烈不大高兴，田忠良受到近臣的谗言，险些掉了脑袋。其实他的疑虑不是没有道理，随同那木罕西征的诸王除了那木罕的弟弟阔阔出外，其余的人都是当年反对忽必烈称汗的宗王们的后代。阿里不哥投降后，这些人归附了忽必烈，但并未死心，只是一直没有机会东山再起，这次忽必烈命他们随皇子西征，正好给了他们一个机会。

田忠良的预测又应验了。蒙哥的儿子昔里吉，阿里不哥的儿子明里帖木儿、药木忽儿相继叛变。他们拘押了那木罕、安童和阔阔出，把这些人送到海都那里，打算联合海都共同对付忽必烈。奇怪的是，海都拒绝了他们，于是他们拥立昔里吉当首领，率军进入岭北地区。北平王被囚，西北元军失去统一指挥，海都乘机向元军发起了攻势。

消息传到朝廷，忽必烈这才相信了田忠良的话，急忙叫田忠良去祭神，保佑自己的儿子平安无恙。忽必烈紧急调动兵马，征讨叛王，营救皇子和丞相。忽必烈决定派李庭出征，至元十三年七月，他犒赏李庭的

---

① 《元史·高智耀传》。

部将，并为即将出征的将士准备马匹、冬衣、甲仗等。八月，他下达旨令：敕汉军都元帅阔阔带、李庭率侍卫亲军两千人西征。他又特给李庭下旨：你在江南多出死力，但男儿立功当在西北。今有违背太祖成宪者，命你前往征讨。[①]忽必烈还下令，安西王忙哥剌奉诏北征，共同讨伐叛军。

做完这一切后，忽必烈并未完全放下心来，还有问题需要他考虑：是否派伯颜领兵北上？他才是最合适的人选；要有一位可靠的人出来主持大都政务，让谁担此重任呢？亡宋小朝廷还在福建一带活动，不能让它成了气候，得尽快派兵消灭它，大江南北不能再留下一个对手，五湖四海都是我大元的国土，天下百姓都是我大元的臣民。

① 《元史・李庭传》。

第十章

回汉之争，丞相被刺宫城

当年埋伏下的隐患，十几年后终于爆发。这是汉人集团与色目人集团在政治上反复较量的必然结果。

董氏三兄弟

忽必烈一朝的汉人幕僚，没有受过政治冲击的恐怕不多，要说有的话，就要算董家兄弟了。

藁城（藁：音稿。今河北藁城县）人董俊有九个儿子，文炳、文蔚、文用、文直、文毅、文振、文进、文忠、文义。[①] 在九子当中，长子董文炳、三子董文用、八子董文忠最为著名。父亲去世那年，文炳十六岁，带领弟弟们服侍母亲李夫人。李夫人很贤明，教子严格，她勤俭持家，尽量让儿子们接受更多的教育。

十九岁时，文炳以父职袭藁城县令。在任期间，他清正廉明，爱民如子，深得百姓爱戴。后来与府衙官员产生矛盾，他辞去官职，北上投靠了忽必烈。

---

① 元明善：《藁城董氏家传》，《元文类》卷七十。

蒙哥汗派忽必烈征大理，文炳受命率四十六名义士从征。到达吐蕃境内，四十六人死得只剩下两人，马匹也全部死光，这两人搀扶着文炳徒步朝大理方向走去，每天只能走二三十里，没有吃的，三人靠吃死马肉维持生命。幸亏遇到忽必烈的使者，将情况报告了大王，忽必烈立即派董文忠带上马匹、粮食把三人接到军中。通过这件事，忽必烈觉得董文炳忠诚可靠，可以委以重任，从此对他另眼看待。

中统二年（1261年），忽必烈任文炳为侍卫亲军都指挥使，并对身边人说，亲军非文炳不可。李璮之乱后，文炳没有受到牵连，继续得到重用，至元十一年（1274年），拜参知政事，官至宰执之位。文炳为人忠诚，做事谨慎严密，这也许是他很少得罪忽必烈的原因。

至元十三年（1276年）正月，西路军抵达盐官（今浙江海宁市西南），将领们鉴于守军不降，要求屠城，文炳向将领们解释说：盐官离临安不足百里，声势相及，如今临安已有降约，如果轻杀一人，就会坏了大计，何况杀一县。[①] 在西路军的反复说服下，守军终于投降。

伯颜了解文炳办事仔细，又不贪钱财，所以派他进临安城收缴南宋皇宫物品。福王赵与芮离开临安时，以重金贿赂元军上层人物，却在文炳身上碰了钉子。至元十四年（1277年）正月，元廷将与芮的家产运到京师，发现了一本抄有受礼人员名单的册子，上面唯独没有董文炳的名字。战争结束后，文炳晋升中书左丞。史传忽必烈称董文炳为董大哥，可见君臣二人的关系非同一般。

文炳的三个儿子士元、士选、士秀均在亲军任职。征南战争期间，士秀服侍太子真金，士选跟随父亲身边，士元在淮东战场。至元十三年夏季，姜才攻打扬州东北的湾头堡，驻守湾头堡的行省官阿里傲慢轻敌，

---

① 《元史·董文炳传》。

指挥士元、哈剌秃等将领带几百名骑兵出堡迎战。两军相对，阿里发现敌人有上万人，吓得掉马就跑，士元、哈剌秃勉强应战。当时天色已近黄昏，战场又是一片泥泞地带，马匹派不上用场，骑兵们只得下马步战。直到增援部队赶来，敌人才渐渐退去。天亮以后，阿里巡视阵地，见士元躺在泥地里，身中十七枪，全身衣服被鲜血染红。哈剌秃也在这次战斗中阵亡。后来，伯颜向忽必烈提起淮东战事，说：淮海之役，我军损失仅二将而已。问是哪两员将领，回答是董士元、哈剌秃，忽必烈惋惜地说：士元矫健过人，白天必能取胜，夜战而死，甚可惜呀。①

三弟董文用是位典型的文臣，在做事谨慎方面与大哥非常相似。李璮之乱后，朝中汉臣人人自危，董氏兄弟虽与李璮没有瓜葛，但身处错综复杂的政治环境中，也不得不三思而行。至元元年（1264 年），征南都元帅阿术进兵两淮，请文用一同南下，文用说：朝廷有新规定，凡掌兵权的诸侯，子弟不可再任兵事。我兄文炳率重兵镇守山东，我不能去。阿术不以为然，说道：潜邸旧臣，不必在乎这些。② 文用坚持不肯，借口身体有病谢绝了都元帅的邀请。

至元十二年（1275 年），安童奏请忽必烈任董文用为工部侍郎，顶替阿合马的党羽纥石里。此事让阿合马一伙怀恨在心，找机会要给文用点颜色看。一天，鹰房管事向忽必烈告状，自从纥石里走后，工部侍郎不发给鹰食，鹰快要饿死了。忽必烈一听大怒，吩咐立即查办。一会儿，侍卫押着文用走进宫来，忽必烈一看是董家兄弟，火气消了大半，对管事说，董文用哪是为你们料理鹰食的人！随即叫他们到有关衙门去领。

元廷御膳房有一道名菜：头鹅（天鹅），属御厨八珍之一（八珍：牛

---

① 《元史 · 董文炳传》。
② 《元史 · 董俊传》。

乳油酥、马奶、野驼蹄、鹿唇、驼乳粥、烤天鹅肉、葡萄酒、马奶酒)。捕捉天鹅的鹰名叫海东青[①]，产于辽地，蒙元贵族极为珍惜这种动物，为的就是要猎取更多的头鹅。一首元代宫词描写了元旦大朝会时，大臣们在正殿上争相观看海东青的情景："雨顺风调四海宁，丹墀大乐列优伶。年年正旦将朝会，殿内先观玉海青。"[②]宫廷掌管此事的机构称"鹰房"，饲养鹰的人称"昔宝赤"[③]。海东青如此珍贵，难怪忽必烈听说这些宠物快被饿死了要大发雷霆呢。

至元十三年，董文用出任卫辉路总管。大哥文炳去世后，文用更加关心朝政，对一些权臣的不法行为也敢于据理抗争，在这点上八弟董文忠倒更像他。

与文炳、文用不同的是，董文忠一直在宫里侍奉圣上，与忽必烈朝夕相处，这使他有更多机会向忽必烈表达自己的想法。中统元年(1260年)，文忠任符宝郎，虽然只是六品小官，但掌管宝玺、金银符牌，职责非常重要。他还是忽必烈的一名怯薛歹，怯薛是宿卫的意思，怯薛歹就是宿卫士。成吉思汗时期，以手下"四杰"木华黎、赤老温、博尔忽、博尔术为四怯薛，三日一换，轮番宿卫。忽必烈称汗后，保留了怯薛入卫制度。怯薛歹的职责除保卫大汗和宫城的安全外，还要负责大汗的饮食起居，以及宫内大小勤杂事务。怯薛歹的来源主要是勋贵子弟，所谓"大根脚"出身的人，例如像安童这样的人，再有就是大汗的亲信，这些人经过几年宿卫后，往往被委以高官，步入仕途。怯薛军和侍卫亲军加

---

① "海东青，鹘之至俊者也。出于女真，在辽国已极重之……其物善擒天鹅，放飞时旋风羊角而上，直入云际，能得头鹅者，元朝宫里赏钞五十锭。"——[明]叶子奇：《草木子·杂俎篇》。

② 傅乐淑：《元宫词百章笺注》第四首，书目文献出版社，1995年。

③ "昔宝赤，鹰房之执役者。每岁以所养海青获头鹅者，赏黄金一锭。头鹅，天鹅也，以首得之。"——[元]陶宗仪：《南村辍耕录》卷一。

在一起，构成元朝军事系统中的一大部分：宿卫军。

董文忠身为怯薛歹，整日在宫中忙碌，他负责的事情大大小小不下几十件，包括忽必烈平日穿的衣服，生病时服用的药，外出乘坐的车马，夜里也要睡在圣上榻旁，随时听从召唤，忽必烈“中夜有需，不以烛索，可立至前”①。别人三日一班，他却经常加班，有时一个月也难得回家一趟。忽必烈对董文忠宠信有加，对他要比对其他侍从更亲近一些，有事叫他，不喊名字，按排行直呼他“董八”。由于长期生活在大内，董文忠自然掌握不少禁中隐秘，而且使他和忽必烈之间有了一种较为特殊的关系。

或许正是这个因素，董文忠才敢在忽必烈面前说些别人不敢说的话。一次有人状告：一个汉人打伤了蒙古人；太府监属卢甲偷盗官布。忽必烈要杀卢甲和那个汉人，以警示百官。旁人都不敢吱声，文忠站出来说：“怎可因人一言，就加以重典，应付有司查核事实，再做决定。”②忽必烈叫文忠和突满分别调查案情，调查结果证明，二人均受别人诬告。事后忽必烈责怪那些侍臣：朕发怒时，你们谁也不讲话，不是董文忠开悟朕心，就错杀了两个无辜之人，必会遭到世人议论。忽必烈赐给文忠一枚金尊，表彰他敢于直言。太子真金对这件事也颇为感慨，向东宫侍臣们说：方才天威震怒，董文忠从容谏正，实在不是一般大臣能做到的。受人诬告的卢甲带着礼物来见文忠，含泪谢道：公救了鄙人一条性命。文忠忙说：平日你我并不了解，所以相救，是为国家刑法公正，哪里指望你来报答！无论怎么谢，礼物一件不收。③

安童不在朝中，阿合马独揽朝政，大立亲党，为了不让廉希宪回朝

---

①　姚燧：《董文忠神道碑》，《牧庵集》卷十五；《元文类》卷六十一。

②③　《元史·董俊传》。

任宰相，他奏请圣上让希宪留在荆湖行省。董文忠看在眼里，记在心上。至元十四年春的一天，他漫不经意地和忽必烈聊起“廉孟子”，自言自语地说：“江陵气候湿热，不知希宪病体如何？”注意到忽必烈也很关心，他接下去又说：“希宪是国家名臣，如今宰相虚位，不可使他久居外边，以孤人望，应当早日召还。”[①] 忽必烈一听也对，传旨召廉希宪回京。

董氏三兄弟以他们的忠诚、勤勉、谨慎赢得了忽必烈的信任，他们在朝中的地位始终没有受到动摇。

忽必烈决定派伯颜北上平叛，同时决定将大都的事情交给董文炳。至元十四年正月，他急召文炳还朝。二月，他去了上都。到上都后，他天天向侍臣询问董文炳何时到，吩咐只要回来马上告诉他。

四月，文炳从临安赶回上都。当天忽必烈就派人来唤他，见到圣上，行完跪拜礼，文炳开口说：“江南已平，臣无所效力，请让臣北上平叛。”忽必烈说道：“朕召你来，意不在此，小子们兴兵作乱，朕自可戡定。山以南，国家根本之地，全都托付给你了，一旦有麻烦，可便宜处置。中书省、枢密院事无大小，报过你之后方可执行，这已跟主事的说了，你要多操些心。”文炳自知责任重大，想要推辞，忽必烈不许，问他有什么要奏的。文炳奏道：“臣在临安时，阿里伯奉旨收缴宋朝所藏宝物，追索太急，收没过细，人人叫苦。宋人尚不知我朝恩德，若急于苦索，恐非安抚之道。”忽必烈下旨停止收缴。[②]

文炳被留下一道进膳，吃过饭他提出见见太子。忽必烈点头答应，又派人转告真金，董文炳身负重任，见一面就行了，不要久留他。文炳

① 《元史·廉希宪传》《元史·董俊传》。
② 《元史·董文炳传》。

在上都只住了三天，让儿子士选给圣上宿卫，自己起程返回大都。

到大都后，文炳三天两头去中书省、枢密院转转，看有什么事情需要他出面来办。这段时间以来，平章政事阿合马显得神气十足，一副春风得意的样子。安童不在朝中，太子真金又不大过问朝政，大小事他都说了算。大臣们知道忽必烈宠他，也清楚他的为人，谁也不愿与他计较。阿合马有恃无恐，想怎么样就怎么样。

宋元战争期间，当渡江战役成功之后，忽必烈确信战争的胜利指日可待，开始考虑如何处理统一后的南北经济关系。首要问题是南北流通的货币不一致，元朝通行“中统宝钞”（纸币），以白银为本，南宋通行“交子”“会子”，以铜钱、铁钱为本。货币不统一势必阻碍南北贸易往来，也不利于国家赋税政策的推行。忽必烈曾就此事问过陈岩，陈岩主张以北朝货币取缔南朝货币。

至元十二年二月，忽必烈让阿合马召集大臣议论这件事，看大家怎么说。会上有人支持以中统宝钞流通江南，也有人反对。姚枢提出，如果取消交子、会子，江南百姓就会失去依靠。徒单公履认为，伯颜已在江南宣布交、会不变，如今又变，恐失信于民。张文谦含糊地说道，变与不变，可以问问伯颜。阿合马将这些意见呈奏，忽必烈的态度忽然变得明朗起来，他指责姚枢、徒单公履不识事机，命阿合马在江南发行中统宝钞。

统一国家货币势在必行，这点上忽必烈和阿合马都没有错。战争期间，阿合马忙于筹措钱粮、物资，供应前方军需，确实费了不少心思。但问题是，此人过于贪婪，又有很强的权力欲，履行公务时往往出于个人私利，谁不同意他的做法，谁就是敌人。忽必烈和其他蒙古贵族不熟悉经营之道，见阿合马能为自己积累财富，是理财的一把好手，便事事迁就，大臣请示钱谷事，忽必烈一概推给阿合马。

至元十四年，阿合马又以增加赋税为由，提出在各地设立都转运司，借机安插亲信，也获得了批准。忽必烈的重用导致他总是理直气壮，把谁也不放在眼里。

董文炳到任，让这位宰相有些为难，他了解文炳的秉性，知道此人在忽必烈面前也算一号人物，虽然官品在自己之下，但这次忽必烈指名叫他全权负责京城政务，对这样一个人倒不可怠慢了。阿合马在行为上有所收敛，心里并不服气。

他见文炳经常到中书省来，可每次来都不签署文案。一天，他又在省里见到文炳，于是走上前递过一支笔："大人身为左丞，应当签署省案呀。"文炳摇了摇头，表示没有这个打算，他再三请文炳接过笔去，文炳坚持不接。

这件事传进了东宫，真金对侍臣们讲："董文炳深谋远虑，不是你们这号人能明白的。"有人私下向文炳问起这件事，他告诉对方：圣上所托付的，在于根本之重，非文移之细。一旦签署文案，我若依从他们，便是助长了他们，若不依从他们，必会遭受谗言。谗言一起则身危，身危便大失托付本意，我是干预其大政，而略其细务。① 这段话表露出文炳的真实思想，也透露出他的难处，他必须顾及到各方面的关系，既要完成自己的使命，又要避免激起太多矛盾，这就只能舍小取大。真金说得没错，董文炳的确用心深远，这正是他的长处。

门下省风波

廉希宪接到诏旨，动身从江陵北返，江陵百姓夹道送别，见他随身

---

① 《元史·董文炳传》。

携带的只有自己心爱的琴和一些书籍。

至元十四年五月到达上都，忽必烈很关心希宪的身体，召扬州名医王仲明来给看病，又见他身为宰执却生活清贫，特赐给五千两白金、一万贯钞。服过扬州大夫开的药，病情有了明显好转，希宪能拄着杖下床了。忽必烈非常高兴，安慰说有这样好的医生，病一定会治好。希宪本人似乎也有了些信心。

不知什么原故，上都北面御苑的小山突然失火，火势蔓延出去，烧毁了几间民房，这事引起一些好谈论天文地理的人种种猜测和议论。一天田忠良来探望希宪，希宪借这个机会谈了自己的看法。他告诉忠良，上都是圣上龙飞发迹之地，天下人视为根本，偶然发生些天灾人祸，也是寻常事，千万不要让那些人谣言惑众，混淆圣上视听。忠良点头答应。过后田忠良把希宪的话讲给了圣上，忽必烈对廉希宪在病中还顾及这些事，不免发了些感叹。

朝中有人议论着要设立门下省。

自隋唐以来，朝廷确立了三省（中书、门下、尚书）共同执政的制度，三省的职能大体上可概括为：中书定议，门下封驳，尚书奉行。“唐制：每事先经中书省，中书做定将上，得旨，再下中书；中书以付门下，或有未当，则门下缴驳，又还中书；中书又将上，得旨，再下中书；中书又付门下，若可行，门下又下尚书省，尚书但主书撰奉行而已。”[①] 宋朝继承唐制，也立三省，但门下、尚书二省并无实权，政务大权掌握在中书。金朝最初也设三省，后来罢去中书、门下，只设尚书省，省下置六部。忽必烈称汗后，立中书省统辖六部，后因需要设立尚书省，主管财赋。

---

① 《朱子语类》卷一百二十八。

这次是礼部尚书谢昌元奏请设立门下省，目的是制约中书省官员滥用权力的弊端，“封驳制敕，以绝中书风晓近习奏请之弊”[①]。为这件事忽必烈还生了气，责备翰林学士承旨王磐说，有这么好的事情，你不奏请，反倒让江南来的人先提出来，你的学问是做什么用的！既然圣上表示了积极态度，大臣们便着手操办起来。

关于首要官员侍中的人选，有人提议董文忠，也有人提议廉希宪，为此文忠还受到别人诽谤。一位近臣对忽必烈说，陛下要设立门下省，现在正是时候，不过得选出合适的人选，才可以宽圣心。他看了一眼董文忠，又说道，听说有的盗诈之臣也混在其中，甚不可。文忠见他讲话的神情明显是针对自己，气愤地辩解道，陛下每每称赞臣不盗不诈，今天你冲着我说这番话，本意便是指我，请说出我有何盗诈之事！那人哑口无言，忽必烈叫那人到殿外去。文忠仍愤愤不平，列举出那人一些贪赃枉法的事。忽必烈摆手说道，朕心里明白，他不是说你。这以后文忠入门下省的事便无人再提了。

忽必烈心里有数，他看中的人选不是董文忠，而是廉希宪，他曾向人透露过这样的想法，认为门下省侍中非廉希宪不可。忽必烈派人转告希宪，上任之后，鞍马劳顿之苦，不要他去做，只要他坐而论道，操持些大事。太子真金也给希宪鼓气，要他该做什么就做什么，不要怕别人阻挠中伤，谁敢胆大妄为，太子来解决他。如此说来，事情已然有了眉目，就等任命一下，希宪便走马上任。

可意外的是，事情突然中止了。阿合马不希望再有一个人成为他眼中的障碍，不知他向忽必烈说了些什么，忽必烈不再提门下省的事。大臣们沸沸扬扬地折腾了多日，结果空忙了一场。一切还是照老样子，廉

---

① 《元史·董俊传》。

希宪依旧在家养他的病。

倒是伯颜从来不做徒劳无益的事。至元十四年六七月间，他率军在和林以北的斡耳寒河（鄂尔浑河）一带大败昔里吉。[①] 几年以后，昔里吉与脱脱木儿发生矛盾，双方反目成仇，脱脱木儿被昔里吉处死。不久，得到过脱脱木儿支持的撒里蛮又战败昔里吉，并把他押送到大都。忽必烈仍然没有治这位侄子的死罪，把他流放到了海南岛，后来昔里吉死在当地。

昔里吉的叛乱被镇压下去了，但海都的势力还在，皇子和丞相落到了海都手里，西北仍不平静。此外，东北宗王中也有一股势力在反对忽必烈，也在寻找机会准备采取军事行动。东、西两道诸王构成忽必烈的心腹大患，对他来说，"黄金家族"内部的问题还远远没有解决。

察罕脑儿行宫

至元十五年（1278 年）正月，西京（今山西大同）闹饥荒，忽必烈调拨一万石粮食赈灾，并告诉阿合马早做准备，多储藏些粮食，以备急用。阿合马趁这个机会向忽必烈提出，今后御史台不经过中书，不得擅自盘查仓库官吏，也不得过问钱谷数目，中书省有事集议而不到者，要予以治罪。他的目的很明显，防止御史台给自己找麻烦。

为了了解江南各省最近的情况，忽必烈下旨召行省左丞崔斌入觐，

---

① 参见阎复：《土土哈纪绩碑》，载《元朝名臣事略》卷三《枢密句容武毅王》；元明善：《丞相淮安忠武王碑》，见《元文类》卷二十四。

崔斌立即从鄂州赶赴上都。四月，他跟圣上去察罕脑儿行宫。[①] 在行宫，忽必烈问起江南各省治理得如何，崔斌告诉圣上：不久前，鉴于江南官吏多闲散无事，委任非宜，遂命阿里等人酌情裁减，如今已有成效。而阿合马溺于私爱，一门子弟，都是要官，其不肖子抹速忽任达鲁花赤，佩虎符，这哪里是量才授任之道。他又说：阿合马先前请求免其子弟之任，现在他身为中书平章，而子侄或为行省参政，或为礼部尚书，或为将作院达鲁花赤、领会同馆，一门悉处要职，自违前言，有亏公道。[②] 崔斌的意思是针对去年设置的各路都转运司，这个机构是阿合马网罗党羽、假公济私的重要渠道。

听了崔斌的汇报，忽必烈命人查办此事，随后罢去各路都转运司，"海内无不称快"。但是忽必烈仍然认为阿合马是一个有才干、值得重用的人，阿合马也没有因转运司被罢而伤筋动骨。

根据崔斌的汇报，忽必烈意识到一个新问题：江南的吏治该整顿了。他下旨，凡被罢免的官员，宰执降为宣慰，宣慰降为路官，路官降为州官；江淮、两浙盐课直属行省，宣慰司不得干预。不久，朝廷又对地方官府履行公务的期限做出规定：行省以下例行公务，小事限七日，中事十五日，大事三十日。这些措施虽不完备，但预示着元朝平定江南以来第一次大规模的吏治整顿就要开始了。

处理完烦琐的公务，忽必烈继续在察罕脑儿过着轻松、充满乐趣的日子，不外出打猎的时候，可以在行宫里玩弄经过专门饲养的各类珍禽，或是陪嫔妃们恣情取乐。周围的环境秀美怡人，"其地皆饶水草，有禽鱼

---

① 忽必烈在上都东、西各建一处行宫，称东、西凉亭，是他狩猎时的住所。西凉亭在上都以西一百五十里处，即察罕脑儿（白色的湖），今河北省沽源县东北。——参见叶新民：《元上都研究》，内蒙古大学出版社，1998 年。

② 《元史 · 奸臣》《元史 · 世祖纪》《元史 · 崔斌传》。

山兽”[1]，是理想的避暑地。

一天，接到董文炳的奏章，说近来身体不适，请求解除机务。忽必烈派人叫文炳到他这里来：“大都炽热，非病人所宜，卿可来此，病自可痊愈。”[2]文炳奉旨来到上都。见到圣上后，他请求派他去戍守西北，西北地高天寒，可以舒筋活骨，病自然就会好的。

不能排除董文炳想要离开京城还有其他原因，除去身体因素——他已感觉到自己的身体正在发生可怕的变化，京城里钩心斗角的日子也令他厌倦和疲惫，有些力不从心。可忽必烈不同意他去西北，西北的事情还用不着派他这样的人去，枢密院的事情要重要得多，忽必烈让他兼任佥书枢密院事，保留中书左丞职位。

淮西宣慰使昂吉儿入觐，他一来就抱怨江南官吏太冗，并举出几个人的例子。忽必烈下旨将这些人全部罢免。

忽必烈同昂吉儿谈起什么样的人有资格做宰相，他说：宰相明天道、察地理、尽人事，能兼此三者，乃为称职。阿里海牙、麦术丁也当不好宰相，你纵然有功，宰相之位就不要想了。阿合马才任宰相，阿里年少精敏，南人如吕文焕、范文虎率众来归，或可处以相位。他又环顾左右说道：你们告诉姚枢等人，江南官吏太冗，他们都知道，却谁也不曾提起，还是昂吉儿为朕言之。[3]

一名近侍忙凑过来说，阿里海牙属下有个叫张鼎的，如今也当上参知政事。他这么一说，张鼎也被免了职。

六月，裁汰江南冗官的诏旨正式下达。江南原设淮东、湖南、隆兴、福建四省，现将隆兴并入福建，其十一道宣慰司，除规定员额外，其余

---

① ［元］周伯琦：《立秋日书事五首》注，《近光集》卷二。

② 《元史·董文炳传》。

③ 《元史·世祖纪》《元史·奸臣》。

官员一律罢免；罢茶运司及营田司，事权归本道宣慰司；罢漕运司，事权归行省；各路总管府验明户数多寡，按上中下三等设官；宋朝故旧官僚应入仕者，备吏部录用。

忽必烈又命人给中书省、枢密院、御史台传旨：翰林院官员及江南儒士任宰相、宣慰、各路达鲁花赤佩虎符者，大多谬滥，集议之后该裁汰的一律裁汰，大小政事，顺民心者行之，背民心者罢之。看来他决心要给自己的官僚体制做一次大手术。

忽必烈不肯放走董文炳，却放走了崔斌。留梦炎、谢昌元上奏：江浙行省事关重大，而省臣竟无一人通晓文墨。七月，忽必烈派崔斌去江浙行省任左丞。

送走了崔斌，迎来了八月的天寿节，忽必烈设宴招待诸王、大臣。宴会上，他赐董文炳上座，并对在场的人说，文炳是功臣，理当坐此。宴会开始后，他不停地让文炳吃这吃那，表现得非常热情。然而就在当晚，董文炳的病情加重，尽管御医天天来诊治，病情仍不见起色。九月十三日，董文炳病逝，终年六十二岁。

伯颜奏请让董文忠接替文炳中书左丞职位，文忠以自己未建立功勋为理由，谢绝了伯颜的好意。忽必烈派他护送文炳灵柩回藁城老家，并传旨沿途官府按照朝廷礼仪祭悼。

崔斌在察罕脑儿的弹劾提醒了忽必烈，给阿合马家族带来了很大损失，他有四个儿子：忽辛、抹速忽、阿散、忻都，由于父亲的关系，他们在京城或行省都身担要职。崔斌离开上都赴杭州任职的前后，这几个儿子被解职。

不过，情况很快就发生了逆转，阿合马倚仗忽必烈宠信，加上能言善辩，手下又有人为他奔波周旋，使得家族从困境中摆脱了出来。十一月，忽必烈根据中书右丞张惠的奏请，恢复了忽辛、阿散的官职。张惠还请求将抹速忽及阿合马的两个侄子也官复原职，引起忽必烈的猜疑，没有答应他的请求。

崖山海战

至元十三年冬季，赵昰小朝廷被迫流亡海上，开始了漂泊不定的生涯，虽然暂时摆脱了被人追打的困境，但整个形势并未发生好转。能打仗的人是张世杰等少数军事将领，而世杰又没有长远打算，能保住小朝廷的安全就满足了，真正在抵抗的人只有文天祥。

自从离开福州后，文天祥召集各地义军与元军作战，打了几次胜仗，江西形势一度好转。元军发起强大攻势，很快又把义军的势头压了下去。天祥避开元军的锋芒，四处转移，先后到过漳州（今福建漳州市）、梅州（今广东梅县区）、会昌（今江西会昌县），最后进入兴国（今江西兴国县）。

至元十四年八月，江西宣慰使李恒领兵突袭兴国，天祥猝不及防，败走空坑。一路奔跑下来，幸存的士卒疲惫不堪，倒在地上睡着了，天祥住在义士陈师韩的家里。半夜，元兵追来，混乱中陈师韩带天祥走小路逃出寨子。天亮以后，元兵四处搜索，赶上大雾弥漫，几步外便看不清人影，搜索十分困难。元兵发现几名义军士卒正追随着一座轿子，迅速围了上去，盘问轿子里是谁，轿中人从容地回答姓文。元兵见他风姿伟岸，相信他就是文天祥，于是下令停止搜索。此时天祥就躲在附近，轿子里的人叫赵时赏，是天祥手下的一名监军，被俘后遭元兵杀害。

在这次搜捕中，元兵还抓到文天祥的夫人欧阳氏及一子一女。[①] 天祥侥幸逃脱，带领残兵去了循州（今广东龙川县）。

这些日子陈宜中又有了一个新计划，打算带小皇帝逃亡海外。十一月，他辞别赵昰先行去了占城，目的是探明情况，为小皇帝到来做准备。可自从他走了以后，赵昰再也没有得到他的任何消息。十二月，小朝廷的船队在海上遇到飓风，损失惨重，赵昰受惊吓一病不起。

至元十五年四月，赵昰病死在碙洲（碙：音挠，今广东雷州湾海域）。群臣想要散伙，陆秀夫急了，恳求大家不要走，度宗皇帝还有一个儿子在这里，人都走了他怎么办，古人也有靠一军之力而复兴的先例，如今我们百官和有司都在，还有数万士卒，如果天不灭大宋，我们靠这些力量就不能复国吗！经他一说，群臣不再提走的事了，大家拥立赵昺为皇帝，改元祥兴，陆秀夫任左丞相，与张世杰共同秉政。

听说新君即位，文天祥请求入朝觐见，未获批准。至元十五年十二月，文天祥进兵海丰，二十日中午到达五坡岭（今广东海丰县城北）。天祥让士卒们准备午饭，饭刚吃到一半，万户张弘范的追兵突然出现，士卒们来不及应战，纷纷钻进附近草丛中躲藏。天祥仓皇逃命，被千户王惟义抓获，他想吞脑子（冰片）自杀，没有死成。杜浒也在五坡岭被俘，后忧郁而死。

几天后，文天祥被押解到张弘范营中，左右命令他向万户跪拜，天祥不拜。张弘范也不介意，反倒以礼相待。

元军抓到了文天祥，下一个目标就是张世杰。张世杰兵驻崖山（今广东江门市新会县以南的海岛），在那里建立起小朝廷的落脚之地。

---

① 文天祥：《纪年录·注》，《文山先生全集》卷十七；《宋史·文天祥传》。

至元十六年（1279年）正月初二，元军从潮阳（今广东潮阳区）入海，文天祥也被带上了船。路上张弘范提出能否致书张世杰，劝他投降。天祥反问道，我不能保护父母，却教人背叛父母，这样可以吗？张弘范不甘心，坚持要致书。天祥叫人拿过纸墨，挥笔写了起来，写好后他将写的东西交给了张弘范。上面是一首诗："辛苦遭逢起一经，干戈落落四周星。山河破碎风抛絮，身世飘摇雨打萍。皇恐滩头说皇恐，零丁洋里叹零丁。人生自古谁无死，留取丹心照汗青。"[①] 张弘范看罢笑了笑，随手扔在了一边。

听说元军向崖山开来，张世杰手下的将领提出一个建议，如果元军舟船封堵海口，我军就会进退两失，不如抢先占据海口，有幸取胜那是朝廷的福气，倘若失败也可西入大海。而张世杰担心，将士们在海上待得时间长了难免会离心，人心一散很难控制局势，况且这几年一直在海上漂泊，什么时候是个头呢，他决定就在原地与元军决一胜负。

正月十四日，张弘范抵达崖山。二十二日，李恒率一百二十艘战船来崖山会合，元军占据了海口。双方兵力对比，张世杰占绝对优势：兵员二十万，战船一千多艘；元军兵员不过数万，战船五百艘。[②] 就海上作战经验来说，北方士兵远不如南方士兵。但由于张世杰不听劝告，放弃了海口，使大军被元军从不同方向围困，军中缺少淡水，士兵吃干粮难以下咽，渴得实在受不了就喝海水，喝了再吐，战斗力锐减。

二月六日凌晨，决战开始了。天空出现了团团乌云，时断时续的小雨淅淅沥沥地洒向海面，双方在海上厮杀起来。到傍晚时，下起了暴雨，海上烟雾迷蒙，透过浓浓的雾气，依稀看得见被海浪翻卷着的一具具

---

① 《指南后录·过零丁洋》，《文天祥全集》卷十四。

② 陈仲微：《二王本末》；《元史·张弘范传》；文天祥：《集杜诗·祥兴·序》，《文山先生全集》卷十六。

尸体。

陆秀夫眼见二十万大军被打得七零八落，这位书生气十足的左丞相此刻完全被一种悲壮情绪所控制，他用剑逼着自己的妻儿跳进大海，然后抱起小皇帝赵昺纵身跃入海中。杨太后听说赵昺已死，失声痛哭，边哭边说：我千忍万忍活到今天，就是为了给赵家留下一块骨肉，连这点儿心愿也没有指望了！[①] 说完，她也投海自尽。

张世杰带着十几条船朝占城方向驶去。五月，海上遇风，船毁人亡。

崖山海战是宋元双方的最后一战，标志着近半个世纪的宋元战争的结束，从此宋朝不再是一个现实存在，它只作为一个历史概念保留在人们的记忆里。文天祥目睹了这场海战，看到了南宋最后一支军队的覆灭，除了感叹天不助大宋外，他什么事也做不成了。

元军的庆功宴上，张弘范劝文天祥归顺大元，宋朝已亡，忠孝已尽，如果改换门庭，仍可做宰相。天祥心情沉痛，对方的话他一句也听不进去。张弘范见他忠心不二，着实感动了一番。弘范也是汉人，事蒙多年，忠心耿耿，对眼前这位敌人他最能理解，文天祥宁死不屈，他心里非常敬佩，嘴上也就不再强求。

顺便提一句，那位受到人们谴责的陈宜中，到占城后，就彻底抛弃了小朝廷，留在了当地。至元十九年（1282 年），元朝出兵攻打占城，他又逃亡到暹罗（今泰国），后来死在那里。一个贪生怕死、自私自利的文人，一度主掌朝政，攻于心计，排斥异己，虽然比别人多活了几年，最终还是以客死他乡结束了自己的一生。

---

① 《宋史·瀛国公纪》。

真金理朝

在《元史》本传中，真金被描写成一位温文尔雅的蒙古男子，除了读书便是与人论道，似乎比某些汉人更加懂得温良恭俭让的道理。被立为太子后，他仍然保持着简朴的作风，衣服被污渍弄脏，侍臣要为他重做一件，他不允许，让他们重新洗染一遍就行了。东宫香殿建成，工匠提出建一个池子，仿效曲水流觞的故事，他还是不允，说古代有肉林酒池，不能仿效。真金的日常生活的确缺乏一些生动、绚丽的色彩。

与他的婚姻相比，真金这些年的政治生涯就更无浪漫可言。这固然由于浪漫这个词永远与政治搭配不到一块，事实上是，这些年来他一直游离于政治生活之外，虽然身处政治舞台中心，却始终与舞台上的剧情发展保持着一定距离；性格方面的多重性以及待人的宽厚，也使他难以在斗争中建功立业。快四十岁的人了，仍然被父亲的身影所遮挡，在这点上比他小五岁的安童就强得多。但他毕竟是舞台上的一个重要角色，角色本身要求他不能不有所作为，不能不对现实问题亮明自己的观点。他痛恨奸臣，又惧怕父汗的权威，这是他难以摆脱的矛盾。他一直在政治生活的边缘地带徘徊，却突然有一天被卷进急速旋转的政治旋流中不能自拔，并为此付出了不可弥补的代价。

至元十六年春天以后，廉希宪的身体越来越糟，服药也不大管用，真金派人去探望，顺便请教治理国家的经验。希宪对前来探望他的东宫侍臣讲道：君主治理天下在于用人，用君子则治，用小人则乱。我的病看来治不好了，一切听天由命。我放心不下的是，奸臣专政，群小阿谀奉承，误国殃民，这才是难治的大病。太子殿下应秉承圣意，赶紧除掉他们，不然日久沉积，就无药可救了。①

① 《元史·廉希宪传》。

真金手里有一万人的侍卫亲军，由蒙古功勋之后完泽、赛羊统领，有王恂、白栋、李谦、宋衜、何玮、徐琰、杨仁风、马绍等一批汉人幕僚。真金具备主政的客观条件，汉法派也期望他早日成为主持朝政的核心人物。

至元十六年十月，董文忠启奏：先前陛下以燕王为中书令、枢密使，才一至中书。自从册为太子后，陛下多次教导他明习军国重事，然而十余年来，太子终守谦退，不肯视事。这并非有意违背圣意，盖因朝廷处之未当，往往事情已经决定，才通报太子，作为臣子怎好轻易可否君父之命，只有沉默谦退而已。依臣所见，不如令有司先启而后闻，倘有不当之处，圣上再以诏敕断之，庶几则理顺而不逾分，太子也不敢推卸其责。[①] 同月，忽必烈命太一教掌教宗师李居寿在太一宫做醮事，奏赤章于天。醮事做了五天五夜，事完之后，李居寿对忽必烈说：太子春秋鼎盛，该参与国政了。[②] 两个人同时提到一件事情，引起了忽必烈的重视，他表示尽快办理此事。

诏书很快下来了，忽必烈指示中书省、枢密院、御史台及百司，今后有事一律先启报皇太子，然后再上奏。忽必烈还告诫太子说，董八尊崇立国之本，你可不要忘记。

也是在这个月，张弘范押解文天祥回到大都。回来不久，弘范在南方染上的疟疾就发作起来。忽必烈遣御医前去诊视，又叫宫里的侍臣到弘范家中和御医一同商量用药，还派卫士看守院门，禁止闲杂人等打扰病人。可一切都无济于事，张弘范于当月走完了自己四十三年的生命历程。

---

① 《元史·董俊传》。
② 《元史·释老》。

至元十六年四月，江浙行省曾奏请设立榷茶运司，及诸路转运盐使司、宣课提举司。至元十七年（1280年），中书省奏：据行省阿塔海、阿里所言，立宣课提举司，官吏达五百余员，左丞陈岩、范文虎说其扰民，又侵盗官钱，请罢之。[①]行省的奏请本是针对阿合马派往地方的党羽损公济私的不法行为，但两次奏请前后出现矛盾，当初他们提出设立宣课提举司，现在又自请罢废，出尔反尔，这就给阿合马提供了把柄。他接过省臣的话说：昨有旨籍江南粮数，屡次移文索取，不以实上。遂与枢密院、御史台及廷臣诸老集议，说设立运司，官多俸重，不如立诸路提举司，都省、行省各出一人主其事。如今行省尚未出人，就请罢之，而且归咎于臣，臣所委之人，上任不过两月，侵用官钱不过一千一百锭，与他们所管四年比较，又当几何？今立提举司，不到三月而罢，难道不是这些人怕奸弊暴露，故而自掩实情？宜令御史台遣能臣前往，凡有非法，具以实闻。忽必烈开口说：阿合马所言极是，御史台派人去查一查，若能自圆其说，方可责人。[②]

阿合马一朝得手，不依不饶，提出要理算江浙行省钱谷数目。他派人前往杭州查核，查出行省擅自更换朝廷命官八百人，自立左右司官员，私造铜印等事。案子报到京城，忽必烈生气地说：这回看阿里伯那些人有何话可说！阿合马就势说道：阿里伯、燕帖木儿这些人说行省过去铸过铜印，臣说那时江南未定，故便宜行事，今与往昔自然不同了。这些人除私造铜印，还擅自支粮四十七万石，征钞一万二千余锭，不仅如此，又奏请罢宣课提举司，阻挠中书派人理算。[③]一席话激得忽必烈龙颜大怒。为这件事，江浙行省平章政事阿里伯，右丞燕帖木儿被降罪处死。

从肉体上消灭对手是阿合马的一贯做法，秦长卿死在他手里，崔斌

---

①②③　《元史·奸臣》。

也没能逃脱。当崔斌被害的消息传到东宫，真金正在用饭，惊愕得将手里的东西都掉在了地上。

伯颜颇以自己在江南的廉洁自豪，曾对人讲诸将渡江后无不贪婪，只有他和张庭珍始终自守。即使像伯颜这样地位尊贵的功臣，阿合马也没有放过，就因为伯颜从江南回来时，没给他捎些贵重礼物，便想方设法要报复。他在忽必烈跟前说，伯颜进入临安城后，私自从宋朝宫中取走一副玉桃盏。曾在两淮任过职的别吉里迷失配合着阿合马，也在忽必烈面前告状，说伯颜在江南独断专行，欺下罔上，犯有轻君之罪。忽必烈本来就担心伯颜会居功自傲，听他们一说，真的起了疑心，下令免去伯颜官职，入狱查办，幸亏重臣玉昔帖木儿求情，伯颜才逃过一死。① 经过调查，没有发现任何事实，忽必烈这才放过伯颜。后来别吉里迷失犯下死罪，忽必烈叫伯颜到刑场监刑。伯颜给临死的人端过一碗酒，表情怆然地转身离去。他不想给别人留下话柄，以为是他伯颜从中做下手脚，他心里明白，人的生死上天自有公道。

阿合马的所作所为激化了他与真金之间的矛盾。除了圣上，他最怕的人就是太子。据波斯史籍记载，一次太子用弓击打阿合马头部，划破了他的脸。上朝时忽必烈见阿合马脸上有伤，问他是怎么回事，他见太子在场，不敢说明实情，只说被马踢伤。太子当即挑明是自己打的，指责阿合马不讲实话，当着父汗的面对他又是一阵拳打脚踢。② 这样的记载在汉文官修史书里几乎看不到。

这年，至元十七年，“廉孟子”病故，终年五十岁。

---

① 《元史·伯颜传》;《汉藏史集》，西藏人民出版社，1986 年，页 174—176，参史卫民:《大一统》，页 164—165。

② 拉施都丁:《成吉思汗的继承者》，波义耳英译本，页 288；参韩儒林:《元朝史》下，页 4。

至元十八年（1281年）二月，皇后察必崩。当时忽必烈正在柳林（今北京市西南郊），接到消息后连忙起驾回宫。太子也从郊外的狩猎地奔回城里。对于生母去世，真金十分悲伤，一整天没有吃东西。

办完皇后的丧事，忽必烈要去上都避暑。他派真金去漠北抚军，命伯颜随同一道去，忽必烈嘱咐太子，伯颜才兼将相，忠于职守，所以派他跟你去，你不可像对待常人那样对待他。送走了真金，忽必烈又把董文忠叫来，告诉他今年他就不用跟着去上都了，大都的事情繁重，需要有人留下来。忽必烈吩咐下去，凡宫苑、城门、禁卫、军器等事统统由董八负责，原来隶属于中书省的兵马司也交给董八。

炎热的夏季总算过去了。闰八月，忽必烈回到大都，十月，太子也从漠北返京，宫里宫外一切如常，平安无事。

十月二十五日，鸡鸣天晓，董文忠跨出家门准备入朝，突然眼前一黑跌倒在庭院地上。忽必烈闻讯立即叫人带上药去抢救，但已经来不及了。忽必烈伤悼不已，命人不得急着入殓，好好看护，或许董八还能缓过来。直到五天以后，董文忠的尸体才被盛入棺材。

至元十八年，是真金最为伤感的一年，他不仅失去了母亲，失去了董八，还失去了自己最尊敬的两位老师：许衡和王恂。

一场流血的宫廷斗争

至元十九年，新年伊始，阿合马迎来了一件喜事，他当上了左丞相。[①] 党徒张惠、耿仁、郝祯、阿里也同时在省中任宰执，张惠任右丞，

---

① 此据《元史·宰相年表》。此事不见本纪、本传记载，但《元史·张思明传》《宋史·文天祥传》皆明确称“左丞相阿合马”。又其他一些史书亦称阿合马为丞相，参见张帆：《元代宰相制度研究》，北京大学出版社，1997年，页75。

耿仁、郝祯任左丞，阿里任参知政事。一门党羽把持朝政，阿合马说一不二，登上了他政治生涯的顶峰。

祸福相依，讲的是物极必反、大喜大悲的道理。阿合马再聪明恐怕也料想不到，他的人生结局正好为这条定律做了一个完美的诠释。

二月，他怀着兴奋不安的心情目送圣上和太子起驾去了上都。

三月十七日上午，留守大都的中书省官员在省里接待了两名西蕃僧人，他们是来通报的，说今晚皇太子和国师要回宫做佛事，请把该用的东西预先准备好。官员们有些纳闷，随即传来几个经常出入东宫的人，叫他们核实一下。负责东宫门卫的工部侍郎高觿（音西），说他从未见过这两个人，他用西蕃语问二人皇太子和国师现在在哪里，二人显得有些慌张，又用汉语问了一遍，还是答不上来。官员们起了疑心，把二人扣了下来，想通过审问弄清到底是怎么回事，可两名僧人死活不开口。高觿担心会有意外，同工部尚书张九思商量后，命令侍卫亲军做好准备，今晚要严加戒备。①

到了中午，高觿突然发现枢密副使张易带领一队官兵从外面把守住了宫门。他匆匆来到宫外，问张易出了什么事，张易没做正面答复，只说到夜里就清楚了。高觿一再追问，张易悄声告诉他："皇太子要杀阿合马！"高觿听后，也只是半信半疑。②

傍晚，千户王著来见阿合马，通知太子就要到了，省官全部到宫前迎候。阿合马也搞不清究竟是怎么回事，他派人骑马出北城门，去迎接皇太子。

天黑下来，到二鼓天，高觿听见东宫外面人马喧闹，忙朝外观望，瞧见不远处一队灯笼仪仗向西门走来，足有百十人。来到西门前，这些

①② 《元史·高觿传》《元史·张九思传》《元史·奸臣》。

人纷纷下马，一个太子模样的人仍骑在马上，一名侍从上前招呼开门。高觽对身边的张九思说："往常太子殿下还宫，总是完泽、赛羊陪着，他二人走在前面，见到他二人才可开门。"高觽朝外面喊完泽、赛羊的名字，没人答应，他又喊道："平日太子不走此门，今日何故来此？"外面的人一听，撤离西门去了南门。高觽吩咐手下看好西门，他和张九思快步朝南门走去。

快到南门时，隐约听见有人在传唤省官姓名，走近一看，二人大惊失色，灯影下只见两具尸体倒在地上，左丞相阿合马、左丞郝祯被人杀死。枢密院、御史台及留守司的官员们站在远处的黑暗中只顾张望，一个个莫名其妙。张九思大呼不好，告诉侍卫对面不是太子是刺客，快快放箭。亲军得到命令，乱箭齐发，对面的人顿时倒下一片，大都留守司达鲁花赤博敦挺枪冲了上去，一枪将太子模样的人刺下马来。除了被射杀死的，其余大部分人被逮捕，只有一个和尚跑掉了。

这是一场流血的宫廷斗争，幕前人物就是益都千户王著和高和尚。王著憎恨阿合马横行无道，私下铸了一柄铜锤，发誓要除掉这个奸臣。他们联络起八十人，让其中一人装扮太子，借忽必烈和真金不在大都之际，实施了这次行动。那两名僧人是他们派来的，张易带兵守东宫，也是他们以太子名义下发的命令，阿合马派出迎接太子的人，走到半道就被假太子给杀了。当夜八十人从健德门入城，守城官兵见到东宫仪仗不敢上前盘问，这些人顺利进入皇城。在东宫西门遇到点小小麻烦，到达南门后一切按计划实现。假太子把阿合马叫到跟前，训斥了几句，王著从一旁冲出来，用藏在袖子里的铜锤朝阿合马的头部狠狠地砸了下去。这些人又将郝祯杀死，把张惠押了起来。亲军冲了上来，人们四处逃散，王著挺身向前，甘愿被俘。一天后，官兵在高梁河附近抓获高和尚。张易也被逮捕。

次日黎明，高觽快马奔赴上都。忽必烈正在察罕脑儿，得到消息后即日从行宫回到上都。忽必烈怒不可遏，命官员回大都处理此案。

二十一日，王著、高和尚被押赴刑场，王著高声喊道："我为天下除害，今日死了，他日必有人为我大书其事！"刽子手将两名死犯剁成了肉酱。

同时被处死的还有枢密副使张易。监刑官提出，张易事先知情，应将他的首级传游四方。张九思不赞成，理由是张易只是"应变不审，而授贼以兵，死罪没得说，但若视为同谋，则过矣"。他请求太子免去传首，真金自然同意，真金又请示父皇，忽必烈也没有反对。

张易是这次政变中的关键人物。他是忽必烈王府时的旧臣，从政多年，官至二品，应积累了不少政治经验，像发兵策应东宫这么大的事，他不会"应变不审"，稀里糊涂地带上兵就去，况且，从他对高觽讲的话来看，事先是知道实情的。张易两年前就认识高和尚，还向朝廷推荐过此人[①]，这就使得他在此次事件中充当的角色，显得更加神秘莫测。张九思为他辩护，是因为九思不仅是东宫的人，而且是汉法派成员。同样的道理，高觽也是真金的亲信，听了张易对他讲的话后，他没有采取任何措施。由于此案牵涉到皇太子，史书上多有隐讳，把真相搞得扑朔迷离。如果像人们猜测的那样，真金是幕后操纵者，那他这一手确实干得干净利落。

王著为汉法派除去头号敌人，他们当然感激，同时也为自己缺乏王著的勇气而惭愧。曾任监察御史的王恽（音韵）感慨王著的行为，为他写了一篇《义侠行》，并附了一段很长的序，序的大意是：予为王著作

---

① 张易言："高和尚有秘术，能役鬼为兵，遥制敌人。"命和礼霍孙将兵与高和尚同赴北边。——《元史·世祖纪》至元十七年二月条。

《剑歌行》，继而更名《义侠》。有人问其所以，予为之解曰：阿合马恶贯满盈，祸及天下，大臣当言天吏，得以显戮。而王著处心积虑，一旦以计杀之，快则快矣，终非正理。夫以匹夫之微，窃杀生之柄，岂非暴豪耶，不谓之侠可乎？以春秋法论，乱臣贼子，人人得而诛之，不谓之义可乎？凡人临小利害，尚且顾父母、念妻子，虑一发不当，且致后患。王著之心，孰谓不及此哉？所以奋不顾身，正取之于义，捐之于身，为天下除害为重。事既败露，王著挺而请囚，临刑之前，气不少挫，视死如归。故以《剑歌》更名曰《义侠》。著，字子明，益都人。少年沉毅，有胆气，轻财重义，不拘小节。卒年二十九岁，时至元十九年壬午岁三月十七日丁丑夜。诗云："超今冠古无与俦，堂堂义烈王青州……袖中金锤斩马剑，谈笑馘取奸臣头。九重天子为动色，万命拔出颠崖幽。陂陀燕血济时雨，一洗六合妖氛收。丈夫百年等一死，死得其所鸿毛輶。我知精诚耿不灭，白虹贯日霜横秋。潮头不作子胥怒，地下当与龙逢游。长歌落笔增慷慨，觉我发竖寒飕飕。灯前山鬼忽悲啸，铁面御史君其羞。"①

① 王恽：《秋涧集》，引自《元诗选》初集。

第十一章

薄命太子，真金惊惧而亡

祸福相依，同样的道理，对谁都一样公平；任何事情都至少有两种解决办法，只是人们不肯去寻找它们；欲望促人成功，又促人在成功之后毁灭。

阿合马被刺，汉法派兴高采烈，他们在朝中又可以扬眉吐气了。但任何事情都有让人意想不到的地方，汉法派的好日子并没有持续几年，因为阿合马被刺恰恰为太子真金的死亡种下了某种绝非偶然的因果。

清算

官员们纷纷揭发阿合马的罪行，引起忽必烈的高度重视。阿合马被刺的第二个月，忽必烈任和礼霍孙为中书省右丞相，命他召集中书各部、御史台、枢密院、翰林院官员，查核阿合马管理的财赋。

听说新丞相上任，真金对和礼霍孙说，阿合马死了，由你主持中书，凡利国利民的事，尽管大胆去做，有人敢阻挠，我全力支持你。

经过紧张的查核，案子大体有了眉目。忽必烈要听汇报，尚书省掾张思明抱着一摞卷宗跟着何荣祖、马绍进了皇宫。进宫的时候已是黄昏，圣上让张思明念给他听，张思明从头至尾把卷宗念完，天色已经放亮，忽必烈听了整整一个晚上。听完后，他十分惊讶，说道：王著杀他真是应该呀！[①] 他下旨追究阿合马余党的责任。

大规模的清算开始了。官府抄了阿合马及其亲属的家，没收马匹、骆驼、牛、羊、驴等牲畜三千七百五十八头，遣散所有侍妾、奴婢。在一个侍妾家里，人们从一个柜子中发现了两张完整的熟人皮，据奴婢说祷告时把神座放在上面就会灵验。

各省部清查出阿合马党羽七百一十四人，除已革职的一百三十三人外，其余五百八十一人全部免职。阿合马在各地设立的二百零四个机构，保留其中三十三个，其余全部撤销。

他的四个儿子及宰执中的同党已被逮捕。第一个被处死的是三儿子阿散，被剥了皮，紧接着四儿子忻都被处死，长子忽辛、次子抹速忽在扬州处死，被剁成了肉酱。左丞耿仁也被处死，参知政事阿里被抄了家，已让王著杀死的左丞郝祯又被剖棺戮尸。在这次清算中被杀头的还有阿合马的几个侄子以及一些罪大恶极的奴仆。

忽必烈还不解气，又命人掘开阿合马的坟墓，把尸体抛在通玄门外，放出猎犬将尸体撕咬烂。

忽必烈奖赏东宫侍卫亲军，并设立东宫詹事院，任完泽为右詹事，赛羊为左詹事。

从四月到十月，朝廷一直忙着处理这起案件，汉法派穷追不舍，彻底摧毁了阿合马家族。然而，经过这件事忽必烈再次对汉人起了疑心，担心汉人也会造他的反。这种担心不是没有道理，马可·波罗在他那本《游记》中就提到，由于汉人厌恶大汗的统治，所以发动了这次反叛政府

---

① 《元史·张思明传》《元史·奸臣》。

的行动，事发之前，王著还征得了汉人高级官员的认可。从忽必烈的立场看，王著是汉人，张易也是汉人，他们敢背着皇上谋杀宰相，可见汉人什么事都做得出来，尤其是叛乱这种事，李璮就是一个先例。

忽必烈把董文忠在几年前推荐的王思廉召进宫，叫左右侍臣退下，然后问他："张易反叛，你知道吗？"王思廉回答："臣不清楚。"忽必烈不满地说："反就是反，什么叫不清楚？"王思廉解释道："僭号改元叫反，逃入他国叫叛，霸占山林祸害民众叫乱，张易之事，臣实在不知该怎么说。"忽必烈又问："自朕即位以来，像李璮这样的不臣之子，难道把朕看成是汉高帝、赵太祖，骤然而得帝位吗？"王思廉回答："陛下神圣天纵，前代帝王无法相比。"忽必烈叹了一声："以前朕有事问窦默，他总是立刻大声回答，可见心口如一，用不着前思后想，今天朕问你，你也能那样吗？朕问你，张易做的事，张文谦可知道？"王思廉当即回答："文谦不知。""何以证明？""张易与文谦不和，所以臣认为文谦不知道此事。"①

忽必烈通过阿合马一案不仅想起了当年李璮那桩事，还怀疑起朝中已为数不多的汉法派旧臣，真是心有余悸。证明了张文谦与此案无关，忽必烈任文谦为枢密副使，接替了张易的位置。但没过几天，张文谦就病故了。

阿合马死的这年年末，京城发生了一连串蹊跷的事。一个名叫慧堂的福建僧人求见中书省官员，说根据星象变化，土星犯帝座，大都城内怕要出事；与此同时，省臣们还收到了匿名信，上面写着有人要火烧大都土城墙上的苇草；还有人散布消息说，中山人薛保住自称"宋主"，纠

① 《元史·王思廉传》。

集了上千人，准备劫狱营救文天祥。

中书省官员紧急组织人力，把城墙上用来防雨的苇草全部撤下来，又奏请圣上获得批准，将赵显迁往上都，福王赵与芮因上了年纪，忽必烈特许他留在大都。十三岁的赵显孤单单地去了北方草原，但他没能在上都一直住下去，五六年以后，他又被流放到了吐蕃，在一座寺院中修习佛法。[①]

自从三年前被关进大都监狱，文天祥受到了比其他犯人好得多的待遇，也经常有人来探望他，劝他干脆投降算了。他始终不肯，但表示如果能宽容的话，放他回南方出家当道士，今后朝廷有事，他以方外人的身份做顾问。谢昌元等十名原南宋官员联名上书，请求放天祥出家。可留梦炎不同意，他对忽必烈说，释放文天祥，他又回去号召江南，置我们这些人于何地！这么一说，忽必烈也就没再表态，事情不了了之。

薛保住要劫狱的消息传出后，忽必烈叫人把文天祥押进宫，问他："你还有什么愿望？"他回答说：天祥受宋朝恩典，官至宰相，怎可从事二主，愿赐一死，我就心满意足了。[②]忽必烈仍不忍心杀他，但事情拖了这么久，总得有个结果。

第二天，至元十九年（1282 年）十二月九日，文天祥在大都被处决，这年他四十七岁。

"大元不杀文丞相，君义臣忠两得之。义似汉皇封齿日，忠于蜀将斫头时。乾坤日月华夷见，海岭风霜草木知。只恐史官编不尽，老夫和泪写新诗。"[③]这首诗的名字叫《挽文丞相》，作者是忽必烈潜邸旧臣、前吏部尚书徐世隆。

---

① 至治三年（1323 年），元英宗硕德八剌下诏将赵显处死，那时赵显已五十多岁。

② 《宋史·文天祥传》。

③ 见《元文类》卷六。

不久，薛保住被抓获，查出匿名信就是他写的。右丞相和礼霍孙奏请杀薛保住，并建议今后凡以匿名告事的人，重则处死，轻则流放远方。忽必烈准奏。

卢世荣理财

至元二十一年（1284 年）三月，北平王那木罕、右丞相安童被海都放了回来。进到宫里，安童请罪道：臣此次出征，有负圣望。忽必烈安慰他：这些年卿在外面受苦了。[①] 说罢他把丞相留在寝宫，二人一直交谈到深夜。

有人告密，安童曾接受海都的官爵。忽必烈听后很不高兴，石天麟解释说：海都也是圣上的宗亲，非仇敌可比，安童不拒绝他，是要让他不起疑心，然后才好开导，叫他归顺圣上。[②] 他为安童说情，忽必烈的火气也就消了，没再追究下去。

早在蒙哥汗六年（1256 年），石天麟奉大汗之命去窝阔台汗国，被海都扣留，在西北生活了二十八年，那木罕、安童在西北时就住在他的家里，这次是他劝说海都放回皇子和丞相，他也一同跟了回来。忽必烈对石天麟的遭遇非常同情，赐给他很厚重的赏金，并委任官职，石天麟以自己才疏识浅谢绝了官职，这又让忽必烈很感动。对他，忽必烈当然得给一些面子。

阿合马死后，大臣们都讳谈财利，没人愿意出任主管财赋的官职，

---

① 《元史·安童传》《元朝名臣事略》。

② 《元史·石天麟传》。

忽必烈很着急，叫人物色财政大臣的人选。总制院使桑哥推荐卢世荣，说他能整顿钞法，增加税额，上可以富国，下不侵害民间。忽必烈召见了他，觉得他确有一套想法。

河北大名人卢世荣，在阿合马当政期间，通过行贿出任江西榷茶转运使，阿合马死后被免职。此后他又同总制院使桑哥拉关系，声称如果能用他，他会让国家赋税增加十倍，于是桑哥就把他作为人选推荐了上去。

忽必烈叫来不忽木，征询他对卢世荣的看法。不忽木说，自古聚敛之臣，如桑弘羊、宇文融之徒，使用极端手法迷惑圣听，开始人人都说他们忠君，等到他们成了气候，流毒已深，国家和人民都被搞得困乏不堪，那时候后悔也无济于事，请陛下不要听信他那一套。忽必烈大不以为然，将不忽木的话抛在了脑后。

十一月，忽必烈指示中书省官员与卢世荣进行廷辩，就朝廷当务之急陈述各自意见。和礼霍孙辩不过对方，当天就被免去右丞相职务，麦术丁、张雄飞等几位宰执也同时被罢免。忽必烈让安童重新出任中书省右丞相，任卢世荣为右丞。不忽木见圣上一意孤行，辞去了参议中书省事的职务。

上任后头一件事，卢世荣奏请让各地官府给流散的饥民、乞丐发放衣粮，显示大元盛世的恩典，结果没有获准。接下来他连续上奏，提出了一系列搞活经济的措施。

卢世荣的理财政策有以下几个要点：

（一）开禁济民。金银原本是民间通行之物，过去禁止百姓私自买卖，今后听任民间从便交易；怀孟等路竹货，都是百姓栽植，官府不许发卖，致使南北竹货不通，百姓生活困难，今后撤销各地竹监官，让百姓自由买卖，官府收税；江南渔民以贩鱼为生，缴纳一定数量的鱼课，地方官府也禁止，今后仍许渔民贩卖；国家公务往来，全靠驿站迎来送往，站户要供应使臣饮食，负担加重，今后除马匹外，其余由官府支付。

（二）抑富济官。国家售盐定价每引十五两白银，没有多得，目的是便于百姓食用。而官绅富豪为了谋取私利，囤积居奇，停货待价，以致一引卖到八十贯（二贯钞折合一两白银），京城卖到一百二十贯，一般百姓吃不起盐。今后发放二百万引给盐商，一百万引给各路常平盐局，遇到盐商抬高价格，官府平抑物价，百姓有盐吃，朝廷也获利。京师富豪酿酒销售，价高味淡，而且不按时纳税，今后一律禁止，酒由官府售卖。

（三）官资商营。在泉州、杭州设立市舶都转运司，官府造船出本，交商人贩运，官商七三分利[①]。

卢世荣一再向忽必烈许诺，不费一钱就可大幅度增加国库收入。为了实现自己的诺言，他采取了两项措施，一是撤销地方监察机构行台，按察司改为提刑转运司，兼管钱谷；二是起用被罢免的阿合马党羽。他提出，能办理钱谷事的人，从前都在阿合马手下，不能全部弃而不用，应当挑选出一些人让他们重新做事。忽必烈表示可以，于是一大批阿合马党羽恢复了官职。

卢世荣的理财政策首先激起达官贵人的怨恨，肯定有人在忽必烈面前告了他，对此他也清楚，向圣上透露了自己的忧虑。忽必烈劝导他，你的担心朕能理解，只是不让别人说话，天下没有这个理，平日饮食起居多留些心，有病的猎犬，狐不爱之，主人岂不爱之，你做的事，朕很欣赏，只有那些奸伪之人不喜欢，你的职位已定，身边要多几个随从，门户也当看紧些。忽必烈吩咐安童给卢世荣增派几名侍从。

汉法派从一开始就反对起用他，上任才十天，御史中丞崔彧（音郁）

---

① 参见《元史·奸臣》“卢世荣”条。

就上书弹劾，惹得忽必烈恼怒，崔彧被撤了职。至元二十二年（1285年）春，卢世荣想拉王恽加入，王恽不肯，私下对人讲，力小任大，剥众利己，这样的人从未听说能保全的，躲之唯恐不及，何况接近！

时间过去了两三个月，卢世荣的许诺一条也没有兑现，他使用的手段同王文统、阿合马如出一辙，更引起了汉法派的反感。一次他又夸下海口，我立法治财，平常年景收入可倍增，还不会扰民。忽必烈让大臣们集议，大臣对当年圣上宠信阿合马的情景记忆犹新，眼前又有崔彧的先例，因此没人开口讲话。礼部尚书董文用忍不住了，站出来说：这些钱是取之于右丞家呢，还是取之于民？若取于右丞家，我不敢说什么，若取之于民，那就有的说了。好比牧羊，一年剪两次羊毛，如果牧人每天剪羊毛贡献，主人固然高兴，但羊又如何？羊没有毛避寒暑，死得干干净净，到哪里去取羊毛！民间财富也是如此，按时索取尚恐伤及百姓，如今盘剥无遗，哪还会有百姓呢！①

这番话讲完，卢世荣一句话也说不出来。右丞相安童对在场的人说：董尚书真不虚食俸禄啊！集议完毕后，大臣们纷纷感谢文用，说君以一言，挫败聚敛之臣，有利于邦本，真是仁者之言呀！②

面对各方面的议论、指责，卢世荣改变了策略，企图讨好反对他的人。他提出九条建议并争取到忽必烈的批准：1. 免民间包银三年；2. 免民间代纳官吏俸禄；3. 免大都地税；4. 江淮百姓失业贫苦、卖妻子求生者，当地官府代为赎买，使之成为良民；5. 免复业流民的差税；6. 免乡民自酿的醋的课税；7. 减免江南佃户租子一分；8. 增支全国官吏俸禄五分；9. 核定百官考试升迁办法。

上述举措以诏书的形式颁布天下，也未能阻止汉法派对卢世荣的弹

---

①② 《元史·董俊传》。

劾。他开始感觉到了恐惧，乞求圣上可怜他，给他撑腰。而忽必烈不像以前那样有耐心了，听他讲了半天“雨露滋润”的话后，只说了句“朕知道了”。

一位姓周的左司郎中与卢世荣意见不合，卢找了一条抗旨不遵的罪名，奏请圣上将这位郎中处死。朝中刮起一阵冷风，卢世荣牙关紧咬。

四月，监察御史陈天祥上疏揭发卢世荣，这位御史是当年给忽必烈上《三本书》的陈祐的弟弟。陈天祥在那份篇幅相当长的《论卢世荣奸邪状》中揭发道：“他收受别人钱财及盗取官物共计：钞二万五千一百一十九锭，金二十五锭，银一百六十八锭，茶引一万二千四百五十八引，马十五匹，玉器七件，其余杂物不录。”

陈天祥在状子中说：“国家之于百姓，上下如同一身，民乃国之血气，国乃民之肤体。血气充实则肤体康强，血气损伤则肤体病弱，未有耗其血气，而能使肤体丰荣者。民富则国富，民贫则国贫，民安则国安，民困则国困。民必须轻赋而后足，国必待民足而后丰。考察前代，国家因百姓富安而致乱，因百姓贫困而致治的，自有天地以来，还从未听说过。轻徭薄赋，天下未尝不安；急征暴敛，天下未尝不危也。”

他继续说道：“朝廷信其虚妄之说，任以宰相之职，名曰试验，实授正权。卢世荣称用一年之期，将获十年之积，危万民之命，换一己之荣。他任事以来，已有百余日，始言能让钞法如旧，而今钞本愈虚；始言能让物价自贱，而今物价愈贵；始言能让课税增添三百万锭，不取之于民，而今却胁迫各地官府全数包认；始言能让人民快乐，而今所作所为，无非败法害民之事。”

陈天祥最后说：臣也知道攀附权贵则荣华可期，忤逆重臣则祸患难测。沉默自守，不是不能！正因为事在国家，关系不浅，忧深虑切，不得不言。[①]

这篇《论卢世荣奸邪状》，事实清楚，道理透彻，说服力强，对卢世荣是致命一击。监察御史只是七品小官，而右丞是正二品副宰相，陈天祥以国家利益为重，不顾个人安危，上疏直言，对扳倒卢世荣起了关键作用。

御史大夫玉昔帖木儿拿着这份状书去上都见圣上，忽必烈恍然大悟，派人回大都转告安童，召集各部官员、老臣、儒士以及了解民情的人，同卢世荣一起听陈天祥的这篇弹文，并召卢世荣、陈天祥赴上都对质。

二人来到上都，侍臣传旨：押卢世荣在宫外等候。第二天，二人进宫，陈天祥再次举出卢世荣种种不法行为，对方竟找不出理由为自己辩护。御史台官员郭佑根据卢世荣的供认，奏道：世荣不请示丞相安童，擅自支钞二十万锭；擅自将六部由三品升至二品；不经过枢密院，调动三个行省共一万两千名军士去济州（今山东济宁市）；提拔阿合马党羽任杭州、鄂州行省参政。郭佑奏完后，中书省官员包括一开始支持卢世荣的右丞相安童，也纷纷上奏，要求变革他的所谓富国利民政策。

忽必烈下旨，将卢世荣逮捕下狱，听候处置；陈天祥升至五品，任吏部郎中；御史中丞郭佑改任中书省参知政事。忽必烈又对安童说，朕左右没有汉人了，你当尽心尽力善治百姓，不要再出乱子，让朕丢脸。

十一月的一天，忽必烈问驸马忽剌出：“你对世荣一案有何话要说？”忽剌出回答：听近日新进中书的汉人们讲，卢世荣已经伏罪，案子已结，养着他是白费口粮。[②]忽必烈当即下旨，处死卢世荣，拿他的肉去喂鹰。

卢世荣死后，忽必烈有些歉意地对不忽木说，当初朕没有听你的话，

---

① 参《元文类》卷十四，《元史·陈祐传》。

② 《元史·奸臣》。

对不起你呀！他让不忽木出任吏部尚书。

真金之死

在对待卢世荣理财这个问题上，真金和忽必烈的态度截然相反。真金的态度和汉法派一样，从一开始就持反对意见。一次他对人讲，财富不是从天上掉下来的，怎么可能一年获取那么多呢，恐怕百姓的膏血又要被挤干了，这是坑害百姓，实在是个大蠹虫！这些话反映出他和晚年的忽必烈在施政纲领方面存在着深刻分歧，这一分歧导致了父子之间的矛盾。

阿合马、卢世荣两个案子，均以汉法派获胜而告结束，汉法派的声势空前高涨，太子真金的威望骤然提高，安童也被越来越多的人所拥护。汉法派以为有真金、安童作为领袖，采用儒家仁义之说充当施政纲领，国家的长治久安应当不成问题。然而，一石激起千层浪，突然发生的一件事，给反对派提供了一个绝好的机会，他们孤注一掷，向汉法派发起了反击。

胜利让一些汉法派成员产生了过分乐观的想法，有人置朝廷错综复杂的政治关系于不顾，采取了一项极其危险的行动。江南行台御史封章上奏："皇帝春秋已高，应禅位于皇太子，皇后不应干政。"[①] 奏章递到京城，御史台官员深知此事关系重大，不敢发章，将南台的这份奏章密封了起来。

正应了那句话，没有不透风的墙。阿合马党羽答即古阿散知道了此

① 《平章政事致仕尚公神道碑》，见《元文类》卷六十八；《元史·尚文传》。又，察必死后，忽必烈封南必为后，史传南必干预朝政，宰相经常见不到皇上，有事由皇后代奏。

事，他看准这是整垮太子的机会，于是着手筹划起他的阴谋。

答即古阿散是卢世荣任右丞后被起用的。复官之后，他就想报复曾经清算过阿合马余党的汉法派官员，第一个目标就是被罢职的参知政事张雄飞。

张雄飞是审理阿合马长子忽辛的主审官。忽辛被捕后，忽必烈命中书省官员对他进行审讯，他气焰嚣张，指着中书宰执们说：你们都使过我家的钱财，有什么资格审我！张雄飞问他：我可使过你家的钱财？忽辛说：只你没有。既然如此，那我来问你。[①] 最后忽辛不得不认罪伏法。

忽必烈听说张雄飞家境清贫，特赐给他两千五百两银子，两千五百贯钞，又追加了五十两黄金及一些金质酒器。卢世荣上台后，张雄飞被免职，答即古阿散就想要追回这些赏赐。真金知道后，派人提醒安童：圣上赏赐雄飞，是表彰他的清廉，你怎会不知，莫让小人所诈。[②]可答即古阿散还是想办法将这些赏赐从雄飞手里夺了去。实际上张雄飞领到赏赐后，没敢动用这笔钱，把它们原封不动地存放在家里，他担心今后万一出事，也好有个交代。果不其然，真的就出事了。

得知南台上了一份劝忽必烈退位的奏章，答即古阿散提出收集御史台吏案，理由是理算天下被埋没的钱谷，目的是要搜出那份奏章。御史台都事尚文赶紧把奏章藏了起来，又通知右丞相安童、御史大夫玉昔帖木儿。因他二人的出面，答即古阿散才没敢轻易地闯御史台。他避开两位重臣，跑到忽必烈那里，将奏章的事告诉了圣上，忽必烈气得不得了，派人到御史台索要那份奏章。

尚文连忙又派人把安童、玉昔帖木儿请到台里来，对二位说：事情

①② 《元史·张雄飞传》。

紧急，此事上危太子，下陷大臣，流毒天下百姓，他真是狠毒啊！[①] 此时真金也知道了奏章的事，早已吓得心惊肉跳。尚文请求安童、玉昔帖木儿出面保住太子，他二人都是成吉思汗手下“四杰”[②] 的后代，一位是木华黎的后代，一位是博尔术的后代，只有他们能在忽必烈面前说得上话。可他二位也很着急，一时拿不出什么办法。

尚文出了个主意，他对二位说：与其坐以待毙，不如先发制人，答即古阿散原是阿合马的人，台里有他的案子，二位可在圣上面前告他。[③] 安童和玉昔帖木儿觉得这个主意可以，于是尚文取出早已准备好的卷宗。

进了皇宫，安童和玉昔帖木儿根据卷宗列举出答即古阿散一伙人的几十条罪状。听了这些罪状，忽必烈却问：你们就没有罪过吗？安童忙上前说道：臣等不敢逃罪，但此辈乃立案之人，绝非善类，此举动摇人心，应选重臣出面调停，尽快平息此事。[④]忽必烈的火气稍有缓解，一场灾难暂时躲了过去。

没过多久，尚文了解到答即古阿散一伙人收受贿赂，立即上奏，请求处理他们。忽必烈的火又被激了起来，只好拿这伙人出气了，答即古阿散被处死，同伙有的被流放，有的被降为奴隶。

汉法派刚刚松了口气，一个巨大的噩耗把他们惊呆了。至元二十二年十二月，就在卢世荣被处死的第二个月，答即古阿散案发的当月，太子真金承受不住恐惧心理的压力，惊吓而死，年仅四十三岁。东宫笼罩在一片浓重的悲哀气氛中。

真金的死亡再次向世人说明，宫廷斗争有时比战争更加残酷无情。

---

① 《平章政事致仕尚公神道碑》，见《元文类》卷六十八；《元史・尚文传》。

② 成吉思汗手下“四杰”：木华黎、博尔术、博尔忽、赤老温。

③④ 《平章政事致仕尚公神道碑》，见《元文类》卷六十八；《元史・尚文传》。

程钜夫江南求贤

至元二十三年（1286年）正月，阿里海牙自鄂州还朝。三月，麦术丁重新进入中书省任右丞，与郭佑共同负责钱谷，杨居宽典铨选（选拔、考核官吏）。

阿里海牙随忽必烈去上都避暑，顺便疗养他的病。自从元朝与南宋的战争结束后，阿里海牙的一些行为引起不少人非议，他自称功劳可比伯颜，让许多人反感，弹劾他的奏书不断被送到忽必烈手里。

张雄飞告他将三千八百户降民收为家奴，擅自设官治理，每年向这些户收缴租税，有司也不敢过问。御史中丞（曾任刑部尚书）崔彧被撤职前向圣上进《时政十八事》，第十七件事专门谈阿里海牙，话说得相当重。崔彧说：阿里海牙手握兵民大权，子侄姻党分布权要，行省官吏十之七八出自他门下，其权威不在阿合马之下。应将他免职，理算行省钱谷，并将其同党调往他处，不可让他们久居湖广。① 由于阿里海牙的功劳确实很大，忽必烈又欣赏他，这些弹劾在他生前没能把他怎样，但行省的钱谷必须理算。

四月，朝廷决定派要束木前往湖广行省，中书省递上一份奏呈，请任命要束木为平章政事，脱脱忽为参知政事。忽必烈看过奏呈，对省官们说：要束木一个小人，事朕才五年，授一理算官足矣，脱脱忽乃是奴才的奴才，只够当令史、宣史的材料。读过你们的奏呈，真让人羞耻，把朕的意思告诉安童！②

朝廷派人下到湖广，阿里海牙很不高兴。五月，他向忽必烈奏请：

---

① 《元史·崔彧传》。
② 《元史·世祖纪》。

要束木理算行省，岂能没有贪贿？臣请求派人监察。[①] 忽必烈真的就派参知政事秃鲁罕、枢密院判李道、治书侍御史陈天祥同去湖广。

就在这个月底，阿里海牙去世了，活了六十岁。

他去世这年，孙子小云石海牙出生了。小云石海牙长大后，文武双全，才华横溢，马骑得好，古乐府和书法也都不错，江南士大夫得到他的书法如获至宝。但他不喜欢做官，选择了一种具有玩世倾向的古怪的生活方式，他把两淮万户府达鲁花赤的官职让给了弟弟，自己改名换姓在杭州城里贩卖药材，混迹于市井之中。他活得岁月不长，死时年仅三十九岁，死前他给两个叫洞花、幽草的小妾留下一首《辞世诗》："洞花幽草结良缘，被我瞒他四十年。今日不留生死相，海天秋月一般圆。"[②] 小云石海牙就是江南著名文士贯云石，号酸斋，又号芦花道人。

阿里海牙死后，他的案子却没有终结。秃鲁罕请示中书省，要束木和阿里海牙要求理算对方，如今阿里海牙虽死，但事情的是非曲直应当公布出来。中书省又向上请示，忽必烈表示同意，指示说此案牵连不少阿里海牙旧人，近处的就地拘捕，远处的上报朝廷，还指示说此事由要束木发起，就按他的意思办吧。

有了忽必烈的认可，要束木理直气壮，在鄂州把湖广行省掀了个底朝天，上上下下人人自危。陈天祥看不下去，向朝廷弹劾要束木的凶暴不法行为。要束木是总制院使桑哥的亲信，眼下桑哥正在走红，陈天祥不仅没有扳倒对方，反而引火烧身，对方捏造了一条罪状，将他逮捕下狱，一年后他才获释。

十二月，要束木将阿里海牙的家产从鄂州运到了大都。

---

① 《元史 · 世祖纪》。

② 《南村辍耕录》卷二十六。

这年还有一位大臣离开了人世。自从两次出使日本一无所获后，赵良弼也就没什么事情可做了，晚年住在怀孟（今河南）。生前他给人们留下一段话，可以看作是他对政治及人生经验的总结：人性中容易发作又最难控制的情绪是怒。必须克己，然后可以制怒；必须顺理，然后可以忘怒。忍人所难忍，容人所难容，方可成就大事业。[①]

到至元二十三年，金莲川幕府时期的旧臣大多不在世了，人才济济、欣欣向荣的景象已成为过去，从金莲川一直跟随忽必烈走进大都城的汉族老臣更是七零八落，所剩无几。虽有一批新的汉法派成员步入政坛，像王恽、张雄飞、陈天祥、崔彧以及东宫那批人[②]，但无论从哪方面讲，这些人都无法同老臣们相比，忽必烈对他们的感情也同对老臣的不一样。十年前，窦默八十大寿，公卿大夫前去祝贺，忽必烈听说后拱手叹道：他是位贤人哪，如何请求上帝减去数年，让他留在朕的左右，与朕共治天下，可惜他老啦！[③]说完忽必烈惆怅了好半天。

下面是几位过世的老臣的名单，按去世时间排列：

王鹗，翰林学士承旨，卒于至元十年（1273 年），终年八十四岁。

刘秉忠（子聪），太保，参领中书省事，卒于至元十一年（1274 年），终年五十九岁。

史天泽，平章军国重事，中书右（左）丞相，卒于至元十二年（1275 年），终年七十四岁。

郝经，翰林侍读学士，卒于至元十二年，终年五十三岁。

赵璧，中书平章政事，卒于至元十三年（1276 年），终年五十七岁。

---

① 《元史・赵良弼传》。

② 汉法派的概念不仅指汉族官员，也包括其他民族中效行汉法的官员。

③ 《元史・窦默传》。

董文炳，中书左丞，卒于至元十五年（1278 年），终年六十二岁。

姚枢，昭文馆大学士，翰林学士承旨，卒于至元十七年（1280 年），终年七十八岁。

窦默，昭文馆大学士，翰林侍讲学士，卒于至元十七年，终年八十五岁。

廉希宪（畏兀儿人），中书平章政事，卒于至元十七年，终年五十岁。

许衡，集贤大学士，国子祭酒，卒于至元十八年（1281 年），终年七十三岁。

王恂，太子赞善，卒于至元十八年，终年四十七岁。

董文忠，符宝郎，卒于至元十八年，终年不详。

张文谦，中书左丞，枢密副使，卒于至元十九年，终年六十七岁。

耶律铸（契丹人），平章军国重事，中书左丞相，卒于至元二十二年，终年六十五岁。

赵良弼（女真人），同佥书枢密院事，卒于至元二十三年，终年七十岁。

从前的老臣当中，只有商挺还活着，尽管这些年仕途坎坷，吃了不少苦，也活到快八十岁了。

老臣们一个个撒手而去，忽必烈身边显得冷清了，宫里也少了许多书香气息。忽必烈打算起用南人（黄河以南的汉人），想任命程钜夫为御史中丞。台官们不赞成，理由是他是南人，又年少不老成。忽必烈不这么看，既然没有用过南人，如何知道南人不可用呢。他任程钜夫为南台侍御史，并下旨：今后省、部、台、院必须适当地起用一批南人。

至元二十三年，忽必烈派程钜夫到江南求访文人逸士，特意叮嘱一定要把当年弹劾贾似道的那个叶李请到京里来，他要见一见此人。在此之前，忽必烈曾命御史大夫相威、右丞相安童邀请过叶李，都没有请动，这回忽必烈执意要把他给请来。

至元二十四年（1287 年）春天，程钜夫回到大都。他不负圣望，从江南带回来二十多位名士，不仅带回了叶李，还带来了江南才子、宋朝宗室后裔赵孟頫（音府，秦王赵德芳的后代）。忽必烈吩咐集贤大学士阿鲁浑萨里将叶李、赵孟頫等人安排在集贤院住下，等候他的召见。

忽必烈在披香殿接见这批江南名士。大元皇帝首先表示欢迎地说，你们远道辛苦了，又对叶李说道，你弹劾贾似道的奏书，我早已看过了。行完礼节，忽必烈设宴款待各位。见赵孟頫英姿焕发，一表人才，他非常喜欢，让赵孟頫坐在叶李的上首。侍臣走过来说，赵孟頫是宋朝宗室子弟，不该坐得离圣上太近。忽必烈毫不介意，坚持让孟頫坐在上首。这天，忽必烈显得比平日兴奋得多。

蒙古人、色目人、汉人、南人，这四种人构成元朝社会等级制度的主要成分，其中南人的社会地位最低下。明朝人叶子奇曾说，天下和平时期，省、台要官都由北人（蒙古人）担任，汉人、南人极少，在京城谋求做官的南人，被蒙古人称为“腊鸡”（南方人馈赠蒙古人的一种礼品），以此来嘲弄南人[①]。按民族成分划分人的高低贵贱、划分朝廷政治派系，这是元朝政治制度的又一显著特点。

上面说到的几位人物，程钜夫、叶李、赵孟頫都是南人，他们在朝廷中的日子就不大好过，唯一好的是他们得到了忽必烈的赏识，日子还能过得下去。但浙江人赵孟頫与其他南人又不同，他不仅来自江南，而且是赵宋宗室，这使他受到两方面压力，一方是歧视南人的蒙古人，另一方是以入仕元朝为耻辱的江南士大夫。

元灭南宋后，一些江南士大夫悲愤欲绝，发誓不做元朝人。南宋遗

---

① 叶子奇：《草木子・克谨篇》，《历代史料笔记丛刊》，中华书局版，1959 年。

民郑思肖坐必朝南，自号所南，表示自己是南宋子民。他喜欢画兰花，“画兰不画土”，喻示国土已经沦丧。元末大画家倪云林对他十分敬佩，写了一首《题郑所南兰》：“秋风兰蕙化为茅，南国凄凉气已消。只有所南心不改，泪泉和墨写离骚。”[①] 这类态度坚定的南宋遗民毕竟是少数，更多的人则选择了消极遁世、隐迹山林的生活道路，他们三五为聚，或狂啸以抒其抑郁，或闲咏以遣其愁怀，终日以诗酒为乐。这些人有一个共同点，就是不出来做官，不为蒙古人效力，倪云林一辈子就从未做过官。

与这些人相反，赵孟頫出来做官了，自然会受到人们的不理解，甚至蔑视。他自江南北上之前，朋友们劝他不要去，戴表元作的《招子昂歌》（子昂是赵孟頫的字）似乎就表达了这个意思，歌曰：“与君相逢难草草，与君相逢苦不早。……虚名何用等灰尘，不如世上蓬蒿人。黄金偏趋不贫室，白发难老无愁身。风雨无情亦如此，凄凄但聒穷人耳。不见朱楼高到天，风萧龙管连朝起。连朝笙管可奈何，我歌且止须君歌。青天白雪望不极，坐见绿水生层波。我生胡为被狂恼，江头鱼肥新酒好。从今作乐拌醉倒，与君相逢难草草！”[②] 孟頫没听劝告，还是来到了北方。

到大都不久，他写下《初至都下即事》：“海上春深柳色浓，蓬莱宫阙五云中。半生落魄江湖上，今日钧天一梦同”。“尽日车尘马足间，偶来临水照愁颜。故乡兄弟应相忆，同看溪南柳外山”。[③] 诗中所谓“海上”，指的就是湖泊，蒙古人把湖称为海子。这年孟頫三十四岁，所以说“半生落魄”。他初来京城，满怀一腔抱负，希望能在政治上有一番作为，心情既激动又有些复杂。

---

① 《云林先生诗集·集外诗》，《元人十种诗》，海王村古籍丛刊，中国书店，1990 年。

② 《剡源文集》卷二十八，参任道斌：《赵孟頫系年》，河南人民出版社，1984 年。

③ 《松雪斋全集》卷五。

至元二十四年二月，中书省奏："自元旦至二月中旬，共用钞五十万锭，臣等兼管财赋，今后凡有人请求赏赐，请让臣等事先议定。"忽必烈说道：这正是朕常忧虑的事。①

每年犒赏宗王、大臣要耗费巨额财富，国库紧张，不足支出，省臣们着急，忽必烈也忧心忡忡。可犒赏是多年形成的一贯做法，不能废除，否则就会引起人们不满。要解决支出问题，唯一办法就是尽可能增加赋税收入，以支撑庞大的消费开支，满足日益增长的对享乐的需求。

闰二月，忽必烈命中书省臣麦术丁、铁木儿、杨居宽，集贤大学士阿鲁浑萨里以及程钜夫、叶李、赵孟頫等人，一起讨论如何解决中统钞虚、通货膨胀等一系列涉及朝廷货币政策的问题，如何渡过眼前面临的财政危机。

会议做出的第一个决定是改革钞法，在中统钞继续流通的同时，造新货币至元钞通行天下。新旧钞的兑换比例是一比五，至元钞一贯等于中统钞五贯。今后每年发放赏赐，以中统钞为准。

会上有人提出，凡贪赃二百贯新钞的人要处死。对此赵孟頫表示反对，他分析说，造中统钞时，以银为本，虚实相权，如今过去二十多年，虚实相差数十倍，钱不值钱，没办法才改中统钞为至元钞。再过二十年，至元钞也会和中统钞一样，如果以贪赃钞的数量多少作为论罪的依据，难免刑罚偏重。在过去，人们将米、绢视为民生所必需，称之为二实，将银、钱与二物相衡量，称之为二虚，因此以绢为依据才最为适中。况且，钞是宋朝所创，金朝沿用下来，都是出于不得已，以钞断人死命，似乎不可取。

那些对以贪赃钞的数量定罪持赞同意见的人见赵孟頫初来乍到，便

---

① 《元史·世祖纪》。

喋喋不休地议论起国法，对他很反感。有人指责说，今日朝廷变更钞法，犯法者计钞论罪，你却不赞成，难道想要阻挠新法吗！孟頫反驳说，刑法乃人命关天的大事，我奉旨参与议论，不敢不说，如今中统钞虚，所以才造至元钞，若说新钞永远不会虚值，哪有这样的道理，你不以理服人，难道想要以势压人吗！对方脸上露出尴尬的神色，没再说下去。

会议做出的第二个决定是重新成立尚书省，这个决定是根据麦术丁的提议做出的。他认为，从前制国用使司改为尚书省，颇有成效，如今不如仍旧分中书、尚书两省，尚书省专管财赋。忽必烈对这个提议很重视，决定成立尚书省。

尚书省配备六名官员：桑哥、铁木儿任尚书省平章政事，阿鲁浑萨里任右丞，叶李任左丞，马绍任参知政事，另一个职位留给色目人。忽必烈打算重用赵孟頫，被人从中阻挠了。中书六部改为尚书六部，地方政府行中书省改为行尚书省。原中书省保留丞相两名，平章政事两名，参知政事两名。至此，原本由中书省兼管的财政事务划归给新成立的尚书省，中书省下属的中央及地方机构也全部隶属尚书省，中书大权再度旁落。

叶李被任命为左丞，心里有些不安，请求圣上收回成命，他说，论资格我不该升得这么快。忽必烈鼓励他，尚书省责任重大，朕烦劳你出来做事，你就不要推辞了。他又说自己在南方患了一种脚病，这二年越来越厉害。忽必烈笑了，你有脚病行走不便，你的心也行走不便吗？忽必烈下旨，赐给叶李大车、小车各一辆，允许他乘小车进宫，坐在殿上议事。①

这次会议做出的最重要的决定，是根据叶李的推荐任命畏兀儿人

① 参见《南村辍耕录》卷二十六《五龙车》；《元史·叶李传》。

（一说藏族人）桑哥为尚书省宰相。这一决定给忽必烈一朝晚期的政治生活和经济生活带来了严重影响，也给叶李的个人命运造成了不可挽救的悲剧后果。他绝对想不到，这次推荐不仅给众多大臣带来灾难，也让自己陷进了一场震惊朝廷内外的政治斗争当中。

出兵海外

成功使人渴望得到更多的东西，甚至会令人忽略一个现实问题：是否能够得到，得到了又是否能够承受。欲望是一把双刃剑，既是人们进取的最原始的动力，也是人们面临的最可怕的敌人。

经过几十年征战，元朝胜利远远多于失败，似乎证明着一条真理：元朝的军队将永远不可战胜，蒙古人将永远以征服者的姿态出现在他们想要去的任何一个地方。忽必烈实现了入主中原的梦想，他又在为自己编织着新的更加诱人的梦想。这只苍鹰再次抖擞翅膀准备飞得更高更远，在遥远神奇的地方一定会有更加新鲜美味的猎物。

日本，这个海上岛国，很久以前忽必烈就想得到的猎物。他曾经两次派遣赵良弼出使日本，均无功而返，日本人的傲慢态度令他很不愉快，现在回想起当时情景，心里仍然不愉快。尽管赵良弼和其他许多人都劝他，征讨日本是件得不偿失的事，不仅劳民伤财，即使征服了日本，也没有太多利益可得。但他根本听不进去，他要做的事一定得做。

至元十一年三月，他命凤州经略使忻都、高丽军民总管洪茶丘率九百艘船，一万五千名士兵，渡海进军日本。十月，军队踏上日本国土，打了几场不大的胜仗，然后就返航了。由于同临安的战争牵涉太多兵力，一时难以顾及日本方面的事，他便派礼部侍郎杜世忠、兵部侍郎何文著再次出使日本。

临安投降后，伯颜大军北还，他手里又多了十几万南宋新附军，留下这些人早晚是个祸患，不如叫他们去攻打日本。至元十七年二月，日本杀害杜世忠等人，为他提供了出兵海外的借口。

至元十八年正月，忽必烈设置征东行省（日本行省），命行省右丞相阿剌罕、右丞范文虎、左丞李庭以及忻都、洪茶丘等人，率领十万江南新附军及四万蒙古军、汉军、高丽军，再次出征日本。出发前，忽必烈对行省官员们说：当初日本派使臣来，朝廷也派使臣前往，谁想日本扣留我使不还，故而有你们此行。朕听汉人讲，取人国家得的是土地人民，如果把百姓全杀光，得到土地又有何用。另外还有一事朕很担心，担心你们不合，倘若日本派人与你们商议事情，各位当同心同谋，如出一人之口。[①] 出发以后，阿剌罕因病不能指挥作战，阿塔海接替了他的职务。

军队抵达日本后，驻扎在鹰岛，准备攻取太宰府。可正像忽必烈担心的那样，行省官员之间闹起了矛盾，蒙古将领与高丽将领互相仇视，大家又都看不起范文虎是南宋降将，你争我吵，你东我西，根本无法统一指挥。军队在鹰岛逗留了一个多月，军事上毫无进展。

八月，行省官员们带着军队返回国内，去的时候有十四万人，回来的时候剩下不足三万人。官员们解释说，到达日本后，准备攻取太宰府，没想到遇上风暴，大部分船只被损坏。此后仍想采取行动，但手下一些将官不服从命令，合谋逃跑，本省带所剩军队回到合浦，遣散士兵让他们各归乡里。

解释似是而非，隐瞒了一些应由他们直接承担的责任。时隔不久，一个逃跑回来的士卒向朝廷讲述了所发生的一切。

军队于六月入海，七月到达日本平壶岛，随即进驻鹰岛。八月一

---

① 《元史·外夷一》。

日，遇上台风，海浪如山，船只被凶猛的大浪击碎，许多士兵被掀进海里。五日，忻都、范文虎等主要将领各自乘上好的船只，丢下十万士兵自己跑了。留在岛上的士兵推举出一位姓张的百户当头头，叫他张总管，所有人都听他指挥。七日，士兵们伐木造船正打算离岛，突然日本军队攻了上来，大部分士兵战死，两三万人当了俘虏。日本人将俘虏中的蒙古人、汉人、高丽人统统杀掉，只留下新附军俘虏，因为这些人是唐人，留下他们做奴隶。这个逃跑回来的士卒就是被俘的新附军成员，不知他用什么办法从日本人手中死里逃生。在日本历史上，这次战役被称为“弘安之役”①。元朝损兵折将，大败而回。

御史中丞崔彧向忽必烈阐述出兵日本招致的不良后果，他说，近来江南盗贼相继而起，有二百余处，都是因为征水手、造海船所致，民不聊生，激而成变，日本之役，姑且停止。江南各省筹办军需，应衡量民力，没有的不要强求，给农民的物价要实在，招募水手也应当从其自愿，待民气稍缓、国力粗备，三二年后再东征不晚。忽必烈不同意他的看法，认为那不过是走形式，没有实效，忽必烈还打了个比喻，好比射猎，弓挽得很像样子，可发出去的箭却不行。

忽必烈一朝的中后期，即整个 13 世纪 80 年代，元朝连年向海外用兵，先后出兵日本、安南（交趾）、占城、缅、爪哇。除平定缅国外，在其他地区均无大收获，反而损失了不少军队和大量物资，当地的气候和海上风暴比敌人更可怕，更具有杀伤力。

向海外用兵不仅给百姓、同时也给地方政府带来极大痛苦。至元二十三年，湖南宣慰司给湖广行省打报告说：“连年征日本及用兵占城，百姓赋役繁重，士卒不服水土，死伤无数，群众愁叹，四民废业，贫者

---

① 该年是日本后宇多天皇弘安四年。

弃子以偷生，富者卖产以服役，生计之苦日甚一日。今又出兵安南，动百万之众，倾千金之资，实非怜我士民之举。而且举动之间，利害难料，安南已遣使纳表称藩，若应其请求以苏民力，实为上策。如不可，也应放宽百姓赋役，屯积粮饷，修缮甲兵，等来年天时顺利，然后大举，也不算晚。”①

行省赞同宣慰司意见，派人赴京师入奏，行省在奏文中说：“本省镇守七十余城，连年征战，精锐士卒疲于奔外，剩下老弱病残，每一城池不过二百人，深恐奸人探得虚实。往年平章阿里海牙出征，输粮三万石，民力尚且不堪，如今又加倍输粮，官无储蓄，若收缴民间，百姓又不胜其苦。宜如宣慰司所言，暂缓用兵。”②

枢密院将奏文呈报，忽必烈这才被迫停止向安南用兵。

忽必烈穷兵黩武，到头来不仅梦想成空，还受到了人们的指责。历史是公正的，只给予一个人或一个朝代所应该得到的东西。

---

①② 《元史・外夷二》。

第十二章

黩武嗜利，权臣再度乱政

雄心也会变成虚妄，使人脱离现实；物欲叫人疯狂，导致政治走向极端。忽必烈晚年穷兵黩武，嗜求财利，世人以为不祥。

东北宗王叛乱

正当忽必烈忙于整顿财政、重新组建机构的时候，反对他的宗王们又开始蠢蠢欲动，向他发起了新一轮挑战。

至元二十四年（1287 年）三月，东北宗王乃颜叛乱。乃颜是成吉思汗的弟弟别里古台的曾孙，比忽必烈小一辈，他和窝阔台的孙子海都与真金是同辈人，是忽必烈的侄子。乃颜准备起事，海都答应派十万大军东来参战。

得到乃颜要叛乱的消息，忽必烈派伯颜去探察情况。伯颜率领一队随从前往和林东北乃颜的驻地，出发时他让随从多带上一些裘衣。进入东北宗王的封地，伯颜每过一处驿站，就叫随从拿几件裘衣送给站户。到达乃颜住处后，宗王设宴接风，计划趁伯颜不备，将他和随从们拿下。机警的伯颜察觉出宗王的意图，招呼随从悄悄溜出来，为了避免引起注意，大家分散地撤离乃颜驻地。回来的路上，由于接受过伯颜的馈赠，站户们主动提供的快马帮了大忙。

根据伯颜的情报，忽必烈确信这位侄子真的要与自己较量一番，便着手进行部署。他命伯颜驻守和林，封锁所有道路关卡，禁止任何人通行或走露消息，防止东、西两道宗王联合。忽必烈要亲自出征，博罗欢提出一个建议，他说当年太祖皇帝分封东方诸侯，土地和户口的分配情况他都清楚，以二十为总额，乃颜得到其中的九成，其他五位诸侯得到其中的十一成，只要征调这五位诸侯的兵马，兵力就足够了，不必烦劳圣上大驾。博罗欢主动请战，忽必烈派他率领五诸侯的三千探马赤军（先锋部队）出征北上，又命玉昔帖木儿率一支军队出发。正在益都家中为父亲守丧的大将李庭也应召赶赴上都，接受命令随驾出征。

五月，忽必烈从上都起驾。他已经七十三岁了，坚持要亲自打这一仗，对朝廷来说可是一件大事，由于职守在身不能从征的官员们，纷纷献出自己的马匹送给圣上的侍卫军。马可·波罗在他的《游记》中这样描述忽必烈亲征的情景：大汗坐在一个木质的宝盆里，身上披着铠甲，宝盆架在四只大象的背上，大象的身体用经过火烤而变得干硬的厚皮保护着，宝盆里有弓箭手，宝盆顶上飘扬着绘有日月图案的皇旗。

忽必烈喜欢用大象当坐骑，坐在上面很稳当，这些象都是从西南进贡上来的。也有人提醒过使用这种交通工具的弊病：一旦大象受惊，没人能控制得了它。

六月到达漠北，迎面碰上乃颜手下塔不台率领的六万军队。李庭率军冲了上去，他这支部队的将校大多数是蒙古人，他们冲到阵前，不与敌人交战，却在马上用蒙古语同对方将领攀谈起来，谈得十分亲热，谈完后双方各自带兵撤回。李庭焦急万分，又毫无办法，他请求给他一支汉军。忽必烈显得很为难，眼下哪去找足够的汉军呢。

双方兵力对比中元军处于劣势，大约是一比六的比例，宗王的军队超出元军数倍。由于向海外用兵分散了军队，忽必烈无法调集更多的兵力。面对不利局面，资善大夫铁哥提出一个计策，他说："过去李广只身一将，尚能用计退敌，何况陛下有万乘之威！如今敌众我寡，又不占地利，可以用疑计败之。"[①] 他请忽必烈张开曲盖，人倚靠在床上，尽量做出悠闲自在的样子，然后他从容地向圣上敬酒。

这同演戏大概没有什么两样，精彩的是表演收到了戏剧般效果，塔不台等人果然按兵不动。忽必烈问李庭今晚敌人将会采取什么行动，李庭回答说敌人一定会逃跑。到了夜间，李庭带领十名壮士，携带上火炮，偷偷潜入敌阵。随着一声声炮响，宗王的军队顿时大乱，不少士兵竟与自己人杀了起来，塔不台率军向北后退了一段路。

元军取得了一场非常关键的胜利，挫伤了敌人的锐气，也鼓舞了己方的士气。忽必烈大喜，问李庭如何料到敌人会败退，李庭说：敌人虽多，但散漫无纪律，见圣上车驾驻扎下来却又不战，必定怀疑我大军在后，所以料其会逃跑。[②] 李庭保证，如果给他两万汉军，他会生擒乃颜。忽必烈仍然给不了他，命他和玉昔帖木儿一同率蒙古军向敌人发起进攻。

马可·波罗对后面的战斗有很详细的描述，他讲道："大汗的军队士气旺盛，自信必能取胜，所以在第二天的清晨，全军军心踊跃地登上山顶，出现在乃颜军队的面前。只见乃颜的部队组织涣散，零落不整，既没前卫，也没有哨探。乃颜自己和他的一个宠姬双宿在营中，等他惊醒过来后，面对这样一种情势，仓仓皇皇，勉强组织起自己的兵力，他对于没有及早和海都的部队组成联军，悔恨莫及。""按照鞑靼人的习惯，战阵摆好后，就吹奏起各种各样管乐器，继而高唱战歌，直到铙钹和战

① 《元史·铁哥传》。
② 《元史·李庭传》。

鼓声起，才开始交战。歌声、铙钹声、鼓声，汇成一片，震撼山岳，使闻者惊骇慌乱。大汗敲起战鼓，这是一种信号，表示他发出命令，要求两翼出击。于是一场激烈的血战帷幕揭开了。刹那间，四面八方，矢如雨下，一排一排的人马，纷纷倒地。战士的呐喊声，战马的嘶鸣声以及武器的撞击声，混成一团，使人毛骨悚然，不寒而栗。当双方箭停矢尽，就开始短兵相接，用长矛、剑、短锤和矛互相厮杀，直杀得人仰马翻，尸积如山，交通堵塞，双方简直无法再发起另一次进攻。这样的一场恶战，从早晨到中午，双方之间杀得难解难分，究竟谁胜谁败，一时不能解决，谁也不能击败对方。因为乃颜平时对待民众非常慷慨宽大，所以他们都尽心竭力地维护他的事业，宁愿战死沙场也不肯临阵逃脱。不过，乃颜最后还是看出自己陷入重围了，企图突围逃命，但不久就被活捉，押到忽必烈面前，被判处了死刑。”“大汗处死乃颜的方法，别具一格。他们把乃颜裹在两床毛毡之间，然后猛烈地摇动，直到气绝身亡为止，采用这种特别刑罚的动机，在于不应该让太阳和空气看到皇室的人流血。乃颜的残余部队前来降顺，发誓尽忠于忽必烈。”①

元军取得了胜利。八月，忽必烈乘坐他的象车返回上都。

他命安童审问那些追随乃颜的宗室成员，安童是个聪明人，经过审问，大多数人被平反。安童从殿上下来，刚走出宫门，被赦免的人争着上前道谢，有人还牵过马缰绳，扶丞相上马。安童不理不睬，骑上马出了皇城。

这种“傲慢”态度容易叫人不服气，有人在忽必烈面前发牢骚说：诸王虽然有罪，毕竟是皇室近亲，丞相虽尊贵，不过是人臣，何必如此傲慢！过了好一会儿，忽必烈才开口说：你们这等小人，哪里知道安童

---

① 《马可·波罗游记》，陈开俊等译，福建科学技术出版社，1981 年，页 84—86。

的用心，他是有意羞辱他们，好让他们悔过自新。[1] 忽必烈下旨，追随乃颜叛乱的宗室成员发配到江南从军效力。

乃颜死后，海都又不断地挑起事端，西北地区难得几年安宁。至元二十四年，忽必烈派阿术出兵西北，阿术行至哈剌火州（今新疆吐鲁番市以东），因病死在当地，终年五十四岁。直到成宗大德六年（1302 年），忽必烈死后八年，海都也死了。大德十年（1306 年），海都的儿子察八儿向元朝投降，至此西北宗王的叛乱才告结束。

桑哥专政

忽必烈晚年的注意力集中在两方面事情，一曰黩武，二曰嗜利。前者表现为连年向海外派兵，企图通过战争增加土地和人口，赢得更大荣耀；后者表现为对财富的疯狂追求，不断寻找新的财政大臣，以越来越激进的经济政策作为朝廷施政纲领。两方面事情本质上是一回事，是一个问题的不同侧面。出兵海外既消耗大量财富，同时也是为了攫取财富；实行新的理财政策既是为了增加收入，同时也为了保障军事扩张的需要。

蒙古人生活中的头等大事是征伐，不打仗生活便失去了意义；有征伐就会有功臣，有功臣就得有犒赏，就需要金钱。而那些皇子、诸王们每年的消费更是一个庞大的数字。与元朝后来的几位皇帝相比，忽必烈还算节俭，甚至有人说他“吝于财”。到了成宗、武宗时期，情况就更为严重，忽必烈一朝积攒的财富差不多被花光用尽。

至元二十三年（1286 年），对皇子、诸王的赏赐共计：钞十五万一千九百二十三锭，马七千二百九十四，羊三万六千二百六十九

① 《元史·安童传》。

只。至元二十四年，对皇子、诸王、驸马、怯薛歹的赏赐共计：钞二十五万三千五百余锭，马一万二千二百匹，羊二万二千六百只。这组数字是桑哥出任尚书省宰相时，朝廷经济状况的一个不大不小的反映。

今天人们分析元朝政治时指出，在某种程度上说，元朝政治是一种宰相政治。学者提出两点理由阐述这一论点：其一，元朝皇帝绝大多数人权力欲不强，满足于深居宫闱，对亲自处理政务没有太大兴趣；其二，元朝宰相在身份上有一定限制，基本上全是怯薛出身的蒙古、色目贵族，在皇帝眼中这些人是值得信赖的自家骨肉，非汉族宰相可比。由于这些人出身怯薛，宗室、外戚极少，按照蒙古社会的传统观念，他们仅仅是大汗的伴当、家臣，身份低于“黄金家族”成员，即使权重，一般情况下也没有篡位的危险，皇帝对他们可以大胆放权，而这些宰相也能够勇于任事，不加避忌。[①] 从当时的情况看，分析有道理，因为阿合马如此，桑哥也如此。

出任尚书省宰相之前，总制院使桑哥就已经通过忽必烈将自己的影响力渗透进了中书省。至元二十三年七月，遵照忽必烈的旨意，他拟定出一份中书宰执的名单，忽必烈看后说：右丞相安童，右丞麦术丁，参知政事郭佑、杨居宽，职务不变，任铁木儿为左丞，至于左丞相、平章政事等人，可再考虑。[②]

拟定这样一份朝政名单，不是由右丞相安童来做，而是由负责宗教和吐蕃事务的总制院使来做，的确出人意料，说明忽必烈已经在试用桑哥，对此安童自然会有意见甚至不满。一次，他在忽必烈面前没有指名

---

① 参见张帆：《元代宰相制度研究》北京大学出版社，1997 年，页 215—217。

② 《元史 · 世祖纪》。

地说起这事，话里话外也有埋怨的意思。安童说：听说圣上打算用一些近臣、侍臣做耳目，臣现在任上，如有不法行为，任凭他们检举，是轻是重由圣上裁决。而今，近臣伺机举荐同党，说某人应居某官，某官应居某职，发文叫中书施行。依臣所见，铨选之法已有定制，没有先例的，臣不会施行，这难免有人在背后说三道四，望圣上详察。[①] 忽必烈表面上同意安童的说法，但考虑更多的是桑哥是否可以重用，至于安童今后的安排，他没有过多地去想。

至元二十四年春天，忽必烈非常看重的叶李推荐了桑哥，促使忽必烈做出决定，任桑哥为尚书省平章政事。安童首先反对，向上进言：臣力不能回天，请不要起用桑哥，另选贤人为相，或许不至误国殃民。[②]忽必烈充耳不闻。阿鲁浑萨里也表示反对，但都无济于事。此后安童日益消沉，不再积极参与朝政。

桑哥上任后，很快就表现出与别人不同的办事作风，雷厉风行，果断专横。每天晨钟初鸣，他已坐在省衙堂上，六部官员凡迟到的，就要吃一顿鞭子或竹板。赵孟頫偶然迟到一次，负责执行处罚的官员就要动手。孟頫找到右丞叶李，气愤地说：自古刑不上大夫，是要养其廉耻，教其节义，若侮辱士大夫，就是侮辱朝廷！[③] 桑哥过来安慰，表示今后只对下级官吏使用这种处罚方式。

也许是想要拉拢，桑哥对赵孟頫比对其他人客气得多，有些事情让人感觉不像是桑哥这种人能够想到和做到的。一天，孟頫骑马从皇宫东墙外经过，由于道路狭窄、坡陡，连人带马掉进了旁边的小河里。为这件事，桑哥专门找到圣上，经请示后叫人将宫墙向西偏移进去两丈远，

---

①② 《元史 · 安童传》。

③ 《元史 · 赵孟頫传》。

拓宽了墙外的道路。忽必烈听说孟頫手头不宽裕，特赐给他五十锭钞，这可能也是桑哥在忽必烈面前递的话。

对待其他人，桑哥就没有这么仁慈了。自三月份以来，他大刀阔斧地首先拿中书省开刀。此前中书省兼管财赋，桑哥上台后，奉旨检察中书财务，察出亏欠四千七百七十锭钞，昏钞一千三百四十五锭。对这些亏欠和瞎账，右丞麦术丁供认不讳，参知政事杨居宽则为自己辩解，说他平时负责官吏铨选，不管钱谷的事。桑哥呵令手下人用拳头猛击杨的面部，还审问似的说，即使负责铨选，难道在升迁罢废之间就没有半点失误吗！杨挨了打，只好承认自己也有责任。

几天以后，桑哥向忽必烈汇报说，审问参知政事郭佑，他什么也不承认，借口有病，尸位不言，臣对他说如今中书乱成这样，你没有能力办好，为何不禀告蒙古大臣，于是臣打了他，现在他已认服。桑哥这套手段着实令人惊讶，对自己的同僚而且都是朝廷首要官员，动不动就拳脚相加，丝毫不顾及这些人的自尊，打了人之后还在忽必烈面前表白，似乎这一手是他的一大发明。更令人惊讶的是，忽必烈竟认可了这套做法，还嘱咐安童说，麦术丁这些人狡猾得很，今后不许他们以受到威逼为说辞给自己翻案。

几件事下来，桑哥在中书、尚书两省的地位得到了巩固。

桑哥大闹中书省的这段时间，赵孟頫不在京城，去了趟浙江办理公务，入夏才返回京城。六月，他上任奉训大夫、兵部郎中（从五品），管理全国的驿站支出费用。

元朝的驿路交通非常发达，从窝阔台到忽必烈，建起了完备的驿路交通体系，即以大都为中心，连接全国各省区的陆路、水路交通网。驿路中最重要的是大都与上都之间的四条交通干线：1.驿路，全长八百多里，由大都出居庸关向西至怀来，转而北上进入草原，它是一般官员及商旅往来的路线；2. 黑谷东路，又称“辇（音碾）路”，全长 750 多里，由大都出居庸关继续北上，穿过今延庆进入草原，它是皇帝专用的路线；3. 古北口东路，全长 870 多里，由大都出发经今顺义、延庆，再出古北口进入草原，它是专供军队和监察御史使用的路线；4. 西路，全长 1095 里，由大都出居庸关西行，然后大体沿今京包铁路至张家口，再北上至上都，它是蒙古时期的老驿路，忽必烈时期成为运输货物的一条驿路。忽必烈每年“东出西还”，去上都走东路，回大都走西路。在经过的道路上设有“纳钵”，即行帐，供圣上休息宿营，黑谷东路设有十八处纳钵，西路设有二十四处纳钵。

水路交通主要是南北大运河以及三条海运航道（江苏至渤海湾），元朝每年都要经水路从江南往大都运送大批粮食。至元二十三年十一月，中书省就向忽必烈打过一个报告，说朱清、张瑄每年经海道运粮，按四年计算，总计一百零一万石，斗斛所耗愿如数补偿，由于风浪覆舟造成的损失请免于征收。忽必烈准奏，并任朱、张为海道运粮万户。

官府在驿路上设有驿站，为出差的使者提供食宿和交通工具，保证“四方往来之使，止则有馆舍，顿则有供帐，饥渴则有饮食”①。驿站供应的饮食、灯油、柴炭等，蒙古语叫“首思”，汉语译为“祗应”。中统四年（1263 年）规定：乘驿使臣换马处，正使臣给粥食、解渴酒，随从只给粥；需要住宿，正使臣给白米一升、面一斤、酒一升、油盐杂支钞十文，随从没有酒肉油盐，只给白米一升、面一斤；从十月一日到正月三十日，每天支五斤炭。交通工具有马、牛、驴、骆驼、狗、车轿、舟船，马是主要的，在东北地区经常使用狗。

---

① 《元史·兵四》“站赤”条。

驿站是官办的，专供政府使用，不许民间使用。使用驿站要有专门的证件：铺马圣旨（铺马札子）、金字圆符（圆牌）、银字圆符。驿站验过证件后，才允许入住。持有圆牌的人大多身负军情急务，驿站要优先招待。证件由朝廷颁发，但宗王、公主、驸马的证明也管用。驿站提供的食宿及交通工具是免费的，因此各种证件就成为人们非常希望得到的东西。

为避免开支过大，朝廷对使用驿站做出各项限制性规定：除必须持有证件外，限制一品官出行可用八匹马，正二品官六匹，从二品官五匹，三品官四匹，四品官三匹，五品官以下三或二匹，忽必烈晚年，朝廷又将这个数目按官品分别下调了一至三匹；限制三品以上官带随从人员不得超过五人，四品、五品官带随从不得超过四人，五品以下官带随从不得超过三人；限制驿站只为使臣提供两日的首思。

尽管有各种限制，各地驿站的开支还是逐年上升，给地方及百姓带来沉重负担。回族使臣不吃死羊肉，必须由他们自己人亲手屠宰，这也添了不少麻烦。在驿站当差的人称为站户，他们有义务向来往使臣提供饮食和交通工具，还要充当向导、马夫或船夫，由于管理混乱，滥用驿站，站户承受不起，出现了站户大量逃亡的现象。各地驿站由兵部统一管理，所以赵孟頫才管起驿站的事。

与驿路系统相应的是元朝传送公文的邮递系统。忽必烈即位后，建立起从大都至上都、从京兆至上都的邮路，每隔十里、十五里或二十五里设一所急递铺，十铺设一位邮长，每铺配备五名铺卒，急递铺的房屋都有固定标志，让人容易辨认。急递铺负责传送官方文件，紧急的文件放在特制的匣子里，一般文件装在纸信封里。

送文件的铺卒有一套装备：一副夹板，一个软绢包袱，三尺油绢，这几样东西是用来保护文件，防止文件皱损或被雨淋；一杆缨枪用来防身；还有一副悬铃，遇到人多、车马拥挤的路段，铃声一响警告行人避让，夜间用于惊吓野兽，快到下一个急递铺时，铃声又可通知那里的铺卒提前做好准备；另外还有一领蓑衣，一本日历。铺卒的传递速度为一昼夜四百里。同驿路一样，急递铺在管理上也存在不少问题，例如让铺卒携带私人物品，或雇佣一些不符合条件的老弱病残充当铺卒，影响了文件的传递速度。[①]

赵孟頫上任后，申请增加驿站的钞额，减轻站户和周边地区百姓的负担。后来中书省直辖的腹里地区，在原有钞额每年七千余锭的基础上，增加了三千九百多锭。

自从朝廷实行至元新钞，江浙行省办事不力，新钞迟迟推行不下去，尚书省派吏部尚书刘宣、兵部郎中赵孟頫赴江南，问行省丞相慢令之罪。孟頫再度南下，秋末冬初，回到了京城。桑哥听说孟頫在江南期间，没有殴打过一名行省官员，觉得不可思议，在他看来不使用暴力怎么能办好差事，怎么能让那些人服帖呢？

自春至秋，孟頫两下江南，行旅匆匆，奔波劳顿。由于公务繁忙，没有时间搞自己喜爱的书法，他心里有些愧疚和焦虑。让他安慰的是，在京城结识了一批新朋友，有省、部、院、台的官员，也有翰林、集贤两院的学士，其中有商挺、张九思、马绍、王磐、董文用、徐世隆、王恽，这些人大多数是汉人，都有良好的诗词歌赋修养。在朝廷政治气候阴云密布的氛围下，大家腾出空闲诗集酒会，吟咏唱和，显得别具一格，从容雅致。

---

① 关于元朝的驿路及邮递，请参见史卫民：《元代社会生活史》第 11 章“交通与通讯”；叶新民：《元上都研究》之“元上都的驿站。

十月，赵孟頫回到京城的前后，朝廷又发生了一起令人心情紧张的事。桑哥审查中书省财务，翻出当年阿合马理财时的旧账，发现被阿合马贪污或亏欠的一些账目没有追回，于是指责中书失职，把责任统统推给郭佑、杨居宽两位参知政事，将二人杀了头。不忽木竭力阻止处死参政，没有成功，反让桑哥对他怀恨在心，一天桑哥指着不忽木对妻子狠狠地说，今后抄我家的必是此人！

杀参政这件事轰动了京城内外，人们私下里议论纷纷，都觉得尚书省的所作所为太过分，今天你杀别人，日后难免被人杀。御史台吏王良弼对人说，尚书省理算中书省，真是不遗余力，日后我们发现尚书省有奸，也会不遗余力。任过江宁县达鲁花赤的吴德，也对人讲道，今天尚书治中书之弊，它日也会被中书所治，到时候桑哥他能不死！这些话都进了桑哥的耳朵，王、吴二人也就都掉了脑袋。

叶李欣赏桑哥，对忽必烈说前省官不能办的事，平章政事桑哥都能办，应当让他做右丞相。忽必烈任桑哥为尚书省右丞相、兼总制院使、进金紫光禄大夫。转过来，桑哥又奏请将尚书省几位官员各晋一级，平章政事铁木儿代理桑哥的职位，右丞阿鲁浑萨里升平章政事，左丞叶李升右丞，参知政事马绍升左丞。

这真是一种鲜明的对照：中书大权旁落，人头落地，安童无所作为；尚书省大权独揽，步步高升，桑哥踌躇满志。这一切都是由忽必烈晚年的政治重心决定的，是他的理财富国政策导致的结果。

桑哥以几位官员办事不勤为由，将他们毒打一顿再罢去官职，然后才向上呈奏。对这种先斩后奏的做法，忽必烈不仅不怪罪，还对他说：不把这些人罢去，你的事如何行得通。忽必烈求财心切的心理在这句话上表现得淋漓尽致。既然如此，旁人还能说什么？

进入至元二十五年（1288 年），在桑哥严厉打击下，中书省基本处于瘫痪状态。安童心灰意冷，屡次申请辞职，都未获得批准。忽必烈一度想让他重理朝政，安童犹豫不决，特意去请教丘处机的第四代传人祁志诚。祁真人只说了一句话，他问：过去与你共事的是何人，如今又是何人？[①]安童大悟。

安童赋闲在家，赵孟頫却忙里忙外，至元二十五年春天，他又去了趟南方，并在家中住了一段日子。这两年他在京城做官，妻子管道昇住在吴兴老家，夫妻久别重逢，自然珍惜光阴。三月初的一天，管夫人让丈夫摹写王羲之《黄庭经》古拓，孟頫欣然从命，还做了一幅《羲之换鹅图》。入秋，孟頫北还时，管道昇为他画了一卷《云山千里图》，在画上题道："云山万里，寸心千里。"[②]赵孟頫带着妻子的委婉情怀返回大都。

一到京城，朝中的事又让人心烦意乱。

十月，西北海都再次发动叛乱，尚书省从全国紧急征调军需粮饷。桑哥上书奏道：请派参政忻都、户部尚书王巨济等十二人，理算江浙、江西、福建、四川、甘肃、安西六省，每省两人，发给印章，并派给官兵作为自卫；这些省部官员下去后，朝中的事不能荒废，请选人代职。

理算六省实际上就是从地方搜刮钱财，行省官员每遇到这种事总是想尽办法从民间打主意，受苦受难、家破人亡的还是老百姓。新任御史中丞的董文用见朝廷对下面催促得一天比一天急，心里很不安，他对桑哥说："百姓已然危急了，眼下外难未解，却内伐国家根本，请丞相三思。"他又拿出各地报上来的民众起义闹事的一摞摞案宗，对桑哥说：难道百姓不想生养安乐么！正因为急征暴敛才出现这等后果。御史台救时政不及，丞相应当赞助，不应从旁沮抑。再者，如果御史台的事办起来

---

① 《元史·释老》。

② 《岳雪楼书画录》卷三《元管仲姬云山千里图卷》。

都这么难，百姓就没地方上诉，百姓没地方上诉，国家就一天比一天乱，那时候就不单单是御史台的事难办了。[①]桑哥不仅不听，反过来挑御史台的毛病。两人天天争吵，谁也不服谁。

桑哥面见忽必烈，气冲冲地说：朝中只有董文用狂傲不听令，阻挠尚书省，请圣上下旨，痛治其罪！这回圣上令桑哥颇为失望，忽必烈说：这是他御史的职责，何罪之有！董文用一向端谨，朕素来知道，你要好自为之。[②]

话虽这么说了，忽必烈也不想让董文用成为尚书省的一大制约，把他从御史台调出来，改任大司农。后来尚书省提出用一些民田作为屯田，又引起董文用与尚书省的争持。忽必烈将文用调任翰林学士承旨，委了他一个闲职。

冬十二月，眼看新年快到了，赵孟頫独宿京城，与妻子“云山万里”，不禁起了凄凉、悲伤之感。一天收到家里来信，信中提到友人郭天锡（右之）近来境况不佳，勾起孟頫对朋友的担忧与同情。他给郭天锡写了一封书信，表达了自己的心情，同时也透露出进京做官的苦恼。他写道：“孟頫再拜，右之二兄坐前。孟頫奉别以来，已复三年矣。夙兴夜寐，无往而不在尘埃、俗梦间。视故我已无复存者，但赢得面皮皴摺、筋骨衰败而已。……近忽得家下书，知右之因库役事被扰异常，家事亦大非昔比。今见挈家在苕玉兄处，令人惆怅无已。然时节如此，切不可动。我心是有命焉，但安时处顺，自可胜之耳。不肖一出之后，欲罢不能，每南望翘首，不觉涕泪之横集。今秋辈既归，孑然一身，在四千里外，仅有一小厮自随，形影相吊，知复何时可以侍教耶！”[③]从信的内容

①② 《元史·董俊传》。

③ 陆心源：《穰黎馆过眼续录》卷 2《赵文敏二札卷》，参见任道斌：《赵孟頫系年》。

和语气看，当初的抱负与盛气已经烟消云散，剩下的只有尴尬无奈了。

若不是牵涉一起案子先后两次入狱，惹得忽必烈生气，商挺快被忽必烈给忘了。

自至元九年（1272 年）出任安西王相，商挺一直在陕西，冬天住在京兆，夏天随安西王忙哥剌去六盘山避暑。至元十四年（1277 年）西北宗王叛乱，安西王奉诏出征，次年年末安西王病逝。王妃派商挺回朝请命，让王子阿难答继承王位。商挺回到京城向圣上转达了王妃的意愿，忽必烈没有表示不同意，只觉得阿难答年少，又不熟悉祖宗留下来的遗训，就命商挺多辅佐阿难答，这样商挺又回到了王府。

与此同时，原京兆路总管赵炳上任新安西王相，赵炳是忽必烈潜邸时的旧臣，至元九年与商挺同时赴京兆任职。在京兆的几年间，赵炳同转运使郭琮、郎中郭叔云产生了矛盾，彼此互相攻击，都想搞掉对方，而他们之间的尔虞我诈却意外地将商挺卷了进去。

至元十六年（1279 年）秋天，赵炳奉旨入朝，他在忽必烈面前讲了郭琮、郭叔云的坏话，忽必烈派人跟赵炳一同回陕西，调查二郭的不法行为。

赵炳的入朝可能引起了对方警惕，当他和朝廷的调查人员回到王府时，郭琮拿着新安西王的王旨，将赵炳关押了起来。当时阿难答正在六盘山，郭琮又把赵炳押解到平凉（今甘肃崆峒区）以北的崆峒山，关进大牢，派人严密看守。

父亲失去了自由，儿子赵仁荣向上申诉，忽必烈又派出两名近侍乘驿马去安西王府，一方面搭救赵炳，另外押解郭琮等人来朝。两名近侍来到王府，郭琮好酒好肉款待，把二人灌得酩酊大醉，又暗中派人到崆峒山监狱将赵炳毒死。

忽必烈闻讯大怒，再次派人去陕西，将郭琮、郭叔云等一百多人押到京城。忽必烈亲自审问，弄清赵炳的死因，让赵仁荣亲手将郭琮、郭叔云处死。忽必烈要把死者的家产转给赵家，赵仁荣不收仇人的财产，忽必烈赐给他两万多缗钞，用于安葬赵炳。[①]

事情本该就此了结，但在审讯过程中，郭琮的一名同党为了开脱罪责，供认时胡乱说了几句不利于商挺和儿子商瓛（音环）的话，以为供出别人，自己就能免于一死。他的话说得很暧昧，容易引起人们的怀疑。忽必烈召商挺回朝，把他扣押在赵仁荣家里，又将商瓛投进监狱。忽必烈对赵仁荣说，商挺是个老书生，可同几位儒臣商量定他的罪。

吏部尚书青阳梦炎向忽必烈求情，臣本是宋朝儒生，不知商挺过去的功劳是否能弥补今日之过。忽必烈不快地说道，你这是同类相助之辞！符宝郎董文忠开口说，梦炎不知商挺是怎样一个人，但臣知道，臣以他当年拥戴圣上即位有功为他求情。忽必烈沉默了片刻，问董文忠，商挺究竟有没有参与此事。文忠回答，臣没有亲眼所见，但有所耳闻，杀人之谋，他的确没有参与。忽必烈点点头，答应释放商挺父子，但不算无罪释放，要抄没家产。

至此事情又该了结了，谁想时间过去了三四年，赵炳的几个儿子再次为父亲喊冤，商挺又被关进了监狱，三个月后才出狱，当时他已经七十六岁了。

至元二十五年，一天忽必烈召见董文用，不知想起了什么，圣上问道："商孟卿今年几何？"董文用回答："八十。"[②] 忽必烈感叹商挺年迈，又奇怪他这么大把年纪为何还如此健康。

这年十二月，老商挺就去世了。他把自己的晚年给了安西王府，也

① 《元史・赵炳传》。
② 《元史・商挺传》。

给了京城大狱。

最后一次较量

至元二十六年（1289 年），忽必烈授伯颜金紫光禄大夫、知枢密院事（从一品），命他出镇和林，统帅北方军队，震慑和抵御东、西两道宗王。元朝在和林设知院，就从伯颜开始，他成为元朝初期最早拥兵漠北的重臣。

北方有伯颜镇守，忽必烈心里踏实得多，而朝中的事就全靠桑哥和尚书省了，只是自从桑哥任宰相以来，不断有人弹劾他，看来他的人缘不怎么好。

江南行台侍御史程钜夫入朝，弹劾尚书省理算行省，苛政如虎，四方骚动，他在奏呈中说道："天子之职，莫大于择相，宰相之职，莫大于进贤。如果不以进贤为急，反以殖货为心，非为上为德、为下为民之意。如今权臣用事，立尚书省理算钱谷，以剥削民生为务，所任之人，大多贪功邀利，江南盗贼四起，正因为此。臣以为应清理尚书之政，削弱行省权力，罢免言利之官，推行恤民之事，方于国家有利。"①

桑哥知道这份奏呈后暴跳如雷，把程钜夫扣在京城，不许他回行台，又奏请忽必烈杀掉程钜夫。忽必烈没有下旨，桑哥连续六次上奏，都未能如愿。程钜夫大难不死，平安返回江南。

监察御史（正七品）赵世延联合五名同人也上书弹劾桑哥，遭到桑哥同党御史中丞（正三品）赵国辅的干涉，弹文没能递到忽必烈手里。赵国辅把事情告诉了桑哥，这回虽然没有死人，弹劾者还是受到了排挤

---

① 《元史·程钜夫传》。

打击。

有人反对，就会有人支持，有人指责，就会有人歌功颂德。大都人史吉联络了一批人联名上书，提出为桑哥立德政碑。忽必烈知道后说，民要立就立吧，把此事告诉桑哥，让他也高兴。忽必烈还命翰林院制文，名曰《王公辅政之碑》。至元二十六年闰十月，碑刻好了，立在尚书省门前，碑上还安置了一顶盖楼。

桑哥派出的参知政事忻都、户部尚书王巨济等人，在行省理算钱谷，搞得地方沸沸扬扬，民不聊生。谁交不出钱粮，官府就逼迫他的亲戚代交，或者威胁邻居，逼得不少人自杀或逃进山里，官府又派出军队搜捕逃亡者，一时地方骚动，天下大乱。

至元二十七年（1290 年），发生地震，腹里地区震得最厉害，地表塌陷，从地下涌出一股股黑浆，几十万人在地震中丧生或伤残。地震发生时，忽必烈正在龙虎台（今北京市昌平区以西）。对这次自然灾害，他非常忧虑，派阿鲁浑萨里速回京城，召集集贤、翰林两院官员，分析灾害原因，提出消灾办法。集议时，两院官员心中暗想，这都是时局闹的，可嘴上不敢说，大家只讲了些五行灾异一类的话敷衍了过去。

赵孟頫与阿鲁浑萨里私下交情不错，他劝说阿鲁浑萨里去求圣上，大赦天下，废除苛政，天变很快就会消除。阿鲁浑萨里面奏圣上，忽必烈二话没说表示同意，并让人起草诏书，准备诏告天下。诏书起草完毕，尚未颁布，桑哥开口反对了，他说这绝不是圣上的意思。孟頫向他解释，凡是没有交上钱粮的户，人已经死光了，到哪儿去取呢？如果现在不赶快收场，日后有人告你亏欠多少多少钱粮，岂不把丞相连累了进去。桑哥一听恍然大悟，再不敢反对了。

一天，孟頫从宫里出来，见到侍臣彻里，便上前鼓动他说，圣上论贾似道误国，责备留梦炎当时不站出来讲话，如今桑哥的罪过比贾似道有过之无不及，我等沉默不言，以后难逃其责。我是个疏远之臣，人微言轻，在侍臣里面，读书识理、慷慨大义、又受圣上宠信的人，我看没人能和你相比，见义勇为，当仁不让，为万民除害，这是仁者之事，全赖公一人之身了！

一番话说得彻里热血沸腾，他进宫面见忽必烈，慷慨激昂地历数桑哥罪行。忽必烈听完大怒，有人胆敢在他面前如此诋毁朝廷宰相，喝令左右卫士狠狠抽打彻里的脸。彻里被打得口鼻流血，扑倒在地上。可他没有屈服，站起来继续说道：臣与桑哥无冤无仇，之所以不顾性命揭发他的罪恶，正是为了国家着想，如果害怕圣上发怒而知之不言，奸臣如何能除，民害如何能息，还会让陛下背上拒谏之名，臣担心害怕的是这个！[①] 如此一说，忽必烈的怒气才平息下来。

彻里的弹劾终于引起忽必烈深思，这么多大臣都反对桑哥，其中定有问题。他想找不忽木聊聊，碰巧不忽木外出办事，他三次派人去召，把不忽木召了回来。他让不忽木谈谈对桑哥的看法，不忽木说，桑哥蒙蔽圣听，紊乱朝政，谁反对他，他就杀谁，如今百姓失业，盗寇蜂起，已危在旦夕，非赶紧除掉他不可，否则必为圣上忧患。听了不忽木的话，忽必烈决定杀桑哥。

可杀了桑哥谁来当宰相呢？忽必烈问不忽木是否肯接替桑哥的职位，不忽木连声谢辞。忽必烈说道：朕过分听了桑哥的话，搞得天下不安，后悔也无用啊。朕看着你长大，让你从小拜师求学，正是为了今日之用，勿再推让。不忽木却说：朝廷勋旧当中比臣强的人尚多，如果不用他们而用臣，恐怕难以服众。[②] 忽必烈只好问道，有谁可任宰相？不忽木推荐

---

① 《元史·赵孟頫传》《元史·彻里传》。

② 《元史·不忽木传》。

原太子詹事完泽，他告诉圣上，那年抄阿合马家，发现了一本簿册，上面记载着接受贿赂的大臣姓名，其中唯独没有完泽的名字。完泽曾言，桑哥当宰相必坏国事，如今果如其言，可见他有资格出相。

完泽是蒙古勋旧之后，父亲线真在中统四年任过中书省右丞相，出身倒没什么问题。不过，不忽木不肯出任宰相，忽必烈仍有些遗憾，只是不便勉强。

江浙行省参政燕公楠在京城，忽必烈又征询他对宰相人选的意见。燕公楠说："天下人心所望，莫若安童。"忽必烈问还有谁能当宰相，他回答："完泽可任宰相。"①

至元二十八年（1291年）正月，桑哥被免职。二月，完泽出任尚书省右丞相。五月，尚书省并入中书省，完泽任中书省右丞相，麦术丁、不忽木任平章政事，崔彧、何荣祖任右丞。彻里任御史中丞，后调任福建行省平章政事，赐黄金五十两、白金五千两。原中书右丞相安童被免职，在宫里负责皇上宿卫，他十三岁出任忽必烈的怯薛长，如今重操旧业。

像阿合马死后一样，桑哥被免职后，大规模清算又开始了。忽必烈派出三百人去抄桑哥的家，抄出的珠宝相当于内府收藏的一半。七月，桑哥被处以死刑，党羽要束木、忻都、王巨济等人也被处死，有人自知罪大恶极，在官兵逮捕之前畏罪自杀。尚书省门前的那块石碑也被人推倒。

桑哥一案被揭发，给叶李造成很大压力，他请求回江南，忽必烈答应了他。就在叶李上路之际，扬州路儒学正李淦上书，提出追究叶李举荐桑哥之罪，杀叶李以谢天下。

---

① 《元史·燕公楠传》。

从上书的内容看，桑哥一系列罪行叶李都脱不了干系："叶李本是朝廷发配之人，受大元皇帝恩知，可谓千载一遇。然而刚入朝廷，便以举荐桑哥为第一事，禁止侍臣进言，以莫须有罪名杀参政郭佑、杨居宽，逼迫御史中丞刘宣自裁，囚禁治书侍御史陈天祥，罢免御史大夫门答占、侍御史程钜夫，殴打监察御史；变钞法，扣学粮，征缴军官俸禄，削减士兵粮饷，立行司农司、木绵提举司，增加盐、酒、醋税课，官民皆受其祸。尤可痛恨者，要束木祸害湖广，沙不丁祸害江淮，灭贵里祸害福建，大肆理算钱谷，民怨而盗发，天怒而地震。赖皇上圣明，更张政化。人知桑哥任用群小之罪，而不知叶李举荐桑哥之罪，叶李虽罢相权，却未定刑，民间往往窃议，宜斩叶李，以谢天下。"①

听过李淦的上书，忽必烈感觉纳闷，叶李一直是个廉正刚直的人，怎么会有这么多事。他叫人传旨，召李淦进京。

至元二十九年（1292 年）二月，叶李到了临清（今山东临清市）。朝廷侍者追了上来，说圣上任命他为中书省平章政事，辅佐右丞相完泽治理省务。此时叶李的心情又压抑又恐惧，根本无心回朝做官，他谢绝了忽必烈的恩遇。没过几天，他死在了南下途中，终年五十一岁。叶李死后，李淦到了京城，忽必烈任他为江阴路教授，表彰他的直言。

叶李是个悲剧人物，他的行为表明他是一个矛盾的人。当年贾似道走红时，他冒着生命危险上书弹劾，虽被似道发配漳州（今福建漳州市），却给自己赢来了声誉。步入元廷后，他又举荐权臣桑哥为相，引发出一场长达四年之久的宫廷政治斗争，枉送了许多同僚的性命。即使他没有直接参与桑哥的那些活动，但作为省内同事，不能加以制约、匡正，当然负有一定责任。

---

①《元史·叶李传》。

叶李之所以没有落得更悲惨下场，全仗忽必烈对他的好感。就在彻里慷慨激昂地数落桑哥罪行之前，忽必烈同赵孟頫就叶李的人品刚进行完一次谈话。

那天忽必烈问赵孟頫，叶李和留梦炎谁更好一些，孟頫回答：梦炎与臣的父亲有交，此人性情厚重，笃于自信，好谋而能断，有大臣器；而叶李，他读过的书臣都读过，他知道的、能做的事，臣也都知道、能做。赵孟頫的评价显然有些偏私，忽必烈不以为然，说道：你以为梦炎贤于叶李？梦炎在宋朝为状元，官至宰相，贾似道误国害民，他阿谀奉承，无所作为，而叶李一介布衣，乃伏阙上书，比梦炎强得甚远。梦炎与你父是友，所以你不敢说他，可以赋诗讥讽呀！最后忽必烈又夸奖叶李说：他只是太过刚直，人不能容，朕独爱之。① 正因为有了忽必烈的宠爱，叶李才保住了一个善终。

与桑哥的这场斗争，为初涉仕途的赵孟頫提供了必要的从政经验，但斗争结果也给他在京城的官运蒙上了一层浓重的阴影。考虑到久在京师必会遭人忌恨，他选择了急流勇退，力请补外，去济南路任同知总管府事。叶李去世的这年六月，他离开大都赴济南。

回首京华，感慨万千，孟頫作诗抒怀：“五年京国误蒙恩，乍到江南似梦魂”。② 妻子管道昇为他写了一首词，词中安慰道：“浮利浮名不自由，争得似，一扁舟，弄风吟月归去休”。③

此后，赵孟頫倾心于笔墨丹青，艺术大进，成为元代画坛领袖，是中国美术史上令人仰首的人物。妻子管道昇，儿子赵雍、赵奕，外孙王

---

① 《元史・赵孟頫传》《元史・叶李传》。

② 《松雪斋全集》卷四。

③ 引自王伯敏：《中国绘画史》，上海人民美术出版社，1982 年，页 384。

蒙（元四家之一）[①]，也都在中国美术史上占有重要地位。只是几百年来，人们对赵孟頫以宋室子弟身份入仕元廷议论纷纷，褒贬不一，甚至影响到对他取得的艺术成就的评价。尽管如此，赵孟頫在中国艺术史上的显赫地位，无人可以替代。

随着桑哥的败亡，忽必烈一朝已接近它的尾声了。

忽必烈的遗愿

忽必烈在位三十五年，其间汉法派同王文统、阿合马、卢世荣、桑哥这些经济大臣，进行了长期而艰苦的斗争，虽然最终取得了胜利，代价也无可估量。这一斗争构成了元初政治风云的主要背景和场面，是影响元朝政治体制及政治特征的主要因素之一。在很大程度上，这一斗争也损伤了忽必烈的个人声誉。但纵观三十五年历史，忽必烈平定江南，统一国家，功劳不可抹杀。而且他为各民族百姓创造出后来几十年和平发展时期，恢复生产，促进农工，扩大与世界各国的交往，可谓一时盛世。明朝人叶子奇评论说："元朝自世祖混一之后，天下治平者六七十年，轻刑薄赋，兵革罕用，生者有养，死者有葬，行旅万里，宿泊如家，诚所谓盛也矣。"[②]此话自有粉饰、夸张之处，倒也不全是虚言。

至元三十年（1293年）正月，安童在京城乐安里家中病故，终年四十六岁。忽必烈闻讯后还有些不大相信，他曾听别人说起过安童患病，可没想到这么快就不治了。

---

① 黄公望、王蒙、倪云林、吴镇，被称为元末画坛四大家。

② 《草木子·克谨篇》。

安童既是勋旧之后，又是皇亲之子，从小在宫里长大。他少年为相，操劳一生，晚年却仕途颓败，官场失意，忽必烈也疏远了他，这恐怕是导致他去世的一个原因。他的孙子拜住，英宗时任中书省右丞相，协助英宗实行起用汉儒、裁汰冗官的政治改革，后与英宗在南坡被反对派杀害。

安童死时，伯颜正在北边与叛军作战。有人向忽必烈进谗言，说伯颜久居北边，与海都通好，领兵不进，无寸尺之获。忽必烈让御史大夫玉昔帖木儿接替伯颜的职务，命伯颜到大同待命。当时皇孙铁穆耳正在北边抚军，他举酒为伯颜送行，皇孙说：公此去，将何以教我？伯颜举起酒杯说道：所要谨慎者，唯此与女色耳。军中纪律要严明，恩德不可偏废。冬夏营驻，照旧例为便。①

伯颜离开军中后，在大同住的时间不长，至元三十年冬末，忽必烈病重，他和玉昔帖木儿应诏赶回京城。

忽必烈病重期间，不忽木一直守在身边侍候，每天为圣上请医服药。忽必烈惦记着董文用，下旨让文用带着八个儿子入宫面上。文用以儿子们做不成什么事情为理由不肯带他们入宫，忽必烈再三下旨，文用坚持不肯。

忽必烈弥留之际，不忽木和玉昔帖木儿、伯颜同受遗诏，整日都住在宫里。右丞相完泽没有皇上的诏旨进不了宫，心里很不是滋味。一天他等玉昔帖木儿和伯颜从宫里出来，忙上前问道：论我的年龄和职位都在不忽木之上，朝廷有大事要商议，却不让我参与，这是为何？伯颜叹了口气说：倘若丞相有不忽木那般才识，何至让我等如此操劳！②完泽一

---

① 《元史 · 伯颜传》。
② 《元史 · 不忽木传》。

时语塞，不知该说什么好。

他跑到皇后面前理论，继察必之后的第二位皇后南必将玉昔帖木儿和伯颜叫进宫，当着完泽的面问他二人究竟为什么。玉昔帖木儿毫不客气地说：臣受顾命，皇后只需看臣做事就行了，臣若误国，甘愿受死，而宗社大事，非宫中所当预知。[①]南必也没办法，只好让完泽委屈些。不忽木受命操办后事。

至元三十一年（1294年）正月二十二日夜，元世祖忽必烈崩于大都皇宫紫檀殿，享年八十岁。尸体被装入人形木棺。

三天后，灵车起驾，出建德门在郊外北苑举行祭祖礼。礼毕，汉族百官长号而退，灵车由皇室宗亲护送回蒙古老家安葬。

四月，皇孙、宗王会聚上都。玉昔帖木儿和伯颜以他二人的威望扼制住了真金长子甘麻剌想要继位的企图，按照忽必烈的遗愿拥立真金第三子铁穆耳即帝位，是为成宗。

即位仪式在大安阁内举行。阁的中层存放着的那个小箱子，里面收藏着忽必烈平时用过的裘带，它的主人给子孙们留下了一条遗训："藏此以留子孙，使他们见我俭朴，可为奢华之戒。"[②]

这年十二月，伯颜去世，终年五十九岁。

成宗元贞元年（1295年）十一月，玉昔帖木儿去世。

成宗大德元年（1297年）六月，董文用去世，终年七十四岁。

成宗大德四年（1300年）二月，铁穆耳的生母阔阔真去世，谥裕圣皇后。

同年，不忽木去世，终年四十六岁。

---

① 《元史·不忽木传》。

② 《元史·宦者》"李邦宁"条。

完泽辅佐铁穆耳守成，处事安静，不急功近利，被人誉为贤相。

忽必烈死之前，马可·波罗和父亲、叔叔已起程返回意大利，于1295年（成宗元贞元年）回到威尼斯家中。不久，威尼斯与热那亚两个城邦之间发生战争，马可在战争中被热那亚人俘虏。在监狱里，已是中年人的马可向狱友们讲述了他在东方的所见所闻，被一位作家狱友记录了下来，于是就有了一本《马可·波罗游记》。1324年（元泰定帝泰定元年），马可·波罗去世，终年七十岁。

这位意大利人离开中国之后，不会想到他所崇敬的、并在那里生活了十七年之久的元王朝，在他走后仅仅存在了七十多年。这期间元朝又发生了许许多多惊心动魄的故事，那时他若还在中国，一定也会把这些故事讲给他的意大利朋友们听。

致谢

本书在这次修订和出版过程中，得到了家人、朋友及合作方令人备感温暖的关心、支持与帮助，这里特别要提到以下女士和先生，向他们表达作者的谢意和问候：

李满意女士、肖媛女士、贺燕萍女士、夫人郑绮女士、外甥女张秋子女士；岳南先生、张帆先生、卢永真先生、朱威先生、刘德辉先生、李捷先生、麻跃波先生；以及为本书出版付出辛勤劳动的编辑并所有工作人员。特此致谢！

祝大家身体健康，生活愉快！

郝家林

2020 年 12 月